나는
4시간만
일한다

옮긴이

최원형은 서울대 의류학과와 뉴욕대 영화학과 대학원을 졸업했다. 신세계 백화점에서 상품 기획을, 금강기획에서 의류 및 해외 광고 업무를 담당했으며, 뉴욕 최초의 한국영화제 'New York Korean Film Festival'을 기획했다. 옮긴 책으로는 「스타일이 경쟁력이다」가 있다.

윤동준은 경희대를 졸업하고 국민대 Business IT 전문대학원 경영학 석사학위를 취득했으며 한진해운 해외영업팀을 거쳐 일간지 기자로 근무했다. 다양한 분야의 책읽기를 즐기다 좋은 책을 발굴해 소개하고 우리말로 옮기는 일에 관심을 갖게 되어 현재 전문번역가로 활동하고 있다.

나는 4시간만 일한다

개정 2판 1쇄 발행 2023년 01월 30일

지은이	팀 페리스
옮긴이	최원형, 윤동준
펴낸곳	다른상상
등록번호	제399-2018-000014호
전화	02)3661-5964
팩스	02)6008-5964
전자우편	darunsangsang@naver.com

ISBN 979-11-85584-45-4 03320

잘못된 책은 바꿔 드립니다.
책값은 뒤표지에 있습니다.

독자 여러분의 책에 관한 아이디어나 원고 투고를 설레는 마음으로 기다리고 있습니다.
이메일로 간단한 개요와 취지, 연락처를 보내주세요. 독자님과 함께 하겠습니다.

THE 4
WORKWEEK

최소한만
일하고
원하는 대로
사는 법

팀 페리스 지음 | 최원형·윤동준 옮김

나는
4시간만
일한다

다른
상상

지난 33년간 매일 아침 거울을 보면서
나 자신에게 묻곤 했습니다.
'오늘이 내 인생의 마지막 날이라면,
그래도 오늘 하려던 일을 하고 있을까?' 하고 말입니다.
연달아 "아니오!"라는 대답이 며칠 계속 나올 때는
뭔가 변화가 필요한 때라는 사실을 깨달았습니다.

— 스티브 잡스, 2005년 스탠포드대학교 졸업식에서

이 책의 원고를 투고했을 때 27곳의 출판사 중 26곳에서 거절 통보를 받았다. 가까스로 출판사가 정해진 후 마케팅을 담당할 판매회사 대표는 이 책이 성공을 거두기는 힘들다는 이메일을 보내왔다. 그는 이를 명확히 뒷받침하려고 과거 베스트셀러 통계 자료까지 첨부하였다.

나는 분명히 '슬리퍼 히트'(초반에 별다른 주목을 받지 못하다가 입소문으로 관객 수가 늘어나 결국 흥행에 성공하는 영화를 일컫는 말_옮긴이)를 노리고 책의 내용들을 구성했다. 물론 쉽지 않다는 것은 알고 있었다. 좋은 결과를 희망했지만 최악의 경우를 대비한 계획도 세웠다.

2007년 5월 2일, 편집자로부터 한 통의 전화를 받았다.

"팀, 베스트 명단에 올랐어요."

뉴욕 시간으로 오후 5시가 넘었고 나는 완전히 지쳐 있었다. 책은 5일 전에 발매가 시작되었고 나는 오전 6시부터 시작된 20개가 넘는 라디오 인터뷰를 끝낸 직후였다. 저자 강연회를 할 생각은 조금도 없었고 대신 위성 라디오 인터뷰를 일주일간 몰아서 할 계획이었다.

"헤더, 당신을 좋아하지만 제발 나를 놀려먹을 생각은 하지 마요."

"아니, 진짜로 베스트셀러 명단에 올랐어요. 축하해요. 『뉴욕타임스』 베스트셀러 저자님!"

나는 벽에 기대서 있다가 바닥에 천천히 주저앉았다. 눈을 감은 채 미소를 머금고 숨을 깊게 들이마셨다. 이제 상황이 바뀌고 있었다. 모든 것이 달라지고 있었다.

두바이에서 베를린까지
라이프스타일 디자인

이 책은 현재 35개 언어로 번역되어 팔리고 있다. 지금까지 베스트셀러 명단에 올라 있으며 매달 새로운 이야기와 발견들이 전해지고 있다.

『이코노미스트』에서 『뉴욕타임스』 스타일 섹션까지, 두바이의 길거리에서 베를린의 카페까지 라이프스타일 디자인은 다양한 문화를 관통해 세계적인 현상이 되었다. 책의 원래 아이디어는 해체되어 개선되고 내가 상상하지도 못했던 방식과 환경 속에서 검증받았다.

그런데 이런 좋은 상황에서 왜 개정판을 출간하느냐고? 더 추가할 좋은 내용들이 생겨났고 중요한 요소가 빠져 있기 때문이다: 바로 당신.

이번 개정판에는 독자들이 보내 준 수많은 사례 중 간추린 가장 중요한 실제 성공 스토리가 담겨 있다. 각자 자신에게 맞는 사례를 찾을 수 있을 것이다. 거기에 당신이 따라 할 수 있는 성과들이 분명 있을 것이다. 또한 아르헨티나에서 월급을 받으며 1년간 살거나 원격 근무를 제안하고 협상하기 위해서 참조할 수 있는 템플릿이 필요한가? 그것도 이 책에 들어 있다.

라이프스타일 디자인 블로그www.fourhourblog.com는 이 책의 발간과 함께 출범했다. 그리고 6개월이 지나기 전에 전 세계에 존재하는 1억 2천만 개의 블로그 중 탑 1000 안에 들었다. 수천 명의 독자들이 경이롭고 예상치 못한 성과를 내며 그들의 놀라운 툴과 기법들을 공유했다. 블로그는 내가 항상 원했던 '연구소'가 되어 갔다. 이제 당신도 동참하기를 바란다.

위기일 때 오히려
더 유효하다

2007년 4월 이후 상황이 드라마틱하게 바뀌었다. 은행들이 쓰러지고, 은퇴 자금이나 연금 기금이 증발해 버리고, 일자리는 급격히 사라졌다. 회의주의자들과 독자들이 다 같이 묻는다. 이 책 속의 원칙과 기법들이 경제 후퇴기나 불황기에도 진정 유효한가?

그렇다.

사실, 2008년 세계 금융 위기 전에 있었던 강연에서 나는 이렇게 말했다. "만약, 절대로 은퇴를 할 수 없다면 당신의 우선순위와 결정들이 어떻게 바뀔까?" 이 질문은 이제 더 이상 가정이 될 수 없었다. 수백만 사람들이 그들의 저축 포트폴리오가 40퍼센트 이상 그 가치가 하락하는 경험을 했고 이제

차선책이나 차차선책을 찾고 있다. 그들은 인생 전반에 걸친 은퇴 계획을 감당할 수 있도록 재조정할 수 있을까? 그들은 줄어든 저축으로 라이프스타일의 범위를 넓히기 위해 코스타리카나 태국 같은 곳으로 1년에 몇 달씩 옮겨 살 수 있을까? 그들의 서비스를 더 가치가 높은 통화를 벌기 위해 영국의 회사에 팔 수 있을까? 이 모든 질문에 대한 대답은, 그 어떤 시기보다 더, 확신에 찬 예스이다.

여러 단계로 이루어진 진로 계획의 대안으로서 라이프스타일을 디자인하려는 개념은 타당한 생각이다. 경기 변동으로 인해 당신의 손을 벗어나 실패할 가능성이 큰 10년 또는 20년 세월의 은퇴 계획에 집착하지 않고 다른 라이프스타일을 시험해 볼 수 있고 더 유연하게 대처할 수 있다. 선택할 수 있는 여러 경우의 수(한때는 안전했던)가 실패하면서 사람들은 대안을 분석하는 데 개방적이 되었다.(다른 사람들의 시도에 대해서는 더욱 관대하다.)

페이스북과 링크드인은 2000년 이후의 닷컴 "불황기"에 사업을 시작했다. 불황기에 탄생된 다른 아기들에는 모노폴리, 애플, 클리프 바, 스크래블, KFC, 도미노 피자, 페덱스, 그리고 마이크로 소프트 등이 있다. 이는 절대 우연이 아니다. 경제적 하향기는 저렴한 기반 체제를 제공한다. 저렴한 비용으로 뛰어난 프리랜서를 고용할 수 있고 최저가에 광고 계약을 할 수 있다. 낙관적인 시대에는 모두 불가능한 것들이다.

회사라는 정글 안에서 당신의 삶을 재설계하고 새로운 사업 아이디어를 구상할 수 있는 안식년을 갖든지 또는 나중으로 미뤄둔 "언젠가"를 꿈꿔 보든지, 일상을 벗어나는 경험을 하기에 이보다 더 좋은 때는 없을 것이다.

새로운 시도를 했을 때 벌어질 수 있는 최악의 사태는 무엇인가?

현재 위치한 안전지대 밖에 존재하는 무한한 가능성을 찾아볼 때 종종 까먹곤 하는 이 질문을 떠올려보기를 권한다. 이런 총체적 혼란의 시기가 시작을 도모할 수 있는 큰 기회이다.

세계 각지의 믿을 수 없을 정도로 훌륭한 독자들과 함께한 시간은 내게 큰 영광의 세월이었다. 그리고 이 개정판을 다시 쓰면서 내가 즐거웠던 만큼 당신에게도 기쁨이 되었으면 한다.

나는 지금도 그리고 앞으로도 독자 모두의 겸손한 학생으로 남을 것이다.

뜨거운 포옹을 보내며 Un abrazo fuerte

팀 페리스

차례

Step1	적게 일하고도 많이 벌 수 있다
	정의Definition를 위한 **D**

"그래서, 무슨 일을 하시나요?"

요즘 나는 이런 가장 기본적인 질문에 답하기도 쉽지 않다. 참으로 다행스런 일이다. 그렇지 않다면 여러분이 이 책을 손에 들고 있을 수도 없었을 테니까. 아무튼 이 질문에 답한다면, 나는 유럽에서 오토바이를 타고 있을 수도 있고, 파나마의 개인 소유 섬에서 스쿠버 다이빙을 하고 있을 수도 있다. 태국에서 킥복싱 수업 중간중간에 야자수 밑에서 휴식을 취하고 있을 수도 있고, 부에노스아이레스에서 탱고를 추고 있을 수도 있다. 게다가 더욱 끝내주는 사실은 내가 억만장자가 아닐뿐더러 굳이 그렇게 되고 싶은 생각도 없다는 것이다.

나는 칵테일을 마시면서 하는 이런 유의 의례적인 질문들을 좋아하지 않는다. 왜냐하면 이런 것들은 모두 직업이 곧 자기 자신이라는, 내가 오랫동안 빠져 있던 유행병을 반영하는 것이기 때문이다. 만약 지금 누군가 내게 직업을 묻는다면, 그리고 그 질문이 전적으로 진심에서 우러나온 것이 아니라면, 나는 수수께끼 같은 수입으로 먹고사는 나의 라이프스타일을 그냥 이렇게 말할 것이다.

"마약상입니다."

이건 상대방을 꿀 먹은 벙어리로 만드는 말이다. 게다가 반은 사실이기도 하다.

사실을 모두 이야기하자면 너무 길다. 시간을 보내는 방법과 돈을 버는 방

14

법이 서로 완전히 다르다는 것을 어떻게 설명할 수 있겠는가? 일주일에 4시간도 채 일하지 않으면서 한 달 수입이 이전에 1년 동안 벌던 것보다 더 많다는 걸 어떻게 설명할 수 있겠는가?

여러분에게 처음으로 솔직한 이야기를 털어놓겠다. 흔히 '뉴리치New Rich'라고 하는 사람들의 은밀하면서 새로운 문화에 대해서 말이다.

이글루에 사는 백만장자가 하는 일 중에 쪽방 생활자가 하지 않는 일은 뭘까? 그건 세상과 다른 일련의 규칙을 따른다는 것이다.

평생을 우량 기업에 다닌 직원이 어떻게 해서 상사 모르게 한 달 동안 세계 여행을 할 수 있을까? 그는 과학 기술을 사용해 여행 사실을 숨긴다.

황금조차 나이를 먹기 마련이다. 뉴리치는 은퇴 후로 삶을 집행 유예하는 걸 그만두고, 뉴리치만의 화폐인 시간과 기동성을 이용해 현시점에서 풍요로운 라이프스타일을 창조하는 사람들이다. 이것이 바로 우리가 라이프스타일 디자인이라고 부르는 기술이자 과학이다.

나는 지난 3년을 여러분의 상상력의 한계를 뛰어넘는 세계에 살고 있는 사람들과 함께 여행하며 보냈다. 자, 현실을 지긋지긋하게 여기며 사느니 차라리 당신 의지에 맞게 바꾸는 방법을 알려 주겠다. 이것은 듣는 것보다 실제로 해 보면 훨씬 더 쉽다. 끔찍하게 혹사당하면서도 쥐꼬리만큼 받던 직장인에서 뉴리치 일원으로 탈바꿈한 내 여정은 한 편의 소설 같을 것이다. 하지만 그 비밀을 풀고 나면 이것만큼 따라 하기 쉬운 것도 없다. 다 비법이 있다.

삶이 저주스러울 정도로 힘들어야 하나? 그럴 필요 전혀 없다. 과거의 나를 포함해 대부분의 사람들은 삶은 가혹한 것이라고, (이따금씩) 느긋한 주말과 (해고를 당하지 않기 위해 가끔씩 가는) 짧은 휴가에 대한 대가로 9시에서 5시까지 고된 일을 감수해야 하는 것이라고 열심히 자신을 납득시킨다.

진실은, 적어도 내가 살아가는 진실이자 여러분에게 이 책에서 이야기할 진실은 그런 것과는 상당히 다르다. 환차익을 이용하는 방법부터 삶을 아웃소싱하는 방법, 그리고 슬그머니 사라지는 방법에 이르기까지, 대부분의 사람들이 불가능하다고 생각하는 것을 어떤 경제적 마법을 통해 이루어 내는지를 보여 주겠다.

당신이 이 책을 뽑아 들었다면, 아마도 당신은 정년이 될 때까지 책상 앞에 앉아 일하기 싫을 가능성이 크다. 당신의 꿈이 치열한 생존경쟁에서 벗어나는 것이든, 실생활에서의 꿈같은 여행이든, 장기간의 방랑이든, 세계 기록을 세우는 것이든, 또는 단순히 극적으로 직업을 바꾸는 것이든 간에, 이 책은 언제가 될지 점치기 어려운 '은퇴' 대신에 여기 현시점에서 실제로 은퇴를 실현하는 데 필요한 모든 방편을 알려 줄 것이다. 마지막까지 기다리지 않고도 열심히 일한 보상을 받을 방법이 있다는 것이다.

어떻게? 그것은 대부분의 사람들이 놓치고 있는 단순한 차이에서 시작된다. 내가 25년 동안 놓치고 살았던 바로 그것 말이다.

사람들은 백만장자가 되기를 바라는 게 아니다. 정작 사람들은 그들이 생각하기에 백만장자만이 누릴 수 있는 삶을 경험하고 싶은 것뿐이다. 그들의 상상 속의 그림에는 대개 스위스풍 스키 별장, 집사, 이국정취의 여행이 들어간다. 아마도 주기적으로 철썩이는 파도가 초가지붕 방갈로의 테라스에 밀려드는 소리를 들으면서 해먹에 누워 배 위에 코코아 버터를 바르는 것 정도? 엄청 대단하게 들리겠다.

은행 계좌에 100만 달러를 갖게 되는 것, 이런 걸 꿈이라고 할 수 있을까? 꿈이란 100만 달러가 있으면 가능한 더할 나위 없이 자유로운 라이프스타일을 말한다. 그렇다면 질문을 이렇게 바꿔 보자. 처음부터 100만 달러를 가지지 않고도 어떻게 하면 완전히 자유로운 백만장자의 라이프스타일을 누릴 수 있을까?

지난 5년 동안 나는 이 질문에 대한 해답을 찾았고, 이제 여러분에게 그 방법을 알려 주고자 한다. 내가 어떻게 수입과 시간을 분리시켰고, 세계를 여행하며 이 세상이 제공하는 최고의 것을 누리면서도 나만의 이상적인 라이프스타일을 창조해 냈는지 보여 주겠다. 도대체 무슨 수로 하루 14시간씩 일하고도 1년에 4만 달러밖에 못 받던 내가 일주일에 4시간 일하면서 한 달에 4만 달러를 벌게 되었을까?

이것을 이해하기 위해서는 이 모든 것이 어디서 시작되었는지 알아보는 게 도움이 될 것이다. 약간 이상하게 들리겠지만 이것은 장래에 기업 금융 전문가가 될 학생들을 가르치는 수업에서 시작되었다.

2002년, 프린스턴대학교 하이테크 기업가 과정의 대스승이자 나의 대학 시절 은사였던 에드 샤우Ed Zschau 교수는, 내가 그에게 배웠던 바로 그 수업에서 현실 세계의 사업 경험에 대해 강의해 달라고 부탁했다. 나는 말문이 막혔다. 이미 천만장자들이 그 수업에서 강의를 했고, 비록 내가 잘나가는 스포츠 보조 용품 회사를 세웠다고는 하지만, 나는 분명 남들과 다른 길을 걸어온 사람이기 때문이었다.

그러나 얼마 지나지 않아 재미있는 사실을 깨달았다. 모든 사람들은 어떻게 하면 크고 성공적인 회사를 세운 다음, 그 회사를 판 돈으로 풍족한 생활을 할 수 있는지에 대해서만 관심이 있다는 사실이었다. 됐다! 애당초 그 모든 것을 왜 해야 하는지에 대한 질문은 아무도 하지 않는다. 막판의 행복을 위해 당신 인생의 황금기를 몽땅 바치는 것을 정당화할 수 있는 노다지가 도대체 뭐란 말인가?

결국 내가 전개한 '재미와 수익을 위한 마약 밀매'라는 제목의 강연은 다음과 같은 단순한 전제에서 시작되었다. "직장 생활 공식의 가장 기본적인 가설들을 시험해 보라."

- 은퇴가 선택 사항이 아니라면 당신의 결정은 어떻게 변하겠는가?
- 40년 동안 일한 후 은퇴해서 보상 받는 인생 계획 대신, 미리 이 보상을 맛보도록 미니 은퇴를 할 수 있다면 당신은 어떻게 하겠는가?

●백만장자처럼 살기 위해서 노예처럼 일할 필요가 정말 있는가?

당시에는 이런 질문들이 나를 어디로 이끌지 전혀 알지 못했다. '현실 세계'의 상식적인 규칙들은 사회적으로 강화된 환상을 모아 놓은 것으로 깨지기 쉽다. 이 책은 다른 사람이 보지 못하고 잡지 않는 선택 가능한 길을 당신에게 일러 줄 것이다.

그렇다면 이 책은 어떤 점에서 특별할까?

첫째, 나는 문제를 파악하는 데는 많은 시간을 쓰지 않을 것이다. 당신이 시간 부족, 스멀스멀 밀려드는 불안감, 또는 이것들 중 최악이라 할 수 있는 성취감 없는 일을 하면서 그런대로 나쁘지 않은 편안한 생활을 하는 것에 대해 고민하고 있다고 가정할 것이다. 이 중 마지막 고민이 가장 일반적이면서도 또 가장 방심해서는 안 되는 문제이다.

둘째, 이 책은 절약에 관한 책이 아니다. 나는 50년 후의 100만 달러를 위해 매일 마시는 포도주 한 잔을 포기하라는 따위의 충고는 하지 않을 것이다. 오늘의 즐거움이냐 미래의 돈이냐를 놓고 고르라고 윽박지르지도 않을 것이다. 나는 여러분이 둘 다 가질 수 있다고 믿기 때문이다. 이 책의 목표는 재미와 수익 모두를 얻는 것이다.

셋째, 이 책은 당신의 '꿈의 직업'을 찾는 데 필요한 책이 아니다. 나는 전 세계 대부분의 사람들에게 완벽한 일자리란 가장 짧은 시간 일하는 것이라고 간주하겠다. 대다수의 사람들은 무한한 성취감을 주는 일자리를 절대로 찾지 못할 것이다. 그러므로 이 책에서는 성취감을 목표로 하지 않겠다. 이 책의 목표는 시간으로부터 자유로워지면서도 수입은 저절로 생기게 하는 것이다.

나는 모든 강의를 '협상 타결자dealmaker'의 중요성에 대해 남다르게 설명하면서 시작하곤 한다. 현실은 협상 가능하다는 것이다. 과학과 법을 제외하고 모든 규칙은 바뀌거나 깨질 수 있으며, 그렇다고 해서 윤리에 어긋나는 것도 아니기 때문이다.

협상 타결deal making이란 단어에서 영문자 DEAL은 또한 뉴리치의 멤버가 되는 과정을 첫 글자만 따서 표현한 것이기도 하다.

여기서 각각의 단계와 전략은 당신이 직장인이든 기업가이든 엄청난 결과를 가져올 수 있다. 내가 상사와 담판을 지어 이루어 냈던 모든 것을 당신도 할 수 있을까? 그건 아니다. 그렇다면 당신이 수입을 2배로 늘리거나 일하는 시간을 반으로 줄이거나, 아니면 적어도 휴가 기간을 평소의 2배로 늘릴 수 있을까? 이건 확실히 가능하다.

이제 당신을 혁신시키기 위해 사용할 수 있는 단계별 과정을 알아보자.

D 단계 정의Definition의 첫 글자인 D 단계에서는 기존의 잘못된 상식들을 완전히 뒤집어엎는 새로운 게임의 법칙과 목표를 알려 줄 것이

다. 여기서는 자기 패배적 태도를 바꾸면서 상대적 부라든가 긍정적 스트레스와 같은 개념들을 설명하겠다. 뉴리치는 누구이며 그들은 어떻게 일을 하는가? 이 단계에서는 뒤에 나올 세 가지 단계를 말하기 전에 전반적인 라이프스타일 디자인의 기본 원리에 대해 설명할 것이다.

E 단계 제거Elimination의 첫 글자인 E 단계에서는 시간 관리에 관한 케케묵은 기존 관념들을 완전히 뿌리 뽑을 것이다. 이 단계에서는 내가 이탈리아 경제학자의 말을 활용하여 48시간 내에 하루 12시간 근무를 하루 2시간 근무로 바꾼 방법에 대해 꼼꼼하게 알려 주겠다. 선택적 무지를 키우고, 정보 다이어트 법을 개발하며, 중요하지 않은 것들은 무시하는 반(反)직관적인 뉴리치 기술을 활용하여 시간당 성취도를 10배 또는 그 이상으로 늘리도록 하라. 여기서는 럭셔리한 라이프스타일을 디자인하는 세 가지 요소 중 첫 번째인 시간에 대해 다루겠다.

A 단계 자동화Automation의 첫 글자인 A 단계에서는 환차익 거래, 아웃소싱, 무결정nondecision 규칙을 이용하여 현금을 자동적으로 창출하는 방법에 대해 설명할 것이다. 일괄 처리에서부터 엄청 성공한 뉴

리치의 일상에 이르기까지 모든 것이 담겨 있다. 여기서는 럭셔리
한 라이프스타일 디자인의 두 번째 요소인 수입에 대해 다루겠다.

L 단계 해방Liberation의 첫 글자인 L 단계는 세계화되고 싶은 사람들을 위
한 기동성 선언문이라 할 수 있겠다. 이 단계에서는 상사로부터 벗
어나 멀리서 완벽하게 업무를 처리하는 방법과 함께 미니 은퇴의
개념을 소개할 것이다. 해방이란 싸구려 여행을 말하는 게 아니다.
해방은 당신을 한곳에 묶어 두는 속박의 끈을 영원히 끊어 버리는
것이다. 여기서는 럭셔리한 라이프스타일 디자인의 세 번째이자
마지막 요소인 기동성에 대해 다루겠다.

　　우선 당신이 사무실에서 매일 1시간씩만 보낸다면 대부분의 상사들은 좋
아하지 않는다는 점에 주목해야 한다. 그러므로 직장인은 각 단계를 기업가
적 마인드의 DEAL(정의-제거-자동화-해방) 순으로 읽어 나가되, 실행에 옮길 때는
DELA(정의-제거-해방-자동화)의 순서로 해야 한다. 당신이 직장에 계속 남기로 결
정한다면, 근무 시간의 80퍼센트를 줄이기 전에 장소의 자유를 확보하는 것
이 필수적이다. 설령 당신이 현대적 의미의 기업가가 되는 것에 대해 한 번
도 생각해 보지 않았더라도, DEAL 과정은 프랑스 경제학자 세이J. B. Say가
1800년에 이 단어entrepreneur를 맨 처음 만들었을 때처럼 당신을 순수한 의

미의 기업가가 되도록 변화시킬 것이다. 바로 경제적 자원을 생산성이 낮은 영역에서 생산성이 높은 영역으로 이전시키는 사람 말이다.

마지막으로 중요도 면에서는 앞서 말한 그 무엇에도 뒤지지 않는 것을 하나 이야기하겠다. 내가 추천하는 많은 것들이 불가능해 보이거나, 상식에 비추어 볼 때 심지어 불쾌할 수도 있을 것이다. 충분히 예상하는 바다. 하지만 지금 틀에 얽매이지 않는 사고방식으로 이 개념들을 연습 삼아 테스트해 보겠다고 결심하라. 한번 시도해 본다면, 〈매트릭스〉에서 모피우스가 말했듯이 토끼굴이 얼마나 깊이 이어지는지 알게 될 것이고, 이전 상황으로 다시 돌아가는 일은 결코 없을 것이다.

숨을 한 번 깊이 들이쉬라. 이제 나의 세계로 당신을 인도하겠다. 그리고 기억하라! '천천히'란 단어를! 재미있게 즐기자. 나머지는 저절로 따라올 것이다.

현실은 단지 환상일 뿐이다. 매우 지속적이기는 하지만.

— 알베르트 아인슈타인

Step1

적게 일하고도
많이 벌 수 있다

정의Definition를 위한 **D**

사람들은 우리가 추구하는 것이
삶의 의미라고 한다.
나는 그렇지 않다고 생각한다.
우리가 추구하는 것은
단지 살아 있음을 경험하는 것이다.

—조셉 캠벨, 『신화의 힘』

성공의 정의를
바꿔라

실제로는 열병이 우리를 덮친 것인데도 우리가 "열병을 가졌어have a fever."라고 하는 것
처럼, 실제로는 부가 사람들을 덮친 것임에도 그들은 부를 가졌다have a riches고 한다.
-세네카, 스토아학파 철학자

밤 1시, 라스베이거스 3만 피트 상공.
그의 친구들이 곤드레만드레 취해 잠들어 버린 탓에 지금 일등석에 깨
어 있는 사람은 겨우 우리 둘뿐이었다. 그는 자기소개를 하기 위해 손
을 뻗었다. 그때 독서등 불빛 아래에서 루니툰 만화 캐릭터만큼이나 큼
직한 다이아몬드 반지가 보였다.

마크는 진짜 부호였다. 그는 각각 다른 시기이기는 하지만 사우스캐
롤라이나의 모든 주유소와 편의점, 도박장들을 실제로 소유하고 있었
다. 그는 반쯤 웃음을 머금고 고백하기를, 이 죄악의 도시 라스베이거
스로 한 번 여행을 할 때마다 그와 그의 동료들은 평균 50만 달러에서

27

100만 달러를 잃곤 한다고 말했다. 일인당 말이다. 좋겠군!

대화가 나의 여행으로 흘러가자 그는 자세를 똑바로 고쳐 앉았는데, 나는 오히려 돈을 벌어들이는 그의 놀라운 속도에 더 관심이 있었다.

"그래서 말이죠, 당신의 숱한 사업들 가운데 어떤 일이 가장 맘에 들었나요?"

1초도 안 걸려 대답이 튀어나왔다.

"아무것도요."

그의 설명에 따르면, 30년이 넘는 세월 동안 그는 좋아하지도 않는 사람들과 필요하지도 않은 것들을 사기 위해 시간을 보냈다. 그의 삶은 트로피 와이프(trophy wife, 돈 많고 나이 든 남자가 성공의 증표로 얻는 젊고 섹시한 아내를 가리키는 말_옮긴이)들 – 당시 그의 아내는 행운의 숫자인 세 번째였다. – 과 비싼 차, 그리고 다른 공허한 자랑거리들로 점철되어 있었다. 마크는 살아 있는 시체였다. 우리는 이렇게 끝내고 싶지는 않다!

뉴리치와 유예자
비교하기

자, 어디서 이런 차이가 생기는 걸까? 선택의 자유를 누리는 뉴리치와 마지막을 위해 모든 걸 아껴 두었다가 뒤늦게야 삶이 지나가 버렸다는 사실을 깨닫는 유예자를 갈라놓는 것은 무엇일까?

이 차이는 처음부터 시작된다. 뉴리치와 대다수 사람들을 구분 짓는 것은 그들의 목표이다. 이 목표가 바로 그들만의 우선순위와 삶의 철학을 반영하기 때문이다.

아래에 나타나듯이 언뜻 비슷해 보이는 목표를 실행하는 데 필요한 표현상의 미묘한 차이가 어떻게 행동을 완전히 바꿔 놓는지에 주목하라. 이것은 기업가에게만 한정되지 않는다. 직장인에게도 마찬가지로 적용된다.

유예자 : 자신을 위해 일한다.

뉴리치 : 다른 사람들이 당신을 위해 일하게 한다.

유예자 : 일하고 싶을 때 일한다.

뉴리치 : 일을 위한 일이 되지 않도록 하며, 최대의 효과를 얻기 위해 필요한 최소의 일만 한다. ('최소 유효 작업량')

유예자 : 일찍 또는 젊어서 은퇴한다.

뉴리치 : 회복기와 모험기(미니 은퇴기)를 인생 전반에 걸쳐 고르게 배치한다. 활동을 그만두는 게 목표가 아니란 걸, 당신을 흥분시키는 일을 하는 게 목표란 걸 알고 있기 때문이다.

유예자 : 갖고 싶은 모든 것을 산다.

뉴리치 : 하고 싶은 모든 것을 하고, 되고 싶은 모든 것이 된다. 이것이 어떤 도구나 장치를 포함해야 한다면 그것도 좋다. 하지

만 그 도구나 장치가 목표를 위한 수단이나 보너스가 되어
야지 주안점이 되어서는 안 된다.

유예자 : 직원보다는 관리자가 된다. 책임을 맡고 싶어 한다.
뉴리치 : 관리자도 직원도 아닌 소유자가 된다. 기차를 소유하여 다
른 사람이 정시에 운행하도록 한다.

유예자 : 엄청 많은 돈을 번다.
뉴리치 : 일정표와 각 실행 단계를 포함해 정해진 꿈을 추구한다는 구
체적 이유를 갖고 엄청 많은 돈을 번다.

유예자 : 더 많이 갖는다.
뉴리치 : 더 질 좋은 제품을 갖되 잡다한 것은 덜 소유한다. 물건을 사
는 것 혹은 사려고 마음먹는 것과 같은 대부분의 물질적 욕
망은 정당화에 지나지 않는다는 것을 알고 있기 때문이다.
실제로 중요하지 않은 일에 시간을 보내는 데 대한 정당화
말이다. 당신이 고급 자동차를 새로 사기 위해 딜러와 2주
동안 협상을 하여 1만 달러를 할인 받았다고 하자. 대단한
일이다. 그렇다고 당신의 삶에 목적이 있을까? 당신이 이 세
상에서 어떤 유용한 공헌을 하는가? 아니면 단지 주중 내내
서류나 뒤적이고 키보드만 쾅쾅 쳐 대다가 주말에 술에 절
어 집에 돌아오는가?

유예자 : 기업 공개든 인수든 은퇴든 아니면 다른 어떤 횡재든 간에 크게 한탕으로 받는다.

뉴리치 : 생각은 크게 하되, 돈은 매일매일 들어오도록 한다. 현금이 들어오는 게 먼저고, 한탕은 나중이다.

유예자 : 하기 싫은 일을 하지 않을 자유를 갖는다.

뉴리치 : 하기 싫은 일을 하지 않을 자유를 갖되, 일을 위한 일로 되돌아가지 않고 꿈을 추구할 자유와 결단력을 갖는다. 여러 해 동안 반복적으로 일을 했으니 열정을 찾아 꿈을 새로 정하고, 퇴화하다 못해 거의 멸종 단계에 이른 취미를 되살리기 위해 열심히 연구해야 할 것이다. 뉴리치의 목표는 단순히 수지맞지 않는 것들을 제거하는 것만이 아니다. 이 경우 당신은 그것들이 제거된 공허 속에 남겨지게 된다. 뉴리치의 목표는 세계 최고의 것들을 추구하고 경험하는 것이다.

적게 일하고 더 많이
벌 수 있다고?

당신은 할 만큼 했다. 맹목적으로 돈을 좇아 이리 뛰고 저리 뛰는 것은 이제 사절이다. 헛수고일 뿐이다.

나는 비행기를 임대해 안데스 산맥을 넘고, 끝내주는 스키장에서 최고급 포도주를 마시며, 개인 빌라 안의 바다와 연결된 수영장 가에서 한가로이 빈둥거리면서 왕처럼 살아왔다. 여기에는 내가 좀처럼 말하지 않는 사소한 비밀이 숨어 있다. 이 모든 게 미국에서 실행하는 것보다 싸게 든다는 것이다. 시간과 장소에서 자유로워질 수 있다면, 당신의 돈은 저절로 3배에서 10배 정도 더 가치가 있다.

이것은 환율과는 아무 상관없다. 재정 면에서 부유하다는 것과 백만장자처럼 살 능력이 있다는 것은 근본적으로 전혀 다른 것이다.

당신이 인생에서 통제할 수 있는 W의 개수에 따라, 돈은 실질적인 가치 면에서 몇 배로 늘어날 수 있다. 무엇What을 하고, 언제When 하고, 어디Where에서 하고, 누구with Whom와 함께 하느냐에 따라서 말이다. 나는 이것을 가리켜 '자유 증폭 승수freedom multiplier'라 부르겠다.

이를 우리의 기준으로 놓고 볼 때, 일주일에 80시간 일하고 1년에 50만 달러를 버는 기업 금융 전문가는 그보다 4분의 1만큼 일하면서 4만 달러를 벌지만 언제, 어디서, 어떻게 살 것인가에서 완전히 자유로운 뉴리치 직장인보다 덜 '센' 사람이다. 그 돈을 이용해 누리는 라이프스타일을 볼 때, 후자가 가진 4만 달러가 전자의 50만 달러보다 더 가치 있을 수도 있기 때문이다.

선택의 권리, 선택할 수 있는 능력이야말로 진정한 힘이다. 이 책은 가장 적은 노력과 비용으로 이 같은 선택의 권리를 찾고 만들어 내는 모든 방법에 대해 이야기할 것이다. 역설적으로 들릴지도 모르겠지만, 당신은 지금 하는 일의 반만 하고도 더 많은, 아니 훨씬 더 많은 돈을 벌 수도 있다.

누가 뉴리치인가?

- 10분의 1의 시간 안에 90퍼센트의 결과를 이루기 위해 자신의 일정을 재조정하고 원격 근무 계약을 교섭해 내는 직장인. 원격 근무의 결과로 한 달에 2주씩 크로스컨트리 스키 연습을 하거나 가족과 함께 도보 여행을 할 수 있는 자유가 생긴다.

- 수익성 없는 고객과 프로젝트는 과감히 버리고 모든 공정을 완전히 아웃소싱으로 돌린 후, 희귀 문서 수집을 위해 세계를 돌아다니는 사업가. 한편으로는 자신이 만든 일러스트레이션 작품을 선보이기 위해 원격으로 웹사이트 작업을 한다.

- HDTV 광을 위한 틈새시장에서 한 달에 5천 달러 수입이 가능한 온라인 비디오 대여 서비스를 설립하기 위해 모든 것(그래봤자 아무것도 아니지만)을 감수하기로 결정한 학생. 이 일은 일주일에 2시간짜리 부업 프로젝트로, 그가 동물 권리 보호 운동 로비스트로서 풀타임으로 일할 수 있는 자금을 조달해 준다.

선택의 길은 끝이 없다. 하지만 각각의 노선은 모두 첫 단계에서 시작한다. 그것은 바로 사실이라고 생각하는 것을 바꾸는 것이다.

이 활동에 참여하기 위해서는 새로운 어휘를 배우고 별난 세계에 맞는 나침반을 사용해 방향을 다시 정해야 한다. 책임에 대한 역발상에서부터 '성공'이란 개념 전체를 버리는 것에 이르기까지 우리는 규칙을 바꾸어야만 한다.

규칙을 바꾸는 규칙

기존 개념은 모두 틀렸다

나는 당신에게 성공을 위한 확실한 공식은 알려 줄 수 없다. 하지만 실패를 위한 공식은 말할 수 있다. 그건 언제나 모든 사람을 기쁘게 하려고 노력하는 것이다.

-허버트 바이드 스워프, 언론인, 최초의 퓰리처상 수상자

현재 상황에 도전할 것인가,
바보같이 굴 것인가

대부분의 사람들은 다리로 걷는다. 그렇다고 이 말이 내가 손으로 걷는다는 뜻일까? 다르다는 명목하에 내가 속옷을 바지 곁에 입는다는 것일까? 아니다. 대개는 그렇지 않을 것이다. 다시 말해서 다리로 걷고 팬티를 속에 입는 것은 이제까지는 별 무리 없이 잘되어 왔다는 뜻이다. 잘못된 게 아니라면 나는 고치지 않는다.

다르다는 것은 그것이 더 효과적이거나 더 재미있을 때에만 좋은 것

34

이다.

만약 모든 사람이 무엇이 문제인지 밝히고 해결하는 데 한 가지 방식을 사용하였는데, 그 결과가 표준 이하로 나온다면 이때가 바로 '만약 내가 반대로 한다면 어떻게 될까?'라고 질문할 순간이다. 결과를 제대로 내지 못하는 모델은 따라서는 안 된다. 당신이 얼마나 훌륭한 요리사인지와는 상관없이 조리법이 후지면 좋은 요리가 나오지 않는다.

나는 대학 졸업 후 첫 번째 직장이었던 데이터 저장 업계 영업 부서에서 일했다. 구입을 권하는 전화들 대부분이 잠재 고객에게 연결되지 못하는 단 하나의 이유를 알아냈다. 바로 중간에서 가로막는 사람이 있었던 것이다. 그 후 단지 전화 거는 시간만 오전 8시에서 8시 반 사이, 오후 6시에서 6시 반 사이로 옮겨 모두 1시간에 걸쳐 걸었더니 비서를 피할 수 있었다. 그 결과 9시에서 5시 사이에 전화를 거는 영업 이사보다 2배 이상의 약속을 잡을 수 있었다. 다시 말해서 8분의 1의 시간에 2배의 성과를 거두었다.

일본에서 모나코에 이르기까지, 세계를 여행하는 싱글맘에서부터 억만장자 카레이서에 이르기까지, 성공적인 뉴리치들의 기본 규칙은 놀라울 정도로 일치하며, 예상할 수 있듯이 세상의 나머지 사람들이 하는 행동과는 차별화된다.

다음 규칙들은 여러분이 이 책을 읽는 내내 마음속에 새겨 두어야 할 본질적인 차이점들이다.

1_ 은퇴는 최악의 인생 시나리오에 대한 보험이다.

은퇴 설계는 생명 보험이나 마찬가지이다. 최악의 시나리오에 대한 예방책 이상으로 보아서는 안 된다. 여기서 최악의 시나리오는 신체적으로 더 이상 일할 수 없어 생계를 위해 저축이 필요한 경우이다.

은퇴가 목표나 마지막 보상이 되는 데는 적어도 세 가지 점에서 확실한 결함이 있다.

- 인생에서 가장 육체적으로 왕성한 시기에 하고 있는 일을 당신이 좋아하지 않는다는 점을 전제한다. 이것은 재고할 가치도 없는 생각이다. 어떤 것도 그런 희생을 정당화할 수는 없다.
- 대부분의 사람들은 나이 들어 은퇴한 후 저녁으로 핫도그를 먹을 수 있을 정도의 생활수준도 유지할 수 없으리란 점이다. 전통적인 은퇴 시점 후 20~30년 가까이 살아야 하고 인플레이션으로 인해 매년 2~4퍼센트씩 구매력이 감소하는 세상에서 100만 달러를 가졌다고 한들 한낱 푼돈에 지나지 않는다. 결국 노후에는 중하류 삶으로 전락하게 되는 것이다. 참으로 씁쓸한 결말이다.
- 수학 계산대로 착착 이루어진다고 하면, 이는 당신이 야심이 크고 열심히 일만 하는 기계와 같다는 것을 뜻한다. 그런 경우라면 어떻게 되겠는가? 은퇴한 지 일주일 만에 끔찍할 정도로 지루해져서 당신은 새로운 직업을 찾거나 회사를 차리겠다고 덤벼들 것이다. 이런 결과 또한 은퇴를 기다리는 목적 자체를 무용지물로 만드는 게 아니겠는가.

최악의 상황에 대한 계획을 세우지 말라는 게 아니다. (주로 세금 때문이긴 하지만 나도 401K 노후 연금 플랜과 IRA 개인 퇴직 계좌를 최대한도로 들어 놓았다.) 단언컨대 목표가 은퇴라고 오해하지는 말라는 것이다.

2_ 흥미와 에너지는 주기적으로 온다.

만약 하루 24시간씩 15년 동안 일하고 1천만 달러를 주겠다고 제안한다면 당신은 그렇게 하겠는가? 물론 안 할 것이다. 아니 할 수 없을 것이다. 직업으로 정해진 대부분의 일들처럼, 당신이 건강을 잃거나 충분한 돈을 모아 영원히 일을 그만둘 수 있을 때까지 똑같은 일을 하루에 8시간 이상씩 계속 하는 식으로는 살 수 없기 때문이다.

서른 살밖에 안 된 내 친구들이 삶에 찌든 중년처럼 보이는 이유가 달리 어디에 있겠는가. 프라푸치노 커피를 3배로 마시고 엄청난 작업량을 소화하여 조기 노화를 부채질하고… 아, 생각만 해도 끔찍하다!

살아남기 위해서 활동과 휴식을 적절히 하는 건 필수다. 능력과 흥미와 정신적 지구력은 모두 늘어났다 줄어들었다 하기 마련이다. 그러므로 그에 맞춰 계획을 짜야 한다.

뉴리치는 겉만 번지르르한 은퇴를 위해 컨디션을 회복하고 즐거운 생활을 하는 것을 뒤로 미루는 대신, 인생 전체에 걸쳐 '미니 은퇴'를 고르게 배분하는 것을 목표로 한다. 당신이 가장 효과적일 때만 일해야 삶은 더 생산적이고 즐겁다. 이것이야말로 꿩 먹고 알 먹는 일석이조다. 개인적으로 나는 현재 2개월간의 업무 프로젝트마다 1개월씩 해외에서 거주하거나 (탱고든 격투기든 뭐든) 고강도의 교습을 받는 것을 목표로 하고 있다.

3_ '덜'이라는 단어는 게으름을 뜻하는 말이 아니다.

의미 없는 일을 덜 함으로써 당신이 개인적으로 훨씬 더 중요한 일에 집중할 수 있다면, 일을 덜 하는 것은 게으름이 아니다. 이렇게 말하면 대부분의 사람들은 받아들이기 힘들어한다. 왜냐하면 우리 문화는 개인적 생산성보다는 개인적 희생에 대해 포상하는 경향이 있으니까.

자신의 활동 결과를 평가하려는 (또는 그럴 능력이 있는) 사람은 드물다. 그래서 시간적 기여를 통해 평가하려 든다. 더 많은 시간 일한다는 건 자긍심을 더 갖게 하고 윗사람과 주위 사람들로부터 입지를 더욱 강화한다는 것과 같은 의미이다. 뉴리치는 사무실에서 보내는 시간이 적음에도 그의 동료 12명이 한 일을 합한 것보다 더 중요한 성과를 낸다.

이제 '게으름'이란 단어를 새롭게 정의하자. 게으름이란 당신의 인생을 환경이나 주변 사람들이 결정하게 내버려두는 생활방식을 감내하는 것, 혹은 창밖의 구경꾼처럼 인생을 스쳐 지나가면서 재산이나 모은다는 의미라는 식으로 말이다. 당신의 은행 계좌가 아무리 빵빵하다 해도, 중요하지도 않은 이메일이나 잡무를 처리하느라 컴퓨터 앞에 오래 앉아 있다 해도 이 사실을 바꾸지는 못한다.

바쁜 것보다 생산적인 것에 초점을 맞추자.

4_ 적당한 타이밍이란 없다.

언젠가 나는 어머니에게 물은 적이 있다. 첫아이인 나를 언제 가질지 어떻게 결심했느냐고. 대답은 간단했다. "그건 우리가 원하는 것이었고, 미룰 이유가 없다고 생각했지. 아기를 가질 적당한 타이밍이란 없단다." 바로 그렇다.

가장 중요한 모든 일에서 타이밍이란 놈은 항상 제멋대로이다. 직장을 그만둘 최적의 시기를 기다린다? 별들은 절대로 일직선으로 정렬하지 않는 법이며, 인생의 신호등도 모두 다 동시에 파란 불일 수는 없다. 삼라만상이 당신에게 맞서 음모를 꾸미는 건 아니지만 그렇다고 모든 볼링 핀이 원하는 대로 세워지도록 자기 길에서 벗어나려 하지도 않는다. 꼭 들어맞는 상황은 절대로 없다. '언젠가'라는 말은 당신이 꿈만 꾸다가 생을 마감하게 할 병이다. 찬반양론 리스트를 만들어 문제를 해결하려는 것 또한 나쁘기는 마찬가지이다. 당신에게 어떤 일이 중요하고, '결국'에는 그 일을 원한다면 지금 바로 시작하라. 단, 중간에 방향을 수정하도록!

5_ 허락이 아닌 용서를 구하라.

어떤 것이 당신 주변 사람들을 망쳐 버릴 일만 아니라면, 일단 시도한 후에 해명하라. 부모든 배우자든 상사든 간에, 사람들은 실제로 그 일이 일어난 후에는 받아들일 수 있는 것도 일어나기 전에는 거절하려는 경향이 있다. 손해를 볼 가능성이 그다지 크지 않고 어떻게든 되돌릴 수 있다면, 사람들이 "안 돼."라고 말할 기회를 주지 마라. 대부분의 사람들은 당신이 시작하기 전에 그만두게 만드는 것은 쉽게 하지만, 일단 진척되는 일을 방해하는 데는 망설이는 법이다. 문제아가 되는 것도 잘하고, 진짜 말아먹었을 경우 미안하다는 말도 잘하도록 하라.

6_ 강점을 강조하되 약점을 고치지도 마라.

대부분의 사람들은 몇몇 가지 일은 잘하지만, 나머지 일에서는 완전히 엉망이다. 나로 말하자면 제품 개발과 마케팅에서는 뛰어난 수완을 발휘하지만, 여기에 뒤따르는 다른 일들은 끔찍할 정도로 못한다.

　내 몸은 무거운 걸 들고 던지는 건 잘하도록 설계되어 있지만, 그것뿐이다. 나는 오랫동안 이 사실을 무시해 왔다. 수영을 시도해 보았지만 물에 빠진 원숭이 꼴이 될 뿐이었고, 농구도 해 보았지만 석기 시대 동굴인처럼 보일 따름이었다. 그 후 격투기 선수가 되었고, 그야말로 펄펄 날았다.

　갑옷의 모든 틈새를 고치려고 하는 대신 강점을 강화하는 게 훨씬 더 수지맞고 재미있다. 강점을 활용해 성과를 몇 배로 올릴 것이냐, 아니면 아무리 노력해 봐야 그저 그런 수준의 약점을 고쳐 나갈 것이냐 사이의 선택이다. <u>약점을 고치려고 애쓰느니, 당신이 가진 최고의 무기를 더 잘 활용하는 쪽에 초점을 맞춰라.</u>

7_ 지나친 것은 모자람만 못하다.

좋은 것도 너무 많이 가지면 안 좋은 법이다. 지나칠 경우 대부분의 노력과 재산은 부정적 성격을 띤다. 그리하여 이렇게 된다.

평화주의자는 호전적인 사람이 된다.

자유를 위해 싸우던 사람들은 폭군이 된다.

은총은 저주가 된다.

도움은 방해가 된다.

더한 것은 덜한 것이 된다.

-골디언 밴던브뤼크, 『자발적 가난』 중에서

원하는 것을 너무 많은 양으로, 너무 많은 수로, 너무 자주 가질 수 있다면, 당신은 오히려 이것을 원하지 않게 된다. 이것은 재산에도, 심지어는 시간에도 해당된다. 그러므로 라이프스타일 디자인은 한가한 시간을 과도하게 확보하는 데 있지 않다. 이것은 오히려 독이 된다. 라이프스타일 디자인은 자유 시간을 적극적으로 사용하는 데 관심을 두는 것이다. 간단히 말해 당신이 의무를 느끼는 일과 반대되는 개념인 당신이 원하는 일을 하는 것으로 정의할 수 있다.

8_ 돈 하나만으로는 해결책이 될 수 없다.

(나도 돈을 무지 좋아해) 돈의 힘에 대해 할 말이 많지만, 돈이 더 많아진다고 해서 우리 생각처럼 모든 일이 다 해결되는 것은 아니다. 부분적으로는 게으름이 문제다. '내가 돈만 더 많았어도…'라고 탓하는 것은 미래가 아니라 지금 즐거운 인생을 위해 꼭 필요한 진지한 자기 성찰과 결정을 미루는 가장 하기 쉬운 변명이기 때문이다. 우리는 편리하게도 돈을 희생양으로 삼은 채 일에 치여 일상을 소진하느라 시간을 다른 식으로

쓸 짬을 내지 못한다. "존, 나도 인생에서 느끼는 깊은 공허감과 아침에 컴퓨터를 켤 때마다 나를 강타할 것 같은 무력감에 대해 이야기하고 싶지만, 할 일이 너무나 많다구요! 어제 거절당한 잠재 고객에게 다시 전화하기 전에, 적어도 3시간 동안 잡다한 이메일에 답장을 써야 한단 말입니다. 나 그만 나가 볼게요!"

당신은 쳇바퀴처럼 돈벌이를 하는 일상 속에서 바삐 움직이며 이 일이 만병통치인 척 가장함으로써, 그 일이 자신에게 얼마나 무의미한지 알지 못하도록 계속 교묘하게 정신을 흐트러뜨린다. 마음속 깊은 곳에서는 당신도 이 모든 게 환상이란 걸 잘 알 것이다. 하지만 모든 사람이 짜고 치는 고스톱 판이기 때문에 이런 사실은 쉽게 잊힌다.

바보야, 문제는 돈이 아니란 말이다!

9_ 상대적 소득이 절대적 소득보다 더 중요하다.

다이어트 전문가와 영양학자들 사이에서 칼로리의 가치에 대한 논쟁이 한창 진행되고 있다. 장미가 그냥 장미인 것처럼 칼로리도 그냥 칼로리인 것일까? 지방 감량이라는 게 단지 섭취하는 양보다 많은 칼로리를 소모하면 되는 것처럼 간단한 일일까? 아니면 어디에서 칼로리를 섭취했느냐가 중요한 것일까? 최고의 운동선수들과 일해 본 내 경험에 따르자면 답은 후자이다.

소득에 대해서는 어떨까? 돈은 그냥 돈일 뿐일까? 뉴리치는 그렇게 생각하지 않는다.

이 질문에 대해 초등학교 5학년생 수학 문제 같은 방식으로 접근해 보자. 열심히 일하는 2명의 사나이가 서로 가까워지고 있다. 사나이 1 은 일주일에 80시간의 속도로 움직이고, 사나이 2는 일주일에 10시간 의 속도로 움직인다. 그들은 둘 다 연간 5만 달러를 번다. 그들이 한밤 중에 서로 스쳐 지날 때 누가 더 부자가 되어 있을까? 당신이 사나이 2 라고 답한다면 딩동댕! 정답이다. 바로 이것이 절대적 소득과 상대적 소득의 차이이다.

절대적 소득은 신성하고 변경할 수 없는 단 하나의 변수에 의해 측 정된다. 가혹하고 전지전능한 돈 말이다. 절대적 소득에 따르자면, 연 간 10만 달러를 버는 갑순이는 연간 5만 달러를 버는 갑돌이보다 2배 만큼 부자인 것이다.

상대적 소득은 두 가지 변수를 이용한다. 바로 돈과 시간이다. '연간' 이라는 전체 개념은 제멋대로라서 당신을 쉽게 속여 넘긴다. 자, 그럼 실제로 일한 시간을 살펴보자. 갑순이의 소득은 연간 10만 달러이므로 1년 50주 동안 매주 2천 달러씩 벌어들이는 꼴이다. 그리고 갑순이는 일주일에 80시간씩 일한다. 결국 갑순이는 시간당 25달러를 버는 것이 다. 갑돌이의 소득은 연간 5만 달러이므로 1년 50주 동안 매주 1천 달 러씩 벌어들이는 꼴이다. 그리고 그는 일주일에 10시간 일하기 때문에 시간당 100달러를 벌어들인다. 따라서 상대적 소득 면에서는 갑돌이가 갑순이보다 4배나 부자인 것이다.

물론 상대적 소득 총액이 당신의 목표를 실현하는 데 필요한 최소한 의 금액만큼은 돼야 한다. 만약 내가 시간당 100달러를 벌지만 일주일 에 1시간밖에 일하지 않는다면, 이 수입을 가지고 슈퍼스타처럼 광란에 빠질 수는 없는 일이다. 절대 소득 총액이 (누구네 집과 비교하는 식의 임의적 관점이 아닌) 내 꿈대로 사는 데 필요한 만큼 있다고 가정할 때, 상대적 소득은 뉴리치에게 진정한 부의 척도가 된다.

뉴리치계의 독보적 인물들은 적어도 시간당 5천 달러를 번다. 대학 졸업 후 나는 시간당 5달러로 시작했다. 하지만 나는 당신을 시간당 5천 달러를 버는 사람들과 비슷해지도록 만들겠다.

10_ 부정적 스트레스는 나쁘지만 긍정적 스트레스는 좋다.

즐겁게 사는 대부분의 사람들은 잘 모르겠지만, 모든 스트레스가 다 나쁜 것은 아니다. 사실 뉴리치는 스트레스를 완전히 없애려고 하지 않는다. 스트레스에는 두 종류가 있는데, 이건 쾌감과 반대되는 불쾌감만큼이나 서로 전혀 다르다.

부정적 스트레스Distress는 당신을 더 약하고, 자신감 없고, 열등하게 만드는 해로운 자극과 관련된다. 부정적인 비난, 혹사시키는 고용주, 길거리 연석에 얼굴을 부딪치는 것 등이 그런 예일 것이다. 이런 건 정말이지 피하고 싶다.

반면에 긍정적 스트레스Eustress는 아마 대부분의 사람들이 거의 들어보지 못한 단어일 것이다. '건강한'이란 뜻의 그리스어 접두사 'Eu'가 쾌감euphoria이란 단어에서와 마찬가지 의미로 사용되었다. 우리가 한계를 넘어설 수 있도록 추동하는 역할 모델들, 허리 군살을 없애기 위해 체력 단련을 하거나 편안하게 활동할 수 있는 영역을 확장시키려는 시도들은 모두 긍정적 스트레스, 즉 유익한 스트레스이자 성장을 위한 자극이다.

비판을 받아들이지 못하는 사람들은 실패하기 마련이다. 우리가 피해야 하는 건 부정적인 비난이지 모든 형태의 비판이 아니다. 이와 마찬가지로 긍정적 스트레스 없이는 발전도 없다. 긍정적 스트레스를 더 많이 만들어 우리 인생에 적용할수록 꿈을 더 빨리 이룰 수 있다. 중요한 건 이 두 가지 스트레스를 구분하는 것이다.

뉴리치는 부정적 스트레스를 없애고 긍정적 스트레스를 찾는 데 똑같이 적극적이다.

Q&A 질문과 행동

1 '현실적'이 됨으로써 또는 '책임'을 짐으로써 당신은 원하는 인생에서 어떻게 멀어지게 되었나?

2 '해야'하는 일을 함으로써 당신은 어떻게 수준 이하의 결과를 냈고, 다른 선택을 하지 않은 데 대한 후회를 하게 되었나?

3 당신이 현재 하고 있는 일을 잘 살펴보고 스스로에게 다음과 같이 물어보라. '만약 내가 주위 사람들과 반대로 행동한다면 어떤 일이 벌어질까? 내가 5년, 10년, 20년 동안 이 일을 계속한다면 어떤 희생이 따를까?'

행동 **없이는**
행복도 **없다**

두려움을 떨쳐 내기 전에 먼저 두려움을 규정해야 한다.

-〈스타워즈: 제국의 역습〉에서 요다

브라질 리우데자네이루에 있는 어느 산. 6미터만 가면 끝이다!

"달려, 달려!" 한스는 포르투갈어를 못하지만 그 의미는 분명히 알아들었다. "뛰어!!" 그는 울퉁불퉁한 바위를 단단히 딛고 서 있다가 900미터 높이 허공 속으로 가슴을 내밀고 나아갔다.

그는 마지막 걸음에서 숨을 멈추었는데 두려움 때문에 거의 기절할 지경이었다. 시야 가장자리가 흐릿해지면서 한 점의 작은 빛으로 닫히는가 싶더니… 그러더니… 그가 떠올랐다. 패러글라이더의 날개가 상승 온난 기류를 타게 된 것을 깨달은 순간, 온 마음을 사로잡을 듯한 수

평선 하늘의 푸른색이 그의 시야에 들어왔다. 두려움은 저 뒤 산 위에 남겨두고, 한스 킬링은 눈부시게 빛나는 녹색의 열대우림과 코파카바나의 때 묻지 않은 해변 위 1천여 미터 상공에서 빛을 보았다.

그날은 일요일이었다.

한스는 월요일에 자신이 일하는 로스앤젤레스 센트럴시티의 법률 사무소로 돌아가자마자 사직서를 냈다. 그는 거의 5년 동안 알람시계가 울릴 때마다 똑같은 두려움을 느껴 왔다. '내가 앞으로 40년 내지 45년 동안 이 짓을 계속해야 한단 말인가?' 한번은 아주 힘든 프로젝트를 반쯤 마친 뒤에 책상 밑에서 잠을 자고 다음 날 아침에도 일을 계속한 적 있었다. 그날 아침, 그는 스스로에게 약속했다. '두 번만 더 이런 일이 있으면 난 여길 나갈 거야.' 세 번째가 바로 그가 브라질로 휴가를 떠나기 바로 전날 있었다.

우리는 모두 자기 자신에게 이와 비슷한 약속을 한다. 한스도 전에 이런 다짐을 한 적이 있었다. 하지만 그날은 뭔가 달랐다. 그가 달라진 것이다. 천천히 선회하며 땅으로 떨어지는 동안 그는 뭔가를 깨달았다. 일단 시도해 보면 모험도 별로 겁나는 일이 아니다. 그의 동료들은 모두 예상한 대로 말했다. 어리석게도 왜 가진 걸 모두 버리려고 하느냐는 바로 그 말. 그는 정상을 향해 가고 있는 변호사였다. 그는 도대체 무엇을 원하였을까?

한스는 자신이 원하는 게 뭔지 정확히는 몰랐다. 하지만 그는 자기가 원하는 것을 맛보았다. 또한 자신을 눈물 나게 할 만큼 지루하게 만드는 것이 뭔지 알아냈고 이제 그것과는 결별이었다. 살아 있는 시체처럼 흘러가는 나날은 이제 그만! 누군가 더 비싼 벤츠를 살 때까지 새로 산 BMW에 대해 흥분에 들떠 서로 차를 비교해 대는 동료들과의 저녁 식사도 이제 그만! 이제 다 끝났다.

곧바로 이상한 변화가 일어났다. 한스는 오랜만에, 아니 처음인 듯 자기 자신에 대해, 그리고 자신이 하려는 일에 대해 평온을 느꼈다. 그는 항상 마치 죽기라도 할 것처럼 비행기 난기류를 무서워했었다. 하지만 지금은 지독한 폭풍 속에서도 잠자는 아기처럼 날 수 있었다. 참으로 이상한 일이었다.

1년 남짓 후에도 그는 여전히 법률 사무소들로부터 취업 제의를 받았는데, 당시 그는 브라질 플로리아노폴리스에서 넥서스 서프라는 프리미엄급 파도타기 어드벤처 회사를 시작하고 있었다. 그는 자신의 이상형인 갈색 피부의 리오 여인 타티아나를 만났고, 대부분의 시간을 야자수 밑에서 느긋하게 쉬거나 고객들에게 인생 최고의 시간을 선사하면서 보냈다.

이것이 그토록 두려워하던 것이란 말인가?

요즘 그는 기쁨도 없이 과로에 찌든 전문직 종사자들에게 파도타기를 가르치면서 자신의 예전 모습을 종종 발견한다. 큰 파도를 기다리면서 그들은 마음속에 있던 솔직한 감정을 털어놓는다. "아, 나도 당신처럼 살았으면 좋겠어요." 그때마다 그의 대답은 항상 같다. "당신도 할 수 있답니다."

저물어 가는 태양은 수면 위에 잔잔하게 반사되고 있었다. 마치 당신이 현재의 진로를 무기한 중지한다고 해서 그게 포기를 뜻하는 건 아니라는 사실을 말해 주듯. 그는 원하기만 한다면 떠나왔던 바로 그 자리에서 변호사직을 재개할 수도 있었다. 전혀 염두에 두지는 않지만 말이다.

그의 고객들은 너무나 멋진 시간을 보낸 후 물가로 보드를 들고 돌아오면서 정신을 차리고 냉정을 되찾게 된다. 그들이 해안에 발을 들여놓으면 현실이 다시 조여 오기 시작하는 것이다. 그들은 대답한다. "그러고 싶어요. 하지만 정말로 모든 것을 다 버릴 수는 없네요."

그는 그냥 웃을 수밖에 없다.

비관주의의 힘 :
최악의 인생 시나리오는?

하느냐 마느냐? 시도하느냐 안 하느냐? 자신이 용감하다고 생각하든 않든 대부분의 사람들은 하지 않는다는 쪽에 표를 던질 것이다. 누구에게나 불확실성과 실패의 가능성은 어둠 속에서 나는 무서운 소리와 같다. 따라서 사람들은 대개 불확실성보다는 불행을 선택한다. 여러 해 동안 나는 목표도 세워 보고 방향을 바꾸려 결심도 해 봤지만 아무런 결과를 얻을 수 없었다. 나 또한 이 세상 다른 사람들만큼이나 불안하고 겁도 났다.

4년 전 우연히 간단한 해결책을 알게 되었다. 당시 나는 한 달에 7만 달러 정도를 벌었다. 그 돈으로 뭘 해야 할지 알 수 없을 만큼 많은 돈이었는데도 전보다 훨씬 더 불행한 최악의 상태였다. 시간도 없었고 일은 죽도록 많았다. 나는 회사를 차려 놓았지만 그걸 파는 건 가능성이 없어 보였다. 이런! 나는 덫에 걸린 듯했고 동시에 바보처럼 느껴졌다. 이 문제를 해결해야만 해. 난 왜 이렇게 바보 같을까? 도대체 뭐가 잘못된 거지? 사실 잘못된 건 아무것도 없었다. 나는 내 한계까지 가지도 않았다. 단지 당시 내 비즈니스 모델이 한계에 다다랐을 뿐이다. 운전자가 문제가 아니라 자동차가 문제였던 것이다.

회사 초기 단계에서의 치명적 실수로 나는 그 회사를 팔 수 없게 되었다. 마법의 요정을 고용하든가 나의 뇌를 슈퍼컴퓨터에 연결하는 수밖에는 없었다. 사랑스러운 내 회사는 심각한 결함을 안고 태어난 것이었다. 문제는 이제 어떻게 하면 내가 이 프랑켄슈타인을 스스로 작동하게 만들어 여기에서 벗어날 수 있느냐였다. 어떻게 하면 내가 일중독의 마수에서 벗어나 하루 15시간씩 일하지 않으면 회사가 산산조각 나리라는 두려움에서 해방될 수 있을까? 어떻게 하면 내가 스스로 만든 감옥에서 탈출할 수 있을까? 나는 '여행밖에 없다.'는 결론을 내렸다. 그래, 전 세계를 돌아다니며 1년간 안식년을 갖는 거다!

그렇게 해서 나는 여행을 떠났다. 자, 이 이야기는 나중에 하겠다. 처음에는 내 책임 회피적인 환상 여행이 절대로 해결책이 아니라는 끝없는 이유를 댔다. 6개월 동안 수치심과 당혹감과 분노로 흔들리는 게 당연한 거라고 느꼈다. 돌이켜보면 이 시기는 분명 가장 생산적인 시간 중 하나였다.

그러던 어느 날, 미래의 내 고통이 얼마나 심할지 상상하는 희열(?) 속에서 보석 같은 생각이 떠올랐다. 그것은 나의 "돈 해피, 비 워리Don't happy, be worry"상태 중에서 틀림없이 가장 빛나는 생각이었을 것이다. 내 여행 때문에 생길 수 있는 최악의 것, 내가 가장 끔찍하게 여길 악몽 같은 미래는 어떤 게 있는지 꼽아 볼까?

에라, 최악은 틀림없이 내가 해외에 있는 동안 사업이 망할 수도 있다는 것이다. '경고장이 중간에 잘못되는 바람에 전달되지 않아 내가 고소당한다. 내 사업은 문을 닫게 되고 재고는 선반 위에서 썩어 나간다. 그동안 나는 아일랜드의 차가운 해안가에서 불행을 느끼며 고독하게 발가락이나 후비고 있겠지. 빗속에서 울면서….'라고 나는 상상한다. 은행 잔고는 바닥날 것이고 차고 속의 내 차와 오토바이는 분명 도둑맞을 것이다. 내가 길 잃은 개에게 음식물 찌꺼기를 먹이는 동안, 누군가 높은 발코니에서 내 머리 위에 침을 뱉을 것이고, 그 때문에 놀란 개는 내 얼굴을 정통으로 물어 버린다. 오, 신이시여, 인생은 잔인하고 냉혹합니다.

최악을 떠올리자
두려움이 사라지다

그러자 재미있는 일이 벌어졌다. 나 자신을 불행하게 만들겠다는 불굴의 목표 속에서 나는 뜻하지 않게 거꾸로 행동하기 시작했다. 내가 가진 악몽이자 최악의 시나리오를 정의함으로써 막연한 불안과 모호한 걱정거리로부터 빠져나오게 되자, 나는 여행에 대해 전만큼 걱정스럽지 않았다. 나는 갑자기 모든 게 엉망이 되었을 때 남아 있는 재산을 지키면서 원래 내 자리로 되돌아가기 위해 할 수 있는 간단한 단계들을 생각하기 시작했다. 해야만 한다면 나는 언제라도 집세를 내기 위해 바텐더 아르바이트를 할 수 있다. 가구를 좀 팔 수도 있고 외식비를 줄일 수도 있다. 심지어 매일 아침 우리 집 앞을 지나가는 유치원생에게 점심 값을 삥 뜯을 수도 있을 것이다. 방법은 여러 가지가 있었다. 나는 살아남는 것은 물론이고 내가 있었던 자리로 되돌아가는 것도 그렇게 힘들지는 않으리란 사실을 깨달았다. 이 중 어떤 것도 치명타를 주지는 않을 것이다. 어림없는 소리! 이것은 인생의 여정 중에서 단순히 팬티가 끼이는 정도의 일이다.

1에서 10까지의 단계 중에서 1이 아무 변화도 없는 것이고 10이 영구적으로 인생을 바꾸는 것이라면, 이른바 최악의 시나리오는 3이나 4 단계 정도의 일시적인 충격만 주리라는 걸 나는 깨달았다. 나는 대부분의 사람들도 3이나 4 정도의 단계에 해당될 것이며, '내 인생을 좆 치게 할 빌어먹을' 대부분의 재앙도 그 정도에 해당된다고 생각한다. 이것이 백만 가지의 끔찍한 악몽 같은 재앙 중 하나라는 것을 명심하라. 반면에 내가 가진 최상의 시나리오나 적어도 있을 법한 시나리오를 실현한다면 영구적으로 9나 10 정도의 긍정적인 인생 역전의 효과를 가져올 것이다.

다시 말하면, 나는 그럴듯하고 영구적인 9나 10을 위해 있을 것 같지도 않고 일시적인 데 불과한 3이나 4 정도를 거는 것이고, 원한다면 조금 더 추가로 일함으로써 원래 있던 일중독의 감옥 속으로 쉽게 돌아갈 수도 있는 것이다. 이 모든 것은 중요한 깨우침이었다. 이 시도가 실제로는 별 위험이 없으며 오히려 엄청난 인생 역전의 가능성이 있다는, 그리고 이미 기울인 것 이상의 별다른 노력 없이도 내가 이전 단계에서 다시 시작할 수도 있다는 사실을 확인하게 되었다.

그렇게 해서 나는 여행을 계속하기로 마음먹고 유럽행 편도 비행기 표를 샀다. 나는 모험을 계획하기 시작했으며, 나의 육체적·심리적 짐을 벗어 버렸다. 그 후 내가 생각한 어떤 재앙도 일어나지 않았으며, 내 인생은 거의 동화처럼 잘 풀렸다. 사업도 그 어느 때보다 번창했다. 이 사업이 15개월간의 호화판 세계 여행을 위한 돈을 벌어 주는 동안, 나는 사실상 사업에 대해 잊고 지냈다.

낙관주의로 가장된
두려움 파헤치기

두려움은 갖가지 모습으로 찾아온다. 대개 우리는 두려움을 두려움이란 단어로 부르지 않는다. 그 단어 자체가 사실상 두려움을 일으키기 때문에. 대부분의 지식인들은 두려움을 다른 말로 치장해 부른다. 바로 '낙관적인 부정'이란 말이다.

직장을 그만두기 꺼리는 대부분의 사람들은 시간이 흐르고 수입이 늘어남에 따라 그들의 앞날이 좋아질 것이라는 생각을 품는다. 직장이 말 그대로 생지옥이 아니라 단지 지루하거나 영감을 주지 못하는 정도일 때 이 생각은 일면 타당해 보이는 매력적인 착각이다. 그야말로 생지옥은 행동하게 만든다. 하지만 지옥보다 나을 때는 필요한 정도의 교묘한 합리화를 통해 현실을 참게 만든다.

당신은 정말 나아질 것이라고 믿는가? 아니면 단지 바라는 바이며 행동하지 않는 데 대한 변명일 뿐인가? 나아질 것이라고 당신이 확신한다면 사실 그런 식으로 의심하고 있겠는가? 대개는 그렇지 않을 것이다. 이것이 바로 낙관주의로 가장한 미지에 대한 공포이다.

당신은 1년 전보다, 한 달 전보다, 일주일 전보다 더 잘 살고 있는가? 그렇지 않다면 앞으로의 사정도 저절로 나아지지는 않는다.

만약 당신이 스스로를 속이는 것이라면 이제는 멈추고 도약을 계획해야 할 때다. 요절한 제임스 딘 같은 종말만 맞지 않는다면 당신의 인생은 앞으로도 무지하게 길다. 30~40년 동안 직장에서 오전 9시에서 오후 5시까지 일한다는 건 너무나 긴 시간이다. 구원이 오지 않는다면 말이다. 이것은 거의 400개월 동안을 꽉 채워 일하는 것과 같다.

앞으로 얼마나 더 일해야 할까? 지금이 바로 낭비를 줄여야 할 순간이 아닐까?

Q&A 질문과 행동

만약 당신이 미지에 대한 두려움 때문에 도약을 불안해하거나 단순히 미룬다면 해결 방법은 다음과 같다. 아래 질문들에 대해 답을 써 보도록 하라. 단, 너무 생각을 많이 한 후 답하는 것은 단순히 머릿속에 있는 걸 이 페이지에 쏟아 놓는 것보다 효과적이거나 생산적이지 않다는 것을 명심하도록! 쓴 다음에는 다시 보지 마라. 양적인 면에 목표를 두고, 각 질문에 대해 답하는 데 약간의 시간만 할애하라.

1 당신 생각에 일어날 수 있는 악몽 같은 상황, 즉 최악의 상황을 정의해
  보라.

  당신이 이룰 수 있는 (또는 이루어야만 하는) 중요한 변화를 고려해 볼 때, 어
  떤 의구심과 두려움, 그리고 어떤 '만약'의 걱정들이 떠오르는가? 꼼꼼하
  게 마음속에 떠올려 보라. 그것이 당신 인생의 종말이 될까? 그것이 미
  칠 수 있는 영구적인 영향은 1에서 10까지 단계 중에서 어느 정도일까?
  그것이 미칠 영향이란 게 진짜 영구적이긴 한 걸까? 당신 생각에 그것이
  정말로 일어날 가능성은 얼마나 될까?

2 일시적으로라도 손실을 복구하기 위해 또는 상승세로 되돌려 놓기 위해
  어떤 단계를 밟을 수 있을까?

3 가능한 시나리오에서 일시적 결과나 이익, 혹은 영구적 결과나 이익은
  무엇인가?

  당신은 위에서 악몽 같은 상황을 정의하였다. 이제 (자신감이라든지 자부심
  등등) 내적으로나 외적으로 가능성이 가장 높은, 또는 확실하게 생길 긍
  정적 결과는 무엇인가? 가능성이 가장 높은 결과들이 미칠 영향력은 1
  에서 10까지의 단계 중 어느 정도일까? 적어도 제법 괜찮은 수입을 올
  릴 가능성은 얼마인가? 당신보다 덜 똑똑한 사람들이 전에 이 일을 해서
  성공한 적이 있는가?

4 만약 오늘 직장에서 해고된다면 생활의 안정을 위해 어떤 일을 하겠
  는가?

이 시나리오를 상상해 본 후 1에서 3까지의 질문을 다시 읽어 보라. 당신이 만약 다른 가능성을 시험해 보기 위해 지금의 일을 그만둔다면, 나중에 필요할 때 어떻게 하면 현재의 직업으로 되돌아올 수 있을까?

5 두려움 때문에 당신이 미루고 있는 것은 무엇인가?

우리가 가장 두려워하는 일은 대개 우리가 꼭 해야만 하는 일일 때가 많다. 그것이 전화이건 대화이건 무엇이건 간에, 우리가 해야 할 일을 못 하게 막는 것은 미지에 대한 두려움이다. 최악의 경우를 정의하고, 받아들이고, 실행하도록 하라. 아예 이마에 새겨 넣어야 할 만큼 반복하겠다. 우리가 가장 두려워하는 일은 대개 우리가 꼭 해야만 하는 일이다. 인생에서의 성공은 주로 그 사람이 기꺼이 하는 불편한 대화의 정도에 따라 측정할 수 있다고 한다. 당신이 두려워하는 일을 날마다 한 가지씩 하겠다고 결심하라. 나도 조언을 얻기 위해 유명 인사나 뛰어난 사업가들에게 접촉을 시도하면서 이런 습관을 들이게 되었다.

6 행동을 미룸으로써 당신이 경제적, 정서적, 육체적으로 잃게 되는 것은 무엇인가?

어떤 행동이 잠재적으로 지닌 부정적인 면만 평가해서는 안 된다. 행동하지 않아서 생기는 엄청난 손실을 측정하는 것도 똑같이 중요하다. 당신을 흥분시키는 일을 하지 않는다면 1년 후, 5년 후, 10년 후에 당신은 어디에 있을까? 유한한 인생 중 10년을 성취감 없는 일을 하며 상황에 제멋대로 휘둘리면서 보낸다고 생각하면 어떤 느낌이 드는가? 10년 후를 내다봤을 때 그 길이 실망과 후회의 길임을 100퍼센트 확신한다면, 그리고 위험을 '돌이킬 수 없는 부정적 결과가 일어날 가능성'이라고 정의한다면, 행동하지 않는 것이야말로 가장 큰 위험이라 할 수 있다.

7 당신은 무엇을 기다리는가?

이 질문에 분명히 답할 수 없다면 결론은 간단하다. 다른 사람들처럼 당신은 겁먹고 있는 것이다. 행동하지 않았을 때 일어날 수 있는 손실을 측정해 보라. 대부분의 실패는 일어날 가능성이 거의 없으며 설사 일어난다 해도 회복할 수 있다. 그리고 뛰어난 사람들이 즐겨 하는 것, 즉 '행동'을 가장 중요한 습관으로 계발하라.

구체적으로
질문하라

모호한 일에 분명한 태도 취하기

이성적인 사람은 자신을 세상에 맞추려고 한다. 비이성적인 사람은 세상을 자기에게 맞추려는 노력을 관철시킨다. 그렇기 때문에 모든 진보는 비이성적인 사람에게 달려 있다.

-조지 버나드 쇼, 『혁명론자를 위한 좌우명』

2005년 봄, 뉴저지주 프린스턴대학교. 프린스턴대학교에서의 내 강의가 흥분과 열정의 도가니 속에서 막 끝난 참이었다. 그와 동시에 나는 대부분의 학생들이 강의실을 나가자마자 내가 말한 것과는 반대로 하리란 걸 알고 있었다. 내가 수업에서 가르친 원칙들이 실제로 어떻게 적용되는지 보여 주지 않는다면, 그들 중 대부분은 주당 80시간씩 일하는 고소득 커피 심부름꾼으로 전락하게 될 것이다. 그렇기 때문에 문제를 내게 된 것이다. 그들에게 뇌물을 먹일 수밖에 달리 어떤 선택이 있었겠나? 그들은 내 주위에 모여들었고, 이름은 각자 달랐지만 질문은 한결같았다. "문제가 뭐죠?" 모든 이의 눈이 나를 향하고 있었다.

나는 가능한 가장 인상적인 방법으로 정해지지 않은 '문제'를 완수하는 사람에게 세계 어느 곳으로나 갈 수 있는 왕복 비행기 표를 제공하기로 했다. 결과 및 방법을 고려해서 말이다. 이 문제에 관심이 있으면 수업이 끝나고 나와 만나자고 말했고, 60명의 학생 중 약 20명이 왔다.

이 임무는 내가 그들에게 가르쳐 준 전술을 사용하게 만드는 한편, 그들의 안전지대를 시험할 수 있게 고안된 것이었다. 임무는 단순했다. 만남이 불가능해 보이는 세 사람에게 연락해 적어도 한 명에게서 세 가지 질문에 대한 답변을 얻어 내는 것이다. 그 세 사람이 제니퍼 로페즈건 빌 클린턴이건 J. D. 샐린저건 상관없다.

지구를 횡단할 수 있는 공짜 표를 얻으려고 혈안이 돼 입에 거품을 문 20명의 학생 중에서 몇 명이나 이 문제를 완수했을까?

정확히 말해서 아무도 없었다. 단 한 명도.

모두들 여러 가지 변명을 했다.

"누군가에게 그렇게 하게 만드는 건 쉬운 일이 아니죠. 그래서…."

"아주 중요한 과제물 제출 기한이 다 돼서요. 그래서…."

"그렇게 하고 싶었죠. 하지만 방법이…."

여러 변명거리를 내놓았지만 단 하나의 진정한 이유가 있었으니 바로 그 도전이 어렵다는 생각, 아마도 불가능하리라는 생각, 그리고 다른 학생들이 더 잘할 것이라는 생각이었다. 모든 학생들이 그 경쟁을 과대평가했기 때문에 단 한 명도 완수하지 못했던 것이다.

내가 정한 규칙에 따르자면, 단지 읽기 힘든 한 단락짜리 답장만이라도 누군가 내게 보내 주었더라면 나는 그들에게 상을 주었을 것이다. 이 결과는 나를 흥미진진하게 만드는 동시에 실망시켰다.

그다음 해에는 상당히 다른 결과가 나왔다.

나는 교훈이 되도록 위의 일화를 이야기해 주었고, 17명 중 6명이 48시간 안에 도전을 완수했다. 그러면 두 번째 클래스 학생들이 더 우수했던 것일까? 아니다. 사실 첫 번째 클래스에 능력 있는 학생들이 더 많았다. 하지만 그들은 아무것도 시도하지 않았다. 화력은 가지고 있었지만 방아쇠를 당길 손가락이 없었다고나 할까.

두 번째 클래스는 단지 일에 착수하기 전에 내가 그들에게 해 준 이야기를 받아들인 것뿐이었다.

현실적인 일보다
비현실적인 일이 더 쉽다

억만장자와 연락을 취하는 것에서부터 유명 인사들과 교제하는 것에 이르기까지, 이것은 실제로 그럴 수 있다고 믿는 것만큼이나 쉬운 일이다. 두 번째 그룹의 학생들은 위의 두 가지를 모두 해냈다.

정상은 외로운 법이다. 세상 사람들 중 99퍼센트는 그들이 대단한 일을 성취할 능력이 없다고 믿고 그 때문에 목표를 평균 수준으로 잡는다. 그리하여 '현실적인' 목표에 대한 경쟁이 가장 피 터지게 되기 때문에 역설적이게도 가장 시간도 많이 들고 에너지 소모도 많다. 100만 달러를 모으는 것보다 1천만 달러를 모으는 것이 더 쉽다. 술집에 가서도 8점짜리 여자 5명을 유혹하는 것보다 10점짜리 완벽한 여자 한 명을 유혹하는 게 더 쉬운 법이다.

당신이 자신감이 없다면 알아 두라. 세상의 다른 사람들도 거의 다 그렇다는 것을. 경쟁에 대해 너무 과대평가하지 말고 당신을 과소평가하지도 마라. 당신은 생각보다 훨씬 더 나은 사람이니까.

또 다른 이유에서도 비이성적인 그리고 비현실적인 목표는 달성하기 쉽다.

유별나게 큰 목표를 세우면 아드레날린이 생성된다. 이 아드레날린은 목표를 이루는 데 동반되는 피할 수 없는 고난이나 시련을 인내하고 극복할 수 있는 힘을 준다. 평범한 수준의 포부에서 비롯된 현실적인 목표는 영감을 주지 못할 뿐만 아니라 오히려 또 다른 문제를 부채질해서 결국 당신을 포기하게 만들 뿐이다. 주어지는 대가가 그저 그렇다면 당신의 노력 또한 그저 그럴 수밖에 없다. 그리스섬을 일주하는 선상 여행을 위해서라면 벽이라도 통과하겠지만, 오하이오주 콜럼버스로 주말 여행 정도를 위해서라면 먹던 시리얼 브랜드조차도 바꾸지 않을 것이다. '현실적'이기 때문에 콜럼버스 여행을 선택한다면, 목표를 이루기 위해 아주 사소한 장애물조차 뛰어넘을 열정이 생기지 않을 것이다. 수정같이 맑고 아름다운 그리스의 바다와 맛있는 와인을 머릿속에 떠올릴 때, 우리는 꿈꿀 가치가 있는 꿈을 위한 전투태세를 갖추게 된다. 1단계에서 10단계까지 성취 난이도 면에서 보면, 그리스 쪽이 10, 콜럼버스 쪽이 2에 해당할지라도 콜럼버스 쪽이 실패할 가능성이 더 크다는 것이다.

밑줄도 사람들이 잘 가지 않는 곳이 더 잘 되듯이, 자신감이 부족한 세상의 다른 모든 사람들이 안타를 생각할 때 홈런을 노려야 치기 쉬운 법이다. 큰 목표를 위한 경쟁은 적기 마련이니까.

큰일을 하려면 당연히 큰일을 필요로 해야 한다.

당신은 무엇을
원하는가?

대부분의 사람들은 자신이 무엇을 원하는지 전혀 알지 못한다. 나도 내가 무엇을 원하는지 모른다. 반면 나에게 앞으로 5개월 안에 외국어를 익히기 위해서 무엇을 해야 하는지 묻는다면 금방 말할 수 있다. 즉 구체성의 문제인 것이다. "당신은 무엇을 원하는가?"라는 질문은 의미 있고 실행할 수 있는 답을 끌어내기에는 너무나 막연하다. 이런 질문은 잊어버려라.

"당신의 목표는 무엇인가?"라는 질문 또한 앞의 것처럼 혼란과 어림짐작만 불러일으킨다. 이 질문을 풀어서 다시 하자면 한 발짝 뒤로 물러나 더 큰 그림을 보아야 한다.

우리에게 열 가지 목표가 있고 그것들을 이루려 한다고 가정해 보자. 그동안의 모든 노력을 가치 있게 할 바람직한 결과는 무엇일까? 가장 흔한 대답은 바로 '행복'이다. 5년 전이었다면 나 또한 똑같이 대답했을 것이다. 하지만 이제는 그렇지 않다.

행복이라는 말은 그간 너무나 남용해 그 뜻이 모호해져 버려 와인 한 병으로도 살 수 있게 되었다. 나는 실제 목표를 반영할 수 있는 더 정확한 답이 있다고 믿는다.

지루하더라도 참고 듣도록! 행복의 반대말은 무엇일까? 슬픔? 아니다. 사랑과 증오가 동전의 양면인 것처럼 행복과 슬픔도 그런 관계이다. 행복에 겨워 눈물을 흘리는 게 완벽한 예다. 사랑의 반대는 무관심이고, 행복의 반대는 반박의 여지없이 지루함이다.

흥분이야말로 실질적인 의미에서 행복의 동의어이고 당신이 추구하려고 노력해야 하는 것이다. 흥분은 만병통치약이다. 사람들이 당신에게 '열정'이나 '행복'을 추구하라고 권할 때, 사실 그들은 똑같은 하나의 개념에 주목한다. 그건 바로 '흥분'이다.

다시 우리 이야기로 되돌아오자. 당신이 물어야 할 것은 "나는 무엇을 원하는가?"나 "나의 목표는 무엇인가?"가 아니라 "무엇이 나를 흥분시키는가?"이다.

"돈을 많이 벌면
그때 원하는 걸 하겠어"

대학 졸업 후 두 번째 직장을 얻기 전쯤 당신의 마음속에 있는 누군가가 속살거릴 것이다.

'좀 현실적이 되라구! 척하는 건 그만두라니까. 인생은 영화가 아

니거든.'

다섯 살 난 당신이 우주비행사가 되고 싶다고 한다면, 부모님도 원하는 건 뭐든지 될 수 있다고 말해 줄 것이다. 이런 말은 아이에게 산타클로스가 존재한다고 말하는 것만큼이나 무해하니까 말이다. 그러나 당신 나이가 스물다섯 살인데 새로 서커스를 시작하고 싶다고 한다면 반응이 달라질 것이다. "좀 현실적으로 굴어."라는 대답을 들을 가능성이 높다. 즉 변호사, 회계사, 의사 같은 '사' 자 돌림 전문직을 갖고, 아이도 낳고 키워서 남과 똑같은 인생을 반복해라, 뭐 이런 뜻일 게다.

예를 들어 당신이 회의적인 사람들의 말을 무시하고 자신의 사업을 시작한다고 해도 모험심 결핍 장애(주의력 결핍 장애를 이르는 말, Attention Deficit Disorder에서 주의력 대신 모험심, Adventure를 넣어 모험심 결핍 장애라는 새로운 단어를 만들었다_옮긴이)는 쉽게 사라지지 않는다. 단지 다른 형태를 띠게 될 뿐이다.

내가 2001년 브레인퀴컨 사를 처음 시작했을 무렵, 마음속에 뚜렷한 목표를 하나 품고 있었다. 노트북 컴퓨터에 머리통을 쿵쿵 부딪치고 있든, 해변에서 발톱을 자르고 있든 간에 하루에 1천 달러를 버는 것이었다. 그러자면 회사는 자동적으로 돈 버는 기계가 되어야 했다. 그러나 필요한 돈을 벌었는데도 무너질 지경까지 아무것도 할 수 없었다. 왜? 목표가 구체적이지 못했기 때문이다. 나는 초기 작업에 들어간 시간이 여가로 돌려졌을 때 대신할 대안적 활동을 정하지 않았다. 그래서 재정적으로 그럴 필요가 없었는데도 계속해서 일을 할 수밖에 없었다. 나는 생산적이라는 느낌이 필요했고 다른 방도가 없었던 것이다.

이것이 대부분의 사람들이 죽을 때까지 일하는 방식이다. "X달러만큼의 돈을 갖게 될 때까지만 일하고 나서 내가 원하는 걸 하겠어."라는 식이다. 만약 당신이 '내가 원하는 것'이란 대안적 활동을 정해 놓지 않는다면, X라는 숫자는 불확실성이란 두려움을 일으키는 공백을 피하기 위해 무한히 늘어날 것이다.

이때가 바로 당신이 빨간 BMW를 탄 뚱뚱보로 변하는 순간이다. 직장인이든 기업가이든 예외 없이 말이다.

진로를 바로잡는 법 :
비현실적이 되자

　　　　　　　　　내 인생에는 (트루산 사에서 해고당하기 바로 전과 맥도널드로 기관총을 난사하러 들어갈 만큼 폭발 지경에 이르러 이를 피하기 위해 미국을 떠나기 바로 전과 같은) 결정적 국면이 몇 차례 있었다. 그때 나의 미래를 상상해 보면 중년의 위기 속에 BMW를 탄 뚱뚱보가 그려졌다. 영업부 임원이든 같은 업계에 종사하는 기업가이든 단순히 나보다 15년에서 20년 먼저 같은 길을 걸어가는 사람들을 바라보았을 뿐이었는데, 이 사실은 나를 기겁하게 만들었다.

그것은 세상의 모든 공포를 다 불러 모은 것만큼이나 엄청났기 때문에 나는 라이프스타일 디자이너이자 기업가인 나의 동료 더글러스 프라이스와 함께 일반적인 방식을 깨는 인생을 설계하게 되었다. 더글러스와 나는 5년 가까이 비슷한 길을 걸어오면서 마찬가지 어려움과 자기 회의에 시달렸기 때문에 심리적으로 서로를 속속들이 지켜봐왔다. 부진한 시기가 서로에게 번갈아 찾아왔기 때문에 우리는 좋은 팀이 될 수 있었다.

둘 중 한 명이 목표를 낮게 잡거나 신념을 잃어버리거나 '현실을 받아들이려고' 할 때는 언제나 상대편이 스폰서처럼 전화나 이메일로 경종을 울렸다. "이봐, 빨간 BMW를 탄 뚱뚱보 대머리가 될 참이야?" 미래에 대한 이러한 예상은 충분히 끔찍했기 때문에 항상 마음을 다잡고 다시 급한 일들을 제자리로 돌려놓게 해 주었다. 일어날 수 있는 최악의 상황은 비행기 사고나 화재가 아니다. 그것은 구제 불능의 지루함을 참을 만한 일로 받아들이게 되는 것이다.

기억하라. 우리의 적은 지루함이지 어떤 추상적 개념의 '실패'가 아니라는 사실을.

BMW를 탄 뚱뚱보의 길로 접어들려고 할 때마다 삶에 불을 다시 지피거나 진로를 바로잡기 위해서 내가 사용해 왔고 여전히 애용하는 과정이 있다. 이것은 내가 만난 전 세계의 가장 인상적인 뉴리치들이 사용하는 것과 어떤 면에서는 똑같은 과정이다. 바로 꿈 시간표를 작성하는 것이다. 꿈 시간표라 부르는 것은 사람들이 꿈이라고 생각하는 것에 시간표 짜는 방식을 적용시키기 때문이다.

꿈 시간표 작성은 목표 설정과 비슷한 점도 많지만 몇 가지 근본적으로 다른 점이 있다.

●모호한 욕망에서 정해진 단계들로 목표가 바뀐다는 점에서 다

르다.

- 효과를 보기 위해서는 목표가 비현실적이어야 한다는 점에서 다르다.

- 일이 없어졌을 때 생기는 공백을 채워 줄 활동에 초점을 맞춘다는 점에서 다르다. 백만장자처럼 산다는 것은 흥미 있는 일을 하는 것이지, 단지 남들이 부러워하는 것을 소유하는 게 아니다.

이제 생각을 크게 하는 것은 당신 몫이다.

Q&A 질문과 행동

꿈 시간표를 작성하는 것은 재미있지만 그만큼 어렵기도 하다. 하지만 어려우면 어려울수록 당신에게 더욱더 필요하다. 시간을 절약하기 위해 전자계산기와 www.fourhourworkweek.com에 있는 양식을 추천한다. 70페이지에 있는 표를 참고해 아래 단계들을 완성해 보자.

1 당신이 절대로 실패할 리가 없다면 어떻게 하겠는가? 당신이 세상의 나머지 사람들보다 10배나 더 똑똑하다면 어떻게 하겠는가?

6개월과 12개월짜리 두 종류의 시간표를 만들고 (물질적 욕구에만 국한된 것은 아니지만 집이나 자동차, 옷 등의 물질적 욕구를 포함해) 당신이 '갖기'를 꿈꾸는 것, (훌륭한 요리사가 된다든지, 중국어에 능숙해진다든지 등의) 당신이 '되기'를 꿈꾸는 것, (태국을 방문한다든지, 해외에서 당신 조상의 뿌리를 찾는다든지, 타조 경주를 한다든지 등의) 당신이 '하기'를 꿈꾸는 것을 이 순서대로 다섯 가지를 열거해 보라. 대부분의 사람들이 그렇겠지만 어떤 카테고리에서 당신이 원하는 것을 알아내기 어렵다면, 각 카테고리별로 싫어하는 것이나 두려워하는 것을 생각해 보고 그 반대로 써 넣도록 하라. 자신을 한정짓지도 말고 그 일을 어떻게 달성할지 걱정하지도 마라. 지금은 그런 게 중요하지 않다. 지금 하는 이 작업은 억압되어 있던 충동을 풀어 놓는 연습이니까.

자신에게 판단의 잣대를 들이댄다거나 스스로를 속이는 짓은 하지 말라고 당부하고 싶다. 사실은 페라리 자동차가 갖고 싶으면서 죄책감 때문에 세계의 기아 문제를 해결하고 싶다고 적지는 말라는 말이다. 어떤 사람들에게 꿈은 명성을 얻는 것이고, 또 어떤 사람들에게는 부나 특권을 얻는 것일 수 있다. 모든 사람들은 자기만의 약점과 불안을 갖고 있다. 만약 당신의 자긍심을 높여 주는 뭔가가 있다면 그것도 적어라. 나는 경주용 오토바이를 갖고 있는데, 오토바이는 내가 스피드를 즐긴다는 사실과 별개로 나를 아주 쿨한 놈이라 느끼게 해 준다. 모든 걸 적어라.

2 아무것도 적을 수가 없다?

자신의 꿈을 가로막는 온갖 것에 대한 불평하면서도, 대부분의 사람들은 막상 실행에 옮길 수 없었던 꿈을 밝히는 데 상당한 어려움을 겪는다. 이 경우 다음과 같은 질문을 생각해 보라.

- 만약 은행에 1억 달러가 있다면 매일매일 무슨 일을 하겠는가?
- 다음 날 아침 일어났을 때 당신이 가장 흥분할 만한 일은 무엇인가?

급할 것 없다. 몇 분 동안 생각하라. 여전히 꽉 막혀 있다면, 아래 다섯 가지의 '하기' 칸을 채워 보자.

- 방문하고 싶은 한 곳

- 죽기 전에 하고 싶은 한 가지 (인생 최고의 기억)
- 매일 하고 싶은 한 가지
- 매주 하고 싶은 한 가지
- 항상 배우고 싶었던 한 가지

3 '되기'를 하는 데 어떤 '하기'가 필요한가?

실행 가능하도록 각각의 '되기'를 '하기'로 바꿔 보라. 이러한 '되기' 상태의 특징을 나타내는 행동이나 당신이 '되기'를 이루었음을 뜻하는 일을 찾아내도록 하라. 사람들은 먼저 '되기'에 대해 머리를 짜내는 것이 더 쉽다고 생각한다. 하지만 '되기' 항목은 행동 '하기'를 이끌어 내기 위한 일시적인 것이다. 몇 가지 예를 보자.

훌륭한 요리사가 '되기' ⋯▶ 혼자서 크리스마스 만찬 요리 '하기'
중국어에 유창하게 '되기' ⋯▶ 중국인 동료와 5분 동안 대화 '하기'

4 모든 것을 바꿔 놓을 네 가지 꿈은 무엇인가?

6개월짜리 시간표를 사용해 모든 칸에서 가장 흥분되고 가장 중요한 네 가지 꿈에 별표 또는 강조 표시를 하라. 필요하다면 12개월짜리 시간표에서도 이 과정을 반복하라.

5 이 꿈들의 비용을 산정하고 각각의 시간표에 대한 월별 목표 소득을 계산하라.

재정적으로 조달 가능하다고 칠 때, 네 가지 꿈 각각에 대한 (임대료, 주택 융자금, 할부금 지불 계획 등의) 월별 비용은 얼마나 들겠는가? 총액이 아니라 돈이 들어오고 나가는 월별 현금 유출입의 측면에서 소득과 비용에 대

꿈 시간표 샘플

월별 목표 소득

A + B + C + (13 × 월별 비용)

월별 목표 소득: $3,337 + ($2,600) = $5,937

÷ 30

일별 목표 소득: $197.90

지금 할 일

1. 자동차 전시장을 찾아 테스트 드라이브 일정을 잡는다.
2. 3개 주요 사이트에 각무 내용이 설명된 구인 광고를 올린다.
3. 2-3년 전의 베스트셀러 작가 5명에게 세 가지 이메일을 질문을 한다.
4. 가상 여행 사이트를 방문해 여행하기 제일 좋은 계절과 할 일 몸 5일을 정한다.

내일 할 일

1. 테스트 드라이브를 한다.
2. 최고 점수를 받은 3명의 지원자에게 한두 시간 업무를 맡긴다.(매매/PR)
3. 답변을 바탕으로 기획안을 만든다.
4. 비행기 표와 여행일정에서 주 동안 별로 점을 찾아 보고 친구한테 가지고 한다.

모레 할 일

1. 원하는 자동차 사양과 추가 옵션을 결정한다.
2. 지원자 중 주당 20시간 일함을 최고의 인물을 뽑는다.
3. 근쪽 대화의 영어와타과에 인터 사원을 뽑는 이메일을 보낸다.
4. (친구가 안 가겠다고 해도 당신의비행기) 표를 예약한다.

1단계: 갖기	5단계: 비용
1. 베스틴 마틴 D89	1. $2,003/월
2. 1800년대의 바두관	2.
3. 개인 비서	3. $5/시간×80=$400
4. 검도 호구 일세	4.
5.	5.
	A $2,403

2단계: 되기	4단계: 하기
1. 유연하게 되기	1. 앞마당 180도로 별리기
2. 베스트셀러 작가 되기	2. 앞주에 2마우 받기
3. 그리스어에 유창하게 되기	3. 그리스인과 15분간 대화 하기
4. 훌륭한 요리사 되기	4. 6명을 위해 주수감사절 만 찬 요리하기
5.	5.

3단계: 하기	5단계: 비용
1. TV쇼로 팔기	1.
2. 크로아티아에 해안 가기	2. 월납 비행기 표 $514, 임대료 $420
3. 똑똑하고 매력적인 여자 친구 찾기	3.
4.	4.
5.	5.
	C $934

5단계: 비용

1. $0(메세와 전화 통화를 담당할 3명의 무료 인턴 사원과 내가 드는 시간)
2.
3.
4.
5.

B $0

내가 꿈꾸는 6개월

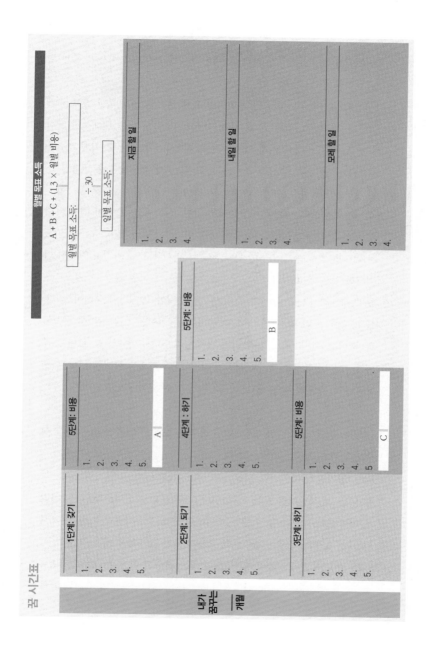

꿈 시간표

월별 목표 소득

A + B + C + (1.3 × 월별 비용)

월별 목표 소득:
÷ 30
일별 목표 소득:

월별 목표 소득:
일별 목표 소득:

지금 할일
1.
2.
3.
4.

내일 할일
1.
2.
3.
4.

모레 할일
1.
2.
3.
4.

1단계: 갖기
1.
2.
3.
4.
5.

5단계: 비용
1.
2.
3.
4.
5.
A ‖

2단계: 되기
1.
2.
3.
4.
5.

4단계: 하기
1.
2.
3.
4.
5.

5단계: 비용
1.
2.
3.
4.
5.
B ‖

3단계: 하기
1.
2.
3.
4.
5.

5단계: 비용
1.
2.
3.
4.
5.
C ‖

내가
꿈꾸는

개월

해 생각을 시작할 것! 실제로는 흔히 생각했던 것보다 비용이 훨씬 덜 들 것이다.

마지막으로 이 꿈 시간표를 실현하기 위해 당신의 월별 목표 소득을 계산하라. 방법은 다음과 같다. 첫째, 선택한 네 가지 꿈에 대해서만 계산하여 A, B, C 각각의 칸에 있는 비용을 더하라. 이들 칸 중 어떤 것은 0이 나올 수도 있는데 그래도 괜찮다. 그 다음 각각의 월별 총 비용을 더한 후 1.3을 곱하라. (여기서 1.3은 비용에다가 위험 방지 또는 저축을 위해 30퍼센트의 비상금을 더한 것이다.) 이 총액이 당신의 월별 목표 소득이고, 이 책의 나머지 부분을 읽는 동안 명심해야 할 목표이다. 이 월별 목표 소득을 30으로 나누면 일별 목표 소득이 된다. 나는 날마다 목표를 가지고 일하면 더 쉽다는 것을 알고 있다.

아마 계산해서 나온 금액이 생각보다 적을 것이다. 게다가 당신이 '갖기'를 평생에 한 번 있는 '하기'로 점차 바꿔 나간다면 그 금액은 대개 줄어든다. 이동성도 이런 경향을 더 촉진하는 요소이다. 총액으로 보면 주눅이 들 수도 있겠지만 그리 걱정하지 마라! 내가 도와준 학생들은 세 달 안에 과외의 수입을 올려 월 1만 달러 이상을 더 벌게 되었으니까.

6 네 가지 꿈 각각에 대해 6개월짜리 꿈 시간표의 세 단계를 결정한 후 첫 번째 단계를 지금 당장 실행하라.

나는 장기간의 계획이나 멀리 있는 목표는 별로 믿지 않는 편이다. 사실 나는 꿈 시간표를 보통 3개월이나 6개월짜리로 짠다. 미래라는 거리는 가변성이 너무나 많아 행동을 미루는 변명으로 작용하기 쉽다. 그러므로 이 연습의 목적은 처음부터 끝까지 모든 단계의 윤곽을 잡는 게 아니라 최종 목표와 그것을 달성할 수 있는 필수 수단(월별 목표 소득, 일별 목표 소득)을 정하는 것이며, 결정적인 첫걸음을 내디딤으로써 추진력을 얻는 것이다. 이렇게 실행하는 순간부터 이것은 시간의 속박을 벗어나는 문제이자 월별 목표 소득의 산출에 관한 문제가 되는데, 이에 대해서는 다음 장에서 다루겠다.

첫째, 결정적인 첫 단계들에 초점을 맞춰 보자. 당신의 꿈을 실현 가능하게 해 줄 세 단계를 각각 정하라. 오늘과 내일(오전 11시 전에 완수), 그리고 모레(또한 오전 11시 이전에 완수) 할 일을 정하라. 간단하고 명확한 일로 말이다. 일단 네 가지 목표 각각에 대한 세 단계를 정하고 나면, '현재' 칸에 세 가지 행동을 채워 넣어라. 지금 바로 하도록! 각각 모두 5분 안에 할 수 있을 만큼 간단한 일이어야 한다. 그렇지 않다면 좀 더 쉬운 일로 바꾸어라. 한밤중이라 누군가에게 전화하기 어렵다면, 이메일 전송과 같은 일을 지금 하고 전화 거는 일을 내일 첫 번째 할 일로 정하라.

다음 단계가 일종의 리서치라면, 책이나 온라인에 너무 많은 시간을 쓰지 말고 답을 알고 있는 사람에게 연락하라. 책이나 온라인을 분석하다 보면 무력감에 빠질 수 있다.

내가 추천하는 최고의 첫 단계는 그 일을 해 본 누군가를 찾아서 어떻게 하면 똑같이 할 수 있는지 조언을 구하는 것이다. 이렇게 하면 하나도 어렵지 않다.

다른 선택으로는 일을 추진할 힘을 얻기 위해 트레이너나 조언자 또는 판매원과 만날 약속이나 전화 약속을 잡는 것 등을 들 수 있다. 개인 교습이나 약속을 잡으면 취소하기 곤란하지 않겠나? 이런 죄책감을 유리하게 이용할 것!

내일 한다는 것은 안 한다는 것이나 마찬가지이다. 그 일이 얼마나 사소한가는 상관없다. 지금 당장 첫 단계를 실행하라!

인간은 쌓아 가는 게 아니라 없애 나가야 한다.
날마다 늘어나는 게 아니라 날마다 줄어드는 것이다.
수련의 최고 단계는 항상 단순함으로 귀결되듯이 말이다.

― 이소룡

Step2

단순함이
답이다

제거Elimination를 위한 **E**

상황을 무시하는 법을 터득하는 것은
내적 평화에 이르는 탁월한 길 중 하나이다.

-로버트 소여, 『계산하는 신』

시간 관리는
이제 그만!

더 적은 것으로 할 수 있는 것을 더 많은 것으로 하는 건 허영이다.
-윌리엄 오브 오캄, '오캄의 면도날' 창시자

시간 관리에 대해 한마디 하자면, "시간 관리라는 것 자체를 잊어버려라!"고 말하겠다.

아주 직접적으로 말하자면, 매 순간 일 때문에 안달복달하면서 매일같이 좀 더 일하려고 애쓰지 말라는 뜻이다. 나는 이 이치를 깨닫는 데 오랜 세월이 걸렸다. 예전에 나는 양으로 결과를 판단하는 걸 아주 좋아했었다.

바쁘다는 것은 중요하지만 하기 싫은 일을 피하기 위한 핑계거리로도 자주 이용된다. '바쁘다'는 핑계는 거의 끝도 없이 만들어 낼 수 있다. 예를 들면 중요한 것부터 우선순위를 매겨야 하는데도 수백 명의 부적격한 잠재 고객에게 전화를 돌린다든지, 이메일 리스트를 다시 정리한다든지, 필요하지도 않은 서류를 요청하느라 사무실을 이리저리 왔다 갔다 한다든지, 또는 몇 시간 동안 휴대전화를 들고 난리법석을 떤다든지 하는 것 말이다.

솔직히 까놓고 이야기해 보자. 회사에서 당신이 실제로 뭘 하는지 확인하지 않는다고 가정한다면, 승진하기 위해 휴대전화를 귀에 댄 채 서류를 들고 사무실을 왔다 갔다 뛰어다니기만 하면 된다. "음! 저 직원, 엄청 바쁘게 일하는군. 저 친구를 승진시켜 주게!" 유감스럽지만 이런 행동은 뉴리치가 되기 위해서 당신을 사무실에서 벗어나게도, 브라질행 비행기에 태워 주지도 않는다. 빌어먹을! 이런 나쁜 습관은 즉각 버리도록!

선택할 수 있는 훨씬 더 나은 방법이 있다. 이 방법은 단순히 성과를 높여 주는 정도가 아니라 몇 배로 늘려 준다. 믿거나 말거나, 더 적게 일하면서 더 많은 성과를 올리는 건 단지 그럴듯하다는 정도가 아니다. 그것은 꼭 필요하다.

'제거'의 세계에 입성함으로써 그렇게 할 수 있다.

생산성을 활용하는
방법

자, 이제 당신이 가진 시간으로 무엇을 하고 싶은지 정했으니 그 시간만 만들어 내면 된다. 물론 수입을 유지하거나 늘리면서 시간을 확보하는 게 관건이다.

여기서 알려 주는 대로만 한다면, 생산성이 100퍼센트에서 500퍼센트 정도 오르는 걸 경험하게 될 것이다. 바로 이것이 이 장이 의도하는 바이기도 하다. 생산성 향상이라는 원칙에서는 직장인과 기업가 모두에게 똑같이 적용되지만, 생산성 향상의 목적은 서로 완전히 다르다.

첫째, 직장인은 임금 인상과 원격 근무 합의라는 두 가지 목적을 위해 협상력을 높인다는 측면에서 생산성을 올리려고 한다.

이 책의 첫 장에도 나와 있듯이 뉴리치에 합류하는 일반적인 과정은 D-E-A-L(정의-제거-자동화-해방)의 순서인데, 당분간 고용 상태로 남아 있겠다는 직장인들은 D-E-L-A(정의-제거-해방-자동화)의 순서로 진행해야 한다고 말한 걸 기억하는지? 이렇게 하는 이유는 처한 환경과 관련이 있다. 예를 들어, 직장인들은 일주일에 10시간으로 일하는 시간을 줄이기 전에 사무실이라는 환경에서 벗어날 필요가 있다. 왜냐하면 고용 상태일 경우 회사는 당신에게 오전 9시부터 오후 5시까지 계속해서 일하기를 기대하기 때문이다. 당신이 과거보다 2배의 성과를 올린다고 해도 동료들이 일하는 시간의 4분의 1만큼만 일한다면 해고될 가능성이 높다. 심지어 당신이 일주일에 10시간 일하면서 40시간 일하는 사람들보다 2배의 성과를 올리더라도 회사는 당신에게 "일주일에 40시간을 채워 일하고 8배의 성과를 내라."고 요구할 것이다. 이렇게 되면 일은 끝이 없게 된다. 당신은 바로 이런 상황을 피해야 하므로, 먼저 사무실이란 환경에서 해방될 필요가 있다.

당신이 직장인이라면, 이 장은 당신의 가치를 높여서 회사가 당신을 해고하는 것보다 임금을 올려 주고 원격 근무에 합의해 주는 것이 더 낫다는 걸 깨닫도록 해 줄 것이다. 당신의 목표는 이것이다. 일단 임금 인상과 원격 근무에 대한 합의가 이루어지면 관료주의적 간섭 없이도 일하는 시간을 줄일 수 있고, 그 결과로 생기는 여유 시간을 꿈을 이루기 위해 사용할 수 있게 된다.

기업가의 목표는 직장인의 경우보다 덜 복잡하다. 왜냐하면 대개는 늘어난 수입의 직접적인 수혜자가 자신이기 때문이다. 기업가의 목표는 수입을 증가시키면서 일의 양을 줄이는 것이다. 이것으로 업무 자동화를 위한 준비를 갖추게 되고, 그다음에는 자동화가 당신을 업무에서 해방시켜 준다.

자, 두 경우 모두를 위해 몇 가지 정의를 짚고 넘어가자.

효과 vs. 효율

'효과'라는 것은 당신의 목표에 가까워지도록 일을 하는 것인 반면, '효율'이라는 것은 그 일이 중요하건 그렇지 않건 가능한 가장 경제적인 방식으로 주어진 임무를 수행하는 것을 말한다. 대부분의 사람들은 효과적인지 아닌지도 고려하지 않은 채 효율적으로만 일하려고 한다.

최고의 방문 판매 사원은 효율적이다. 즉 방문 판매를 하는 데 시간을 낭비하지 않으며 치밀하고 뛰어나다는 뜻이다. 하지만 효과라는 면에서 보자면 그 사람은 영 젬병이다. 이메일이나 광고 우편물 같은 더 나은 수단을 사용한다면 더 많이 팔 수 있기 때문이다.

위의 정의는 하루에 30번씩 이메일을 확인하고, 정교한 체계를 만들어 이메일 폴더를 정리하며, 이 정신 나간 일들을 가능한 가장 빨리 할 수 있는 기술을 개발하는 사람에게도 해당된다. 사실 나야말로 한때는 이런 다람쥐 쳇바퀴 도는 일에 달인이었다. 이런 일은 효율적이기는 하지만 방향이 어긋난 것이며 효과적인 것과는 거리가 멀다.

여기서는 명심해야 할 두 가지 자명한 이치가 있다.

1. 중요하지 않은 일을 잘한다고 해서 그 일이 중요해지는 것은 아니다.
2. 많은 시간이 들어가는 일이라고 해서 그 일이 중요한 것은 아니다.

지금 이 순간부터 이 말을 기억하라.

"무엇을 하느냐가 어떻게 하느냐보다 훨씬 더 중요하다. 여전히 효율성도 중요하다. 하지만 '적절한' 일에 적용되지 않으면 소용없다."

자, '적절한' 일을 찾기 위해 정원으로 나가 볼까.

80 대 20 법칙과
무의미한 일에서 벗어나기

4년 전 한 경제학자 덕분에 내 인생은 영원히 바뀌었다. 그에게 술 한잔 살 기회가 없었다는 게 애석할 따름이다. 나의 친애하는 빌프레도는 거의 100년 전에 이 세상을 떠났기 때문에.

빌프레도 파레토Vilfredo Fareto는 1848년에 태어나 1923년까지 살았던 능수능란하며 수많은 논쟁을 불러일으킨 경제학자 겸 사회학자였다. 공학을 전공한 파레토는 탄광 운영을 시작으로 다양한 경력을 쌓았으며, 후에 레옹 발라의 뒤를 이어 스위스 로잔대학교의 교수가 되었다. 그의 획기적인 저서 『경제학 강의Course d'conomie po-litique』에서 당시 거의 연구되지 않았던 소득 분배의 '법칙'을 다루고 있었는데, 이 법칙은 후에 그의 이름을 따서 '파레토 법칙' 또는 '파레토 분배 법칙'이라고 불리게 된다. 이것은 지난 10년간은 '80 대 20 법칙'으로 널리 알려졌다.

"부와 소득의 80퍼센트는 전체 인구의 20퍼센트에 의해서 생산되고 소유된다."는 이 원칙은 심하게 불균등하지만 사회에서 충분히 예상 가능한 부의 분배를 증명해 주었다. 그가 사용한 이 공식은 경제학 외의 분야에도 적용되었다. 사실 이 법칙은 어디서나 찾아볼 수 있었다. 예를 들어, 파레토의 집 정원의 완두콩 중 80퍼센트가 그가 심은 20퍼센트에서 생산된 것이다.

파레토의 법칙은 다음과 같이 요약할 수 있다.

"80퍼센트의 생산량은 20퍼센트의 투입량으로부터 나온다."

이 문장을 문맥에 맞춰 달리 표현하면 아래와 같은 문장들이 포함된다.

80퍼센트의 결과는 20퍼센트의 원인으로부터 나온다.

80퍼센트의 결과는 20퍼센트의 노력과 시간으로부터 나온다.

80퍼센트의 회사 이익은 20퍼센트의 제품과 고객으로부터 나온다.

80퍼센트의 주식 시장의 이익은 20퍼센트의 투자자와 20퍼센트의 개인 포트폴리오에 의해 달성된다.

이런 식으로 응용할 수 있는 문장은 엄청나게 많고 다양하며, 이 비율은 때로 한쪽으로 훨씬 더 심하게 쏠리기도 한다. 90 대 10, 95 대 5, 99 대 1이 드문 것도 아니니까 말이다. 하지만 우리가 얻을 수 있는 최소의 비율은 80 대 20이다.

어느 늦은 저녁 우연히 파레토의 법칙을 접했을 때, 나는 완전히 일에 치여 무력감을 느끼면서 일주일에 7일간, 하루 15시간씩 뼈 빠지게 일하고 있었다. 나는 영국에 전화하기 위해 새벽이 오기도 전에 일어났고, 정규 근무 시간인 오전 9시에서 오후 5시까지는 국내 일을 처리했으며, 일본과 뉴질랜드에 전화를 하면서 거의 밤 12시까지 일했다. 더 나은 방법을 알지 못했기에 브레이크 없는 폭주 기관차에 꼼짝없이 갇혀 기차 화덕에 열심히 석탄을 퍼 넣고 있는 형국이었다. 완전히 탈진해 뻗느냐, 아니면 파레토의 법칙을 한번 시험해 보느냐의 기로에서 나는 후자를 택했다. 그다음 날 다음과 같은 두 가지 질문을 잣대로 삼아 내 사업과 개인적 삶을 분석하기 시작했다.

1. 내 문제와 불행의 80퍼센트를 일으키는 20퍼센트의 원인은 무엇

인가?

2. 내가 원하는 수입과 행복의 80퍼센트를 창출하는 20퍼센트의 원
   인은 무엇인가?

나는 하루 종일 엄청 급한 것처럼 보이는 모든 일을 내팽개쳐 둔 채,
위의 질문을 친구에서부터 고객과 광고, 휴식 활동에 이르기까지 모든
분야에 적용하면서 가능한 한 가장 솔직하게 진실을 드러내기 위해 열
심히 분석했다. 당신은 모든 걸 제대로 잘하고 있는 것으로 드러날 거
라고 기대하지 마라. 진실은 때로 아프다. 여기서의 목표는 당신이 가
진 비효율적인 점들을 찾아 제거하고, 당신의 강점을 발견해 최대한으
로 살리는 데 있다. 그 후 24시간 안에 나는 문자 그대로 내 인생을 영
원히 바꾸고, 현재 내가 누리고 있는 라이프스타일을 가능하게 해 준
간단하지만 정서상 하기 어려운 몇 가지 결정을 내렸다.

내가 한 첫 번째 결정만 봐도 이 분석적 제거 방법을 통해 거두어들일
수 있는 수익이 얼마나 엄청나고 빠른지 잘 알 수 있을 것이다. 나는 95
퍼센트의 고객과는 계약을 해지했고, 2퍼센트는 아예 잘라 버렸으며,
특징을 분석해 모방할 수 있도록 상위 3퍼센트의 고객만 남겨 두었다.

결과를 보면, 120곳 이상의 도매 고객 중에서 단지 5곳 고객이 수입
의 95퍼센트를 가져다주었다. 이 5곳의 회사는 어떤 후속적인 전화나
설득, 감언이설 없이도 정기적으로 주문을 했기 때문에, 나는 내 시간
의 98퍼센트를 나머지 회사들을 쫓아다니며 일을 처리하는 데 쓰고 있
었다.

다시 말하면, 나는 오전 9시부터 오후 5시까지 뭔가를 하는 척하기 위해 일했던 것이다. 나는 오전 9시부터 오후 5시까지 계속해서 일하는 게 목표가 아니란 사실을 깨닫지 못했다. 필요하든 않든 간에, '나인 투 파이브' 근무는 단순히 대부분의 사람들이 따르는 시스템에 지나지 않는 데도 말이다. 나는 뉴리치가 가장 싫어하는, '일을 위한 일work for work, W4W'을 하는 전형적인 사례였다.

내가 가진 모든 문제와 불만은 이 비생산적인 다수의 고객으로부터 나오고 있었다. '내가 여기 불을 질렀으니 이제 너는 불을 꺼라.'라는 식의 타의 추종을 불허하는 사업 마인드를 가진 2곳의 큰 고객사를 제외하고는 말이다. 나는 이 모든 비생산적인 고객들에게 수동적인 대응 방식을 취하기로 했다. 즉 그들이 주문을 하면 "좋다, 주문하라."고 하자. 주문을 안 해도 절대로 주문해 달라고 쫓아다니진 않겠다. 전화고 이메일이고 없다 이거야. 그러면 이제 처리해야 할 2곳의 큰 고객사만 남았다. 그들은 대하기 아주 골치 아픈 상대였지만 당시 순이익에서 10퍼센트 정도를 차지하고 있었다.

당신에게도 이와 같은 상대가 몇몇 있을 것이다. 골칫덩이인 이들이야말로 온갖 문제를 유발하는데, 중요한 것은 이것이 자기혐오에 빠지게 하고 우울하게 한다는 점이다. 그때까지 나는 사업의 대가로 그들의 위협과 모욕, 시간을 잡아먹는 논쟁과 장광설을 감수해 왔다. 하지만 나는 80 대 20 분석을 통해 이 두 고객이 하루 종일 나를 불행하게 만들고 분노를 일으키는 근원이라는 걸 깨달았다. 그들로 인해 내 개인 시간은 자주 침해 받았으며, 나는 늘 그렇듯 '그놈에게 ○○ 라고 말했어야 하는데 못 했어…'라고 자학하며 야근을 하곤 했다. 마침내 나는 너무나 명백한 결론에 이르렀다. '내 자존심과 정신 상태에 미치는 악영향이 겨우 금전적 이득만큼의 값어치도 없었던 거구나.'라고. 나는 그 돈이 꼭 필요한 것도 아니었는데 돈을 벌어야만 한다고 생각해 왔다. 고객은 항상 옳다. 안 그런가? 그런 게 다 사업의 일부인 거지. 안 그런가? 어림없는 말씀! 적어도 뉴리치에게는 그렇다. 나는 그들을 잘라 버렸으며 그렇게 하는 순간순간을 즐겼다.

'나인 투 파이브'의 허상과
파킨슨의 법칙

당신이 직장인일 경우 무의미한 일을 하면서 시간을 보내는 게 전적으로 당신 잘못은 아니다. 수당제로 보수를 받는 직업이 아닌 이상, 시간을 잘 활용해 봤자 성과급을 받지 못하는 경우가 흔하기 때문이다. 오전 9시부터 오후 5까지는 서류를 뒤적거려야 하는 것으로 전 세계가 합의하고 있는 데다, 근무 시간 중에는 꼼짝없이 사무실에 잡혀 있어야 하므로 그 시간 동안 해야 할 일을 만들어 내야만 하는 것이다. 결국 쓸 수 있는 시간이 너무 많기 때문에 시간을 낭비하는 꼴이다. 충분히 이해한다. 이제 꼬박꼬박 월급봉투나 받아 챙기겠다는 목표 대신 원격 근무 협상을 이루어 내겠다는 새로운 목표가 생겼으므로, 현재 상황으로 돌아와 효과적으로 일할 때가 되었다. 가장 유능한 직원이 칼자루를 쥘 수 있으니까.

기업가에게 시간 낭비는 나쁜 습관과 생각 없는 모방에서 나오는 문제라고 할 수 있다. 나라고 예외는 아니다. 대부분의 기업가들도 예전에는 직장인이었고 나인 투 파이브 근무 문화를 겪은 사람들이다. 그러므로 오전 9시에 일을 하든 안 하든 간에, 또 목표 수입을 얻기 위해 일하는 데 8시간이 걸리든 걸리지 않든 간에, 그들도 똑같은 시간표를 채택하게 된다. 이와 같은 시간표는 사회 공동 합의에 따른 것으로 볼 수 있는데, 이는 '양에 의한 결과 측정 방식'이라는 시대에 뒤떨어진 유물이다. 세상 모든 사람들이 자기 업무를 완수하는 데 어떻게 딱 8시간이 정확히 걸릴 수 있단 말인가? 그럴 수는 없다. 나인 투 파이브라는 것은 임의로 만들어졌을 뿐이다.

백만장자처럼 살 수 있는 재산을 모으기 위해서는 말할 것도 없고, 진짜로 백만장자가 되기 위해서도 하루 8시간씩 일할 필요가 없다. 일주일에 8시간도 너무 많다. 나는 지금 당장 당신이 나를 믿으리라고 기대하지는 않는다. 아마 당신도 내가 오랫동안 그랬던 것과 똑같이 느끼리라는 걸 알고 있기 때문이다. "지금도 일하는 시간이 모자랄 판인데…."라고 말이다.

먼저 우리가 서로 동의할 수 있는 몇 가지에 대해 생각해 보자.

우리는 일해야 할 시간이 8시간이기 때문에 8시간을 채워 일한다. 만약 일해야 할 시간이 15시간이라면 우리는 15시간을 채워 일할 것이다. 하지만 생각해 보라! 급한 일이 생겨 2시간 후에는 사무실을 나서야 하는데 해야 할 일의 마감시한이 있다면 우리는 2시간 안에 그 일을 기적적으로 끝내지 않는가.

이런 사실은 2000년 봄학기에 에드 샤우 교수가 내게 가르쳐 준 법칙과 관련이 있다.

나는 초조한 마음으로 수업에 들어갔지만 도저히 집중할 수가 없었다. 그 학기 성적의 25퍼센트를 차지하는 학기말 리포트의 마감시한이 24시간 후로 다가왔기 때문이었다. 여러 선택 과제 중 내가 고른 것은 신생 기업의 최고경영자를 인터뷰해 그들의 사업 모델을 심층 분석하는 것이었다. 당시 그 기업 실세는 막판에 내가 2명의 핵심 인물과 인터뷰를 하거나 그들의 정보를 이용할 수 없다는 결정을 내렸다. 기밀 유지와 주식 상장 전 예방 조치 때문이라나 뭐라나. 어쨌든 게임 끝인 셈이다.

나는 수업이 끝난 후 에드 샤우 교수에게 다가가 이 불행한 소식을 알렸다.

"에드 교수님, 리포트 제출 시한을 연기해 주셨으면 좋겠어요."

내가 자초지종을 설명하자 에드 샤우 교수는 걱정하는 기색도 없이 빙긋 웃었다.

"내 생각엔 아무 문제도 없을 것 같네만. 사업가들이란 안 되는 일도 되게 만드는 사람들이지 않나?"

24시간 후 나는 조교가 사무실 문을 잠그려 할 때 마감시한 1분을 남겨 놓고 30페이지짜리 기말 리포트를 제출할 수 있었다. 이 리포트는 내가 새 회사를 찾아내서 인터뷰를 하고, 올림픽 육상 선수들을 몽땅 실격시켜 버릴 만큼 엄청난 양의 카페인의 힘을 빌려 강도 높은 밤샘 작업으로 분석한 것이었다. 결국 이것은 대학 4년간 내가 쓴 최고의 리포트가 되었고 나는 A학점을 받았다.

리포트 마감 전날 내가 어려움을 호소했을 때 에드 샤우 교수가 해 준 조언이 바로 파킨슨의 법칙이었다.

파킨슨의 법칙에 따르면, 어떤 일을 완수하도록 주어진 시간에 비례하여 그 업무의 중요성과 복잡성은 점점 더 크게 인식된다. 마감시한이 임박했을 때 불가사의한 힘을 발휘하는 것도 바로 그 때문이다. 만약 프로젝트를 완수하는 데 24시간이 주어진다면, 당신은 시간적 압박으로 인해 일의 실행에만 집중하면서 꼭 필요한 것들만 하게 된다. 똑같은 임무를 수행하는 데 일주일이 주어진다면, 6일 동안 별것도 아닌 일을 크게 벌여 씨름하게 된다. 제발 그런 일은 없어야겠지만, 만약 똑같은 임무를 수행하는 데 두 달이란 시간이 주어진다면 그 일은 그야말로 정신을 좀먹는 괴물로 변해 버린다. 게다가 마감시한이 짧으면 엄청난 집중력을 발휘하기 때문에 최종 결과가 마찬가지거나 오히려 높은 수준을 보이게 된다.

이것은 매우 흥미로운 현상이다. 생산성을 높이는 쪽으로 시너지를 일으키는 두 가지 방식이 있으며, 이 둘은 서로 역의 관계라는 사실이다.

1. 근무 시간을 줄이기 위해서 중요한 일로만 업무를 제한하라.
   (80 대 20 법칙)
2. 중요한 일로만 업무를 제한하기 위해서 근무 시간을 줄여라.
   (파킨슨의 법칙)

가장 좋은 방법은 두 가지를 다 활용하는 것이다. 수입에 가장 큰 기여를 하는 몇 가지 중요한 업무를 찾아내 그 일들이 아주 짧고 분명한 마감시한을 갖도록 시간표를 짜는 것이다.

만약 당신이 꼭 해야 하는 중요 업무를 가려내지 않은 채 일의 완수를 위해 시작 시간과 완료 시간을 의욕적으로 잡는다면, 중요하지 않은 일이 중요하게 될 수도 있다. 무엇이 중요한지 안다고 하더라도 당신을 집중하게 만드는 마감시한이 없다면, 당신에게 주어진 자질구레한 업무는 점점 더 불어나게 될 것이다. 기업가는 잡무를 억지로 만들어 내게 될 것이고. 이 일은 다른 사소한 일이 생길 때까지 시간을 잡아먹다가, 결국 하루가 끝날 때까지 아무것도 한 일이 없게 만들 것이다. 택배사에 보낼 소포를 포장하고, 몇 가지 약속을 잡고, 이메일을 확인하는 데 근무 시간을 몽땅 다 잡아먹는 것을 달리 어떻게 설명할 수 있을까?

기분 나쁘게 생각하지 마라. 나야말로 이거 하다 저거 하다 왔다 갔다 하는 것으로 몇 달을 보냈다. 내가 사업을 움직이는 게 아니라 사업이 나를 움직이는 것처럼 느끼면서 말이다.

80 대 20 법칙과 파킨슨의 법칙은 이 단계 전체를 통해 여러 가지 다른 형태로 계속 등장하게 될 두 가지 기본 개념이다. 일하는 데 소요되는 대부분의 시간은 헛되이 흘러간다. 다시 말해 시간은 이용 가능한 양에 비례해 낭비하게 된다는 뜻이다.

업무에서 쓸데없는 일들을 솎아 내고 시간적 자유를 얻으려면 받아들이는 정보의 양이 과도하지 않도록 제한해야 한다.

더 많은 시간을 누릴 수 있는 비결은 일을 덜 하는 것이고, 그렇게 하기 위해서는 활용해야 할 두 가지 방법이 있다. 첫째가 짧게 '해야 할 일 목록'을 작성하는 것이고, 둘째가 '하지 말아야 할 일 목록'을 작성하는 것이다.

이제 이 목록을 작성하기 위해 도움이 될 만한 몇 가지 경우를 가정해 보자.

1 심장 발작으로 당신이 하루 2시간밖에 일할 수 없게 된다면 어떻게 하겠는가?

5시간도 아니고 4시간도 아니고 3시간도 아니다. 딱 2시간이다. 나는 궁극적으로 당신이 하루 2시간 일하는 것을 바라는 건 아니다. 하지만 이것이 시작이다. 벌써부터 당신 머릿속에서 아우성치는 소리가 들리는 듯하다. "말도 안 돼! 그건 불가능하다고!" 그래, 나도 안다, 알아. 내가 만약 하루 4시간만 자고도 정상적으로 활동하면서 몇 달을 견뎌 낼 수 있다고 말한다면 당신은 믿겠는가? 아마 믿지 않을 것이다. 아이를 갓 낳은 수백만 명의 엄마들이 늘 그렇게 하는데도 말이다. 이 연습은 선택의 여지가 없다. 세 번에 걸친 심장 수술 끝에 의사가 "수술 후 초기 석 달 동안 하루 2시간으로 일을 줄이지 않으면 당신은 죽게 될 겁니다."라고 경고한 것이다. 자, 어떻게 하겠는가?

2 두 번째 심장 발작이 와서 이번에는 일주일에 2시간밖에 일할 수 없다면 어떻게 하겠는가?

3 만약 누가 당신 머리에 총을 겨누고 시간을 많이 잡아먹는 여러 일 중에 80퍼센트를 그만두라고 한다면 무슨 일을 택하겠는가?

단순해지려면 무자비할 필요가 있다. 시간을 많이 잡아먹는 일들, 즉 이메일, 전화 통화, 대화, 서류 작업, 회의, 광고, 고객, 제조업자, 제품, 서비스, 기타 관련 일들 중에 80퍼센트를 그만두어야 한다면, 수입에 악영향을 최소한으로 줄이기 위해서 어떤 일들을 없애 버려야 할까? 한 달에 단 한 번만 이 질문을 하더라도, 당신은 정신이 번쩍 들어 일을 제대로 진행할 수 있을 것이다.

4 내가 생산적인 것처럼 느끼기 위해 시간 때우기로 주로 이용하는 세 가지 일은 무엇인가?

이 일들은 주로 실패하거나 거절당할 가능성 때문에 거북하게 느껴지는 더 중요한 일들을 미루기 위해 하게 된다. 자신에게 솔직해지자. 우리 모두 가끔 이렇게 하지 않는가? 당신이 중요한 일을 미루기 위해 일부러 하는 일은 무엇인가?

5 '이것이 내가 오늘 한 유일한 일이라면, 나는 나의 하루에 대해 만족할 수 있는가?'라고 묻는 습관을 들여라.

우선순위를 분명히 하지 않고는 일하러 가지도, 책상 앞에 앉지도 마라. 하루 종일 관련도 없는 이메일이나 읽고 머리만 뒤죽박죽 될 테니 말이다. 오늘 저녁이 가기 전에 내일 해야 할 일 목록을 작성해 놓도록 하라. 나는 컴퓨터의 일정 관리 프로그램을 이용해 해야 할 일 목록을 작성하는 건 추천하고 싶지 않다. 왜? 수많은 일들을 추가할 수 있기 때문이다. 나는 가로 5센티미터, 세로 9센티미터 정도의 메모지를 사용하는데, 이것은 주머니에 딱 들어가는 데다 몇 가지 일만 적도록 제한해 준다.

하루에 끝마칠 중요한 일은 절대로 두 가지를 넘어서는 안 된다. 절대로 말이다! 그렇게 하는 게 실제로 효과가 높은지 어떤지는 중요하지 않다. 다들 그렇듯이 만약 당신이 여러 가지 일이 다 중요해 보여 결정을 못 하고 난감해하고 있다면, 각각의 일들에 대해 순서대로 자신에게 물어보라. '이것이 내가 오늘 해내는 유일한 일이라면, 나의 하루에 대해 만족할 수 있을까?' 급해 보이는 일에 대한 반론을 제기하기 위해 스스로에게 물어보라. '이 일을 하지 않는다면 무슨 일이 벌어질까? 그리고 이 일을 하기 위해 중요한 일을 미루는 게 가치 있을까?' 만약 당신이 그날 해야 할 중요한 업무를 한 가지도 완수하지 못했다면, 연체료 5달러를 아끼려고 얼마 안 남은 업무 시간을 DVD를 반납하는 데 써서는 안 된다. 차라리 중요한 일을 처리하고 연체료를 내라.

6 모니터에 포스트잇을 붙이거나 일정 알람을 설정하여 적어도 하루에 세 번 이상 다음과 같은 질문을 스스로에게 하라. '중요한 일을 피하기 위해 다른 일을 일부러 만들어 내고 있는 건 아닌가?'

7 여러 가지 일을 한꺼번에 처리하지 마라.

내가 지금 이야기하려는 것은 당신도 이미 알고 있는 사실일 것이다. 이를 닦으면서 전화를 하거나 이메일에 답장을 쓰려고 하면 제대로 일이 안 된다. 온라인 리서치나 메신저를 하면서 밥을 먹는다? 마찬가지이다. 만약 당신이 우선순위를 제대로 매긴다면, 여러 가지 일을 한꺼번에 처리할 필요가 없어진다. 사실 이것은 성과는 낮은 데도 생산적이라는 위안을 얻고 싶어서 여러 가지 일을 하려는 것일 뿐이다. 다시 반복하자면, 하루의 주요 목표 또는 업무는 두 가지를 넘어서는 안 된다. 처음부터 끝까지 따로따로 일을 하라. 다른 데 정신이 흐트러지지 않게 말이다. 관심이 여러 곳으로 분산되면 일을 더 자주 중단하게 되고, 집중력도 저하되며, 최종 결과도 더 좋지 않고, 만족감도 덜하게 된다.

8 거시적, 미시적 단계에서 파킨슨 법칙을 활용하라.

더 적은 시간에 더 높은 성과를 올릴 수 있도록 파킨슨 법칙을 활용하라. 집중해서 일하고 미루지 않기 위해서는 일정과 마감시한을 짧게 잡아야 한다.

주 단위, 일 단위의 거시적 단계에서는 오후 4시면 일을 끝낼 수 있도록 노력하되 월요일과 금요일 모두, 또는 월요일이나 금요일 중 하루는 쉴 수 있도록 하라. 이렇게 하면 우선순위를 정해서 일하도록 집중하게 되고, 사교 생활을 누릴 수 있게 될 가능성이 꽤 높아진다. 만약 당신이 상사의 독수리 같은 감시의 눈초리 아래 있다면, 이를 어떻게 피할 수 있는지에 대해서는 뒤에서 자세히 말하겠다.

미시적 단계에서는 자질구레한 일들을 무시하고 해야 할 일 목록에 있는 업무의 수를 제한한 후, 일을 미루지 않도록 마감시한을 무리다 싶을 정도로 짧게 잡아라.

과도한 정보를
끊는 법

현명할수록 무시하고 넘어간다

정보가 무엇을 소비하는지는 분명하다. 정보는 받아들이는 사람의 관심을 소비한다. 따라서 정보가 넘쳐나면 관심이 부족해지므로, 관심을 소비하려는 지나치게 많은 정보들에게 대해 효율적인 배분이 필요해진다.

-허버트 사이먼, 노벨 경제학상 수상자

나는 당신이 자리에 좀 앉아 있으면 좋겠다. 갑자기 목이 막히지 않게 먹고 있던 샌드위치는 입에서 내려 놓으라. 내가 지금부터 말하려는 것은 당신을 엄청 당황스럽게 할 수 있으니까.

나는 뉴스를 전혀 보지 않는다. 지난 5년간 런던의 스탠스테드 공항에서 딱 한 번 신문을 샀는데, 그것도 다이어트 펩시를 살 때 할인 받기 위해서였다.

그럼 나는 어떻게 최신 시사 정보를 접할 수 있을까? 이 모든 질문에 답하겠다. 하지만 기다리시라. 나중에 듣는 게 더 나을 것이다. 나는 매주 월요일마다 약 1시간 동안 사업 관련 이메일을 확인하고, 해외에 있을 때는 절대로 음성 사서함을 확인하지 않는다. 절대로!

하지만 누군가 급하게 연락할 상황이 생기면 어떻게 하냐고? 그런 일은 일어나지 않는다. 나의 연락책들은 이제 내가 긴급한 상황에도 응답하지 않는다는 것을 잘 알고 있다. 그렇기 때문일까? 긴급한 일이 있는지 어떤지는 모르겠지만 나에게까지 전달되지는 않는다. 당신이 정보 병목이 되지 않게 다른 사람들에게 권한을 위임한다면, 모든 문제는 대개 저절로 해결되거나 사라진다.

선택적 무지를 계발하는 법

여기서부터 나는 당신에게 선택적으로 무지해질 수 있는 기이한 능력을 계발하라고 제안할 것이다. 무지는 행복이기도 하고 게다가 실리적이다. 관련 없거나, 중요하지 않거나, 실행에 옮길 수 없는 모든 정보와 장애물들을 무시하는 법을 터득하는 건 꼭 필요하다. 가장 좋은 건 이 세 가지 경우 모두를 무시하는 것이다.

이를 위한 첫 단계는 정보를 다이어트하는 법을 계발하여 지속적으로 실행하는 것이다. 현대인들이 칼로리를 너무 많이, 그것도 영양가 없는 칼로리를 너무 많이 섭취하는 것처럼, 정보 노동자도 정보를 과도하게, 그것도 잘못된 정보원으로부터 얻는다.

라이프스타일 디자인은 실천력, 즉 성과에 기초를 두고 있다. 성과를 높이려면 정보량을 줄이는 건 필수적이다. 대부분의 정보는 시간만 많이 잡아먹고, 부정적이며, 당신의 목표와 관련이 없고, 당신의 영향권 밖에 있다. 당신이 오늘 읽거나 본 것 네 가지 중에 적어도 반은 그럴 거라고 나는 감히 말할 수 있다.

나는 매일 점심 먹으러 가면서 가판대에 놓인 신문 1면 헤드라인을 읽는 게 고작이다. 하지만 지난 5년 동안 이 선택적 무지 때문에 생긴 문제는 하나도 없었다. 이런 습관은 당신이 사람들과 잡담하는 대신 그들에게 뭔가 새로운 일에 대해 묻게 만든다. "뭐 새로운 소식 없나요?"라고 말이다. 어떤 게 그렇게 중요한 일이라면 당신은 사람들이 그 일에 대해 떠드는 걸 저절로 듣게 된다. 남의 정보를 슬쩍 듣는 것으로 세계 정세를 이해하는 나는 관련도 없는 시시콜콜한 정보의 바다 속에서 헤매느라 숲을 보지 못하는 사람들보다 더 많은 것을 기억할 수 있다.

실행 가능한 정보라는 관점에서 볼 때, 나는 한 달에 기껏해야 산업 전문지인 『리스폰스Response』의 3분의 1 정도와 경제지인 『주식회사 Inc.』를 한 권 읽는 게 고작이다. 여기에 걸리는 시간은 다 합해 봤자 4시간 정도밖에 안 된다. 결과 지향적 독서를 위해서는 그만하면 충분하다. 그리고 나는 잠자리에 들기 전 휴식을 위해 1시간 동안 소설을 읽는다.

도대체 이런 내가 어떻게 책임감 있게 행동할 수 있는 걸까? 자, 나와 뉴리치들이 정보에 대해 어떻게 생각하고, 또 정보를 어떻게 얻는지 일례를 들어 보자. 베를린에 머물던 나는 지난 대통령 선거 때 투표를 했다. 나는 단 몇 시간 만에 결정을 내렸다. 첫 번째, 나와 가치관을 공유하는 미국의 친구들에게 이메일을 보내 그들이 누구에게 왜 투표를 하는지 물었다. 두 번째, 나는 말이 아닌 행동으로 사람들을 평가한다. 따라서 나는 미국 언론에서 벗어나 좀 더 균형 잡힌 시각을 갖고 있는 베를린의 친구들에게 후보들의 과거 행적에 비추어 볼 때 당신들은 어떻게 판단하겠느냐고 물었다. 마지막으로, 나는 대통령 후보 TV 토론을 보았다. 이게 다였다. 나는 신뢰할 수 있는 다른 사람들이 나를 위해 대중매체들이 수백 시간, 수천 페이지에 걸쳐 언급한 것을 종합해 평가하도록 했던 것이다. 이것은 수십 명의 개인 비서를 두고 있는 것과 마찬가지였지만, 나는 그들에게 단 한 푼도 줄 필요가 없었다.

그러나 이 경우는 쉬운 예에 지나지 않을 뿐이라며, 만약 당신이 친구들이 해 보지 않은 뭔가를 해야 한다면 어떻게 하겠느냐고 물을 수도 있다. 예를 들어 신인 작가가 세계 최대의 출판사에 원고를 파는 일 같은 것 말이다. 그런 걸 묻다니 재미있는 일이다. 여기에 내가 이용한 두 가지 방법을 알려 주겠다.

1. 나는 독자 서평과 내가 하려는 일을 저자가 실제로 했는가라는 사실에 초점을 두고 수십 권의 책 중에서 한 권을 골랐다. 그 책이 실용서라면 나는 단지 '어떤 방식으로 그것을 했나.' 하는 설명 부분과 자전적인 부분만 읽는다. 그 책에 대해 시간을 들여 사색하거나 닮을 만한 가치는 없으니까.

2. 책을 활용해 지적이고 구체적으로 질문을 만든 후, 나는 이메일과

전화로 세계 정상급 작가 10명과 저작권 에이전트에게 연락을 했고, 그중 80퍼센트로부터 답변을 받았다.

나는 책에서 다음 단계를 곧장 실행하는 데 관련 있는 부분만 읽었고, 그렇게 하는 데는 2시간도 채 걸리지 않았다. 이메일의 기본 서식과 전화 통화에서 말할 내용을 만드는 데는 대략 4시간쯤 걸렸고, 실제로 이메일과 전화를 하는 데는 단 1시간도 안 걸렸다. 이와 같이 개별적으로 접촉하는 방식은 뷔페 식으로 나열된 정보에서 방법을 찾는 것보다 더 효과적이면서도 효율적일 뿐만 아니라, 이 책을 판매하는 데 필요한 정상급 사람들이나 조언자들과 교류하거나 만날 수 있게 해 주었다. '말'이라고 하는 잊힌 기술의 힘을 다시 발견하도록 하라. 진짜로 효과가 있다니까!

다시 한 번 말하건대 적을수록 많다.

Q&A 질문과 행동

1 지금 당장 매체를 끊고 일주일간 지내도록 하라.

당신이 정보를 끊는다고 해서 세상이 끝나기는커녕 딸꾹질 한 번 안 할 것이다. 이 사실을 깨닫기 위해서는 응급 처방식 접근법을 시도하되 빨리 해치우는 게 최선이다. 즉 일주일간 매체를 끊는 것이다. 정보는 성격상 아이스크림과 너무나 비슷하기 때문에 다른 방식으로 시도할 경우 실패하기 십상이다. "나는 딱 1분 동안만 인터넷을 하고 싶어."라는 것은 "나는 딱 아이스크림 반 숟갈만 먹을 거야."라는 것만큼이나 현실적이지 않기 때문이다. 다짜고짜 딱 끊어 버려야 한다.

이 연습을 마친 후에도 1만 5천 칼로리짜리 포테이토칩 같은 어마어마한 정보의 세계로 돌아가고 싶다면, 좋다, 마음대로 하라. 하지만 내일 당장 매체를 끊는 연습을 시작하라. 적어도 닷새를 꽉 채울 것! 그리고 다음과 같은 규칙을 따를 것!

- 신문, 잡지, 오디오북, 음악 방송이 아닌 라디오 금지. 음악은 언제나 허용된다.
- cnn.com, drudgereport.com, msn.com 등 모든 뉴스 웹사이트 금지.
- 매일 저녁 1시간 정도 재미로 보는 것 외에는 텔레비전 시청 절대 금지.
- 이 책과 잠자리에 들기 전 1시간 동안 재미로 읽는 소설책을 제외하고는 독서 금지.
- 당일 업무 완수를 위해 '꼭 필요'한 경우를 제외하고는 웹 서핑 금지. '꼭 필요'하다는 것은 필수불가결하다는 뜻이지, 하면 좋다는 뜻은 아니다.

일주일간의 정보 금지 기간 동안 꼭 필요하지 않은 독서는 공공의 적 1순위로 간주한다.

그럼 남는 시간 동안 무슨 일을 하냐고? 아침 식사 시간에 신문을 읽는 대신 배우자와 대화를 나누거나 아이들과 놀거나, 아니면 이 책에 있는 원칙들을 익히도록 하라. 오전 9시부터 오후 5시까지의 근무 시간에는 앞 장에 나온 대로 당신의 최우선 순위 업무를 완수하라. 그 일들을 다 끝내고도 시간이 남는다면 이 책에 있는 걸 시도해 보라. 이 책을 권하는 것이 위선적으로 보일지도 모르겠지만 그렇지 않다. 여기에 나온 정보는 중요할 뿐만 아니라 내일도 모레도 아닌 바로 지금 당장 적용해야 하는 것이다.

더 일찍도 말고 매일 점심시간에 5분간 일정한 시간을 정해 놓아라. 소식통인 회사 동료나 레스토랑 웨이터에게 "오늘 무슨 중요한 소식 없나요? 오늘 신문을 못 읽었거든요."라고 물어보라. 그들의 대답이 당신 행동에 아무런 영향을 미치지 않는다는 것을 깨닫는 순간 이 연습을 그만두라. 대부분의 사람들은 그날 아침 한두 시간 동안 그들이 무엇에 몰두했었는지조차 기억하지 못한다.

2 '나는 이 정보를 지금 당장 중요한 일에 확실히 쓸 건가?'라고 스스로에게 묻는 습관을 들이도록 하라.

'어떤 일'에 이 정보를 사용하는 것만으로는 충분하지 않다. 당장 일어날 일이어야 하며 중요한 일이라야만 한다. '당장'과 '중요한'이라는 두 가지 중에 어느 한쪽이라도 "아니오."라는 대답이 나온다면 그 정보를 소비하지 마라. 중요한 일에 쓰이지 않거나 쓰일 기회를 얻기 전에 잊힌다면 그 정보는 쓸모없는 것이기 때문이다.

나는 몇 주 후 또는 몇 달 후에 있을 행사를 준비하기 위해 책이나 웹사이트를 미리 읽는 버릇이 있었다. 하지만 그 일의 마감시한이 다가오면 똑같은 자료를 다시 읽어야만 했다. 이건 어리석고 쓸데없는 짓이다. 당신이 짧게 정리한 '해야 할 일' 목록을 따르되, 진행되는 상황에 따라 필요한 정보를 채워 나가도록 하라.

3 끝내지 않는 기술을 연습하라.

이것도 내가 익숙해지는 데 오랜 시간이 걸렸던 기술 중 하나이다. 뭔가를 시작한다고 해서 꼭 그 일을 끝내야 하는 것은 아니다.

만약 당신이 순 엉터리 기사를 읽고 있다면, 내려놓고 다시는 집어 들지 마라. 영화를 보러 갔는데 〈매트릭스 완결편〉보다도 별로라면, 머릿속 신경세포가 더 죽기 전에 바로 나와 버려라. 갈비 스테이크를 반쯤밖에 안 먹었는데 벌써 배가 부르다면 포크를 내려놓고 디저트는 주문하지 마라. '더 많이'라는 것이 더 좋은 것은 아니다. 그리고 뭔가를 그만두는 것이 그 일을 끝까지 하는 것보다 10배는 더 좋은 경우는 흔하다. 상사가 강요하지 않는다면, 지겹거나 비생산적인 일은 끝내지 않는 습관을 들이도록 하라.

거절하는 기술

나를 방해하지 못하게 하는 법

독자적으로 생각하라. 체스 말이 아니라 체스 하는 사람이 되어야 한다.
-랄프 차렐, 작가

　　　　　　　　　어린 시절 놀이터에서 놀던 때를 기
억해 보자. 그곳에는 으레 덩치 큰 골목대장과 수많은 그의 희생양들이
있었을 것이다. 거기에는 또한 기세등등하게 주먹을 휘두르면서 결사
적으로 싸우던 꼬마 녀석도 있었을 것이다. 그 아이가 골목대장을 이기
지는 못했다 하더라도 한두 번 소모적으로 치고받고 한 후에는 골목대
장도 그 아이를 더는 건드리지 않았을 것이다. 괴롭힐 다른 아이를 찾
는 게 더 쉬울 테니까 말이다.

　그 아이처럼 되도록 하라. 필요할 때는 깐깐해지도록 하라. 인생에서
도 마찬가지로 자기주장이 강하다는 평을 받으면 매번 부탁하거나 싸

울 필요 없이 제대로 된 대우를 받는 데 유리하다.

중요한 일만 하고 사소한 일은 무시하는 게 쉽지는 않다. 세상만사가 당신에게 온갖 쓰레기 같은 일들을 하도록 음모라도 꾸미는 듯할 것이다. 다행스럽게도 일상에서의 몇 가지 간단한 변화를 통해, 사람들은 당신을 괴롭히다가 쓴맛을 보느니 그냥 내버려 두는 게 낫다는 걸 알게 된다.

이제는 과도한 정보를 피할 때이다.

당신을 방해하는
세 가지 훼방꾼

우리의 목적에서 볼 때, '방해'란 것은 중요한 업무를 처음부터 끝까지 완수하지 못하게 만드는 모든 일을 의미하는데, 여기에는 주요 훼방꾼이 세 종류가 있다.

1_ 시간을 낭비하는 일 : 거의 또는 전혀 소득이 없기 때문에 무시할 수 있는 일들. 시간을 낭비하는 일에 공통적으로 포함되는 것은 중요하지 않은 회의, 토론, 전화 통화, 이메일 등이다.

2_ 시간을 잡아먹는 일 : 해야 하는 일이지만 종종 중요한 업무를 방해하는 반복적인 일 또는 요청 사항. 여기에는 당신이 친숙하게 여길 만한 몇 가지가 포함되어 있다. 이를테면 이메일 읽고 답장 쓰기,

전화하기와 온 전화에 답하기, (주문 현황, 제품 사용 안내 등) 고객 서비스, 재정 보고와 판매 보고, 개인적 용무, 피할 수 없고 되풀이되는 모든 행위와 업무 등이다.

3_ 위임에 실패한 일 : 작은 일을 할 때조차도 허락이 필요한 경우. (분실 선적물, 파손 선적물, 제품의 오작동 등과 같은) 고객 문제 해결, 고객 응대, 모든 종류의 경상비 지출 등을 들 수 있다.

이제 세 가지 모두에 대한 처방책을 순서대로 살펴보자.

시간을 낭비하는 일 :
무식쟁이 되기

시간을 낭비하는 일은 '없애'거나 피하기 쉬운 편이다. 그런 일들을 제한하여 모든 의사소통 행위가 당장 실행에 집중되도록 만드는 게 중요하다.

첫째, 이메일을 읽고 쓰는 것을 제한하라. 이메일이야말로 현대 세계에서 모두에게 심각한 방해물이 될 때가 많다.

1. 이메일 수신을 알려 주는 경보음 기능이 설정되어 있다면 _끄고_, 다른 사람이 이메일을 보내자마자 당신의 메일함에 배달되는 자동 발신/수신 기능도 _끄도록_ 하라.

2. 한 번은 낮 12시에서 점심시간 전에, 또 한 번은 오후 4시에, 이렇게 하루에 두 번만 이메일을 확인하라. 낮 12시와 오후 4시라는 시간대는 당신이 전에 보낸 이메일에 대해 답을 가장 많이 받을 수 있는 때이다. 아침에 제일 먼저 이메일을 확인하지는 마라.

그 대신 점심식사 때문에, 또는 이메일을 읽느라 업무가 지연되었다는 변명을 하지 않으려면 오전 11시 이전에 대부분의 중요한 업무를 해치워라.

하루 두 번 이메일 읽기를 정례화하기 전에 우선 상사나 동료, 공급업체와 고객들을 더 효과적으로 길들여 줄 자동 응답 이메일을 만들어야 한다. 하지만 사람들에게 이렇게 하겠다고 먼저 양해를 구하지는 마라. 우리의 십계명 중 하나를 기억하는지? 용서는 구하되 허락을 얻지는 말라는….

이렇게 하는 것이 당신을 심장 떨리게 한다면, 직속 상사와 얘기해 이 방법을 하루에서 사흘 정도만 시도해 보겠다고 제안하라. 그 이유로 걸려 있는 프로젝트와 지속적인 방해로 인한 업무 차질을 대라. 스팸 메일이나 사무실 밖 누군가를 마음 놓고 탓해도 된다.

여기에 활용할 수 있는 간단한 이메일 서식을 보자.

인사말, 친구들 [또는 존경하는 동료들]

과도한 작업량으로 인해 저는 현재 하루에 두 번, 낮 12시와 오후 4시께에만 이메일을 확인해 답장을 보내고 있습니다.

낮 12시나 오후 4시까지 기다릴 수 없는 급한 일이 있다면(긴급한 용무여야 합니다.) 555-555-5555로 제게 전화를 주시기 바랍니다.

이렇게 하는 것은 좀 더 효율적이고도 효과적으로 일하기 위한 것이니 이해해 주시면 고맙겠습니다. 이 조치는 당신을 좀 더 성의껏 모시기 위해 제가 더 많은 일을 하는 데 보탬이 될 것입니다.

팀 페리스

두 번째는 오는 전화를 걸러내고 걸어야 할 전화를 제한하는 단계이다.

1. 가능하면 두 개의 전화번호를 사용하라! 하나는 사무실 전화(급하지 않은 용도)이고, 다른 하나는 휴대전화(급한 용도)이다. 또 다른 방법은 휴대전화를 두 대 사용하거나, 급하지 않은 전화는 인터넷 전화번호를 사용하여 온라인 음성 사서함으로 돌릴 수도 있다. (예를 들어 www.skype.com과 같은 것들이 있다.)

   자동 응답 이메일에 휴대전화 번호를 명기한 후에는 전화가 정체불명의 번호이거나 받기 싫은 경우를 제외하고는 언제나 받아야 한다. 어떤 전화일지 미심쩍다면, 중요도를 가늠할 수 있도록 음성 사서함으로 연결해 곧바로 들어 보아야 한다. 기다려도 되는 사안이면 기다리게 하라. 성가시게 하는 쪽에서는 기다리는 법도 배워야 한다.

   사무실 전화는 무음 모드로 돌려놓고 음성 사서함으로 연결되도록 한다. 이때 음성 사서함의 녹음 멘트는 친근하게 들려야 한다.

팀 페리스의 음성 사서함에 연결되셨습니다.

저는 현재 하루 두 번, 낮 12시와 오후 4시께에 음성 사서함을 확인하여 답변을 드리고 있습니다.

만약 낮 12시나 오후 4시까지 기다릴 수 없는 진짜 급한 용무로 도움이 필요하시다면, 저의 휴대전화 555-555-5555로 연락 주십시오. 그렇지 않다면 메시지를 남겨 주세요. 위에 말씀드린 두 차례 중 가까운 시간에 답변을 드리겠습니다. 대개는 이메일로 답을 드리는 게 더 빠르므로 꼭 이메일 주소를 남겨 주시기 바랍니다.

효율성과 효과를 높이기 위한 이러한 조치를 이해해 주셔서 감사합니다. 이 조치는 당신을 좀 더 성의껏 모시기 위해서 제가 더 많은 일을 하는 데 보탬이 될 것입니다.

좋은 하루 보내십시오.

2. 누가 당신 휴대전화로 전화를 건다면, 아마 급한 일일 것이므로 거기에 맞게 처리해야 한다. 그들이 다른 식으로 시간을 잡아먹게 내버려 두지 마라. 그 비결은 인사말에 있다. 다음 예들을 비교해 보라.

제인(전화 받는 사람) : 안녕하십니까?
존(전화 거는 사람) : 여보세요? 제인이세요?
제인 : 네, 제인입니다.
존 : 안녕하세요, 제인. 저는 존입니다.

제인 : 아, 안녕하세요, 존. 어떻게 지내시죠? (또는) 아, 안녕하세요,
　　　　존. 무슨 일인가요?

　존은 이제 본론에서 벗어나 별 내용도 없는 대화로 당신을 이끄는데,
당신은 이런 상황에서 본론으로 돌아가 그가 전화한 목적을 알아내야
한다. 더 나은 방식은 다음과 같다.

제인 : 제인입니다.
존 : 안녕하세요, 존입니다.
제인 : 안녕하세요, 존. 제가 지금 다른 일을 하는 중이거든요. 무엇
　　　　을 도와드릴까요?

　그러면 대화는 이런 식으로 이어질 것이다.

존 : 아, 그러세요? 다음에 다시 걸죠.
제인 : 아뇨, 잠깐 시간 있어요. 뭘 도와드릴까요?

　사람들이 수다를 떨도록 장단 맞춰 주지도 말고 그냥 내버려 두지도
마라. 그들이 바로 요점으로 들어가게 만들어야 한다. 두서없이 계속
이야기하거나 막연히 다음에 전화하겠다며 미루려 한다면, 그들이 요
점을 말하도록 유도하라.
　만약 어떤 문제에 대해 세월아 네월아 장황하게 설명하기 시작하면,
이런 식으로 말을 끊어라.

"[상대방 이름] 말씀 중에 죄송한데요, 5분 후에 전화 올 데가 있습니다. 뭘 도와드릴까요?" 혹은 이렇게 말해도 된다. "[상대방 이름] 말씀을 잘라서 죄송합니다만, 5분 후에 전화 올 데가 있습니다. 이메일로 보내 주시겠어요?"

세 번째 단계는 거절을 하거나 회의를 피하는 기술을 터득하는 것이다.

2001년 트루산 사에 새 영업 부사장이 온 첫날, 그는 전 사원들이 모인 회의에서 다음과 같이 짤막하게 공표하였다. "저는 여기 친구를 사귀러 온 게 아닙니다. 저는 영업팀을 만들고 제품을 팔기 위해 고용된 것이고, 그것이 제가 하려는 일입니다. 감사합니다." 짧은 말임에도 그 강력함이라니!!!

그는 약속대로 착착 진행하였다. 시시덕거리기 좋아하는 사무실 사람들은 의사소통을 하는 데 허튼 짓을 용납하지 않는 그의 방식을 싫어했지만, 어쨌든 그의 시간을 존중해 주었다. 그는 이유 없이 무례하게 굴지는 않았지만 직선적이었으며, 주위 사람들을 집중하게 만들었다. 그의 카리스마를 높이 평가하지 않는 사람도 있었지만, 그가 대단히 유능하다는 걸 부인하는 사람은 아무도 없었다.

나는 그의 사무실에서 처음 일대일로 만났던 순간을 기억한다. 4년간의 혹독한 대학 교육을 막 마친 터라, 나는 잠재 고객 프로필과 공들여 짠 기획안, 그리고 그때까지의 반응 등에 대한 설명으로 곧장 들어

갔다. 이 첫 대면에서 좋은 인상을 주기 위해 준비를 하는 데만 적어도 2시간이 걸렸다.

그는 얼굴에 미소를 머금고 듣고 있다가 2분도 안 돼서 손을 들었다. 나는 말을 멈추었다. 그는 친절하게 웃더니 말을 이었다. "팀, 나는 그런 시시콜콜한 이야기를 원하는 게 아니야. 우리가 무엇을 해야 할지만 말해 주면 된다네."

그다음 몇 주 동안 그는 내가 언제 집중하지 않는지, 또는 언제 잘못된 일에 집중하는지를 깨닫도록 훈련시켰다. 여기서 잘못된 일이란 상위 두세 곳 주요 고객이 구매 주문을 하는 데 일조하는 일 외의 모든 일을 의미했다. 그 당시 우리의 회의 시간은 길어야 5분을 넘기지 않았다.

지금 이 순간부터 주위 사람들이 자기 일에 집중하게 하고, 분명한 목표가 없는 회의는 직접 회의든 원격 회의든 모두 피하도록 하라. 이것을 요령 있게 하는 것은 가능하다. 하지만 꽤 오랫동안 당신의 시간을 잡아먹던 사람들은 접근하지 못하게 하면 처음 몇 번은 기분 나쁜 기색을 보일 것이다. 하지만 일단 하던 일을 계속하는 것이 당신의 방침이고, 그게 바뀌지 않으리란 게 분명해지면 그들도 받아들이고 그런가 보다 한다.

악감정은 사라지기 마련이다. 바보짓 하는 것을 다 받아 주지 마라. 안 그러면 당신도 바보가 된다.

주위 사람들을 효과적이고 효율적이 되도록 길들이는 것은 당신 몫이다. 다른 누구도 당신을 위해 이 일을 해 주지 않을 것이다. 이렇게 하기 위해 몇 가지 추천할 만한 방법을 알아보자.

1. 대부분의 문제는 긴급하지 않다는 특성을 감안할 때, 사람들에게 이메일, 전화, 직접 회의의 순으로 의사소통을 하도록 유도하라. 만약 누가 회의를 제안하면 대신 이메일로 하자고 요청하고, 그게 안 될 경우 필요하면 전화를 이용하라. 이때 당장 해야 할 급한 업무 때문이라고 이유를 대라.

2. 가능하면 음성 메일에 대한 답은 언제나 이메일로 하라. 그들도 이런 습관을 들일 수 있도록 도와줄 겸 말이다.
   이메일도 쓸데없이 주고받는 걸 피하려면 전화할 때 첫 인사말처럼 능률적으로 해야 한다. 그러므로 "오후 4시에 만날 수 있을까요?"라는 질문의 이메일 대신 "오후 4시에 만날 수 있을까요? 그게 가능하다면 ○○○ 하도록 합시다. 4시로 정하는 게 어렵다면 당신이 가능한 다른 시간 세 가지를 알려 주십시오."
   이 "○○○ 하다면 ○○○ 합시다." 식의 문장 구조는 당신이 이메일을 띄엄띄엄 확인할 경우에는 더 중요해진다. 나는 일주일에 이메일을 한 번밖에 확인하지 않기 때문에, 이메일을 보낸 지 7일 안에 상대방이 "○○○는 어때요?"라는 식으로 내 제안에 대한 답을 하거나 다른 정보가 필요하지 않게 만드는 것은 굉장히 중요하다. 예를 들어 주문 상품이 물류 센터에 도착하지 않은 듯하면, 나는 시설 책임자에게 다음과 같은 문구로 이메일을 보낼 것이다.

"수잔 씨께. 새로 주문한 상품이 화물로 도착했나요? 도착했다면 제게 ○○○에 대해 알려 주세요. 만약 도착하지 않았다면 555-5555나 john@doe.com으로 연락해 존 도 씨에게 배송일이나 위치 추적 정보를 알려 주십시오. (이 이메일을 그에게도 참조하라고 보냅니다.) 존, 배송과 관련해 어떤 문제가 생기면 수잔과 조정하여 처리해 주십시오. 수잔의 전화번호는 555-4444인데, 수잔은 저를 대신하여 500달러까지 결정을 내릴 수 있는 권한이 있습니다. 긴급한 상황일 경우, 제 휴대전화로 연락해 주십시오. 하지만 두 분이 잘 처리해 주실 걸로 믿습니다. 감사합니다."

이렇게 쓰면 뒤따르는 대부분의 질문이 내게 쏟아지는 것을 막을 수 있고, 양쪽과 따로따로 대화할 필요도 없게 되며, 문제를 해결하는 과정에서 내가 빠져도 된다.

당신이 답을 챙겨야 하는 모든 이메일에서 어떤 식으로 "○○○하다면 ○○○합시다."를 제안해야 하는지 생각하는 습관을 들여라.

3. 회의는 문제점이 무엇인지 정의하기 위해서가 아니라, 이미 분명해진 상황에 대해 결정을 내리기 위해서만 열려야 한다. 만약 누가 당신에게 만나자고 하거나 "통화할 시간을 정하자."고 한다면, 그 사람에게 회의의 목적인 주요 안건을 적어 이메일로 보내 달라고 다음과 같이 부탁하라.

그렇게 할 수 있을 것 같군요. 제대로 준비해 놓을 수 있도록 주요 안건을 이메일로 보내 주시겠어요? 말하자면 우리가 협의할 주제와 질문 사항 같은 것 말입니다. 그렇게 해 주시면 좋을 것 같습니다. 미리 감사드립니다.

그들에게 빠져나갈 기회를 주지 마라. 상대방이 다른 말을 하기 전에 "미리 감사드립니다."라고 써야 회신을 받을 가능성이 높아진다.

이메일은 사람들에게 회의나 전화에서 원하는 결론이 무엇인지 분명하게 정하도록 만들어 준다. 십중팔구는 회의를 할 필요가 없을 것이고, 또 일단 질문 사항만 정해지면 그것에 대해 이메일로 답을 할 수도 있을 것이다. 나는 5년이 넘는 동안 사업 때문에 직접 회의를 해 본 적은 단 한 번도 없다. 전화 회의를 한 횟수도 열두 번이 채 되지 않으며, 회의 시간은 대개 30분도 안 걸렸다.

4. 30분이라는 말이 나왔으니 말인데, 만약 당신이 회의나 전화를 도저히 막을 수 없다면 끝나는 시간을 정하도록 하라. 토의가 한없이 계속되도록 그냥 두지 말고 짧게 끝나도록 해야 한다. 협의할 사항들이 명확하다면, 결정을 내리는 데 30분 넘게 걸리지는 않을 것이다. 사람들에게 더 믿을 만하게 들리는 의외의 시간, 예를 들어 3시 20분에 잡힌 다른 약속을 언급하면서 사람들이 시시덕거리고 그에 맞장구치면서 옆길로 새지 않도록 회의에 집중하게 만들어라. 만약 장시간으로 짜인 회의나 끝나는 시간이 정해지지 않은 회의에 참석해야 한다면, 회의 주관자에게 15분 후에 약속이 있으니 당

신이 맡은 부분을 먼저 의논하게 해 달라고 하라. 필요하다면 급한 전화 통화를 해야 한다고 둘러대도 좋다.

어떻게든 회의에서 빠져 나온 후, 나중에 회의 결과를 듣도록 하라. 또 하나의 선택 방법은 탁 까놓고 그 회의가 얼마나 불필요한지에 대해 의견을 내는 것이다. 당신이 만약 이 방법을 선택한다면, 집중 공세에 대비해 대안을 제시하는 것도 잊지 말도록.

5. 당신 상사와 다른 사람들이 회의 안 하는 습관을 들이도록 하기 위해 애완견 거래법Puppy Dog Close을 사용하라. 애완견 거래법이란 이름은 애완견 가게의 판매 기법에 기초를 두고 있어서 붙여진 것이다. 만약 누가 강아지를 좋아하기는 하지만 생활을 송두리째 바꿔 놓을까 봐서 구매를 망설인다면, 강아지를 집에 데려갔다가 마음이 바뀌면 다시 데려오라고 제안하라. 물론 반환은 거의 일어나지 않는다.

애완견 거래법은 사람들이 영구적인 변화에 대해 부담스러워할 때 사용하는 아주 귀중한 기법이다. 언제든 되돌릴 수 있다는 뜻으로 "그냥 시도나 한번 해 봅시다."고 말해 첫발을 내딛도록 하는 것이다. 예를 들어 복도에서 상사에게 다가가 손으로 어깨를 가볍게 톡 치면서 다음과 같이 말한다고 상상해 보라.

"회의에 참석은 하고 싶습니다만, 더 괜찮은 아이디어가 있습니다. 절대로 다시는 회의를 하지 맙시다. 우리가 하는 모든 회의는 시간 낭비일 뿐이고 거기선 쓸 만한 결정은 하나도 못하기 때문입니다."

vs.

"정말 회의에 가고 싶어요. 하지만 지금 완전히 일에 치인 상태고요, 몇 가지 중요한 일이 남아 있습니다. 오늘만 회의에 빠져도 될까요? 그렇지 않으면 회의 내내 딴 데 신경 쓰고 있을 것 같습니다. 나중에 동료인 ○○를 통해 회의 내용을 파악하겠습니다. 괜찮겠지요?"

두 번째 대안은 사실 그렇게 보이도록 의도한 것이지만 덜 영구적인 듯하다. 이런 과정을 반복하면서 당신은 회의 참석자들이 그 안에서 이루는 것보다 당신이 회의 밖에서 얻는 것이 더 많다는 사실을 확실하게 알려 주라. 되도록 자주 회의에 불참하면서, 이것이 상시적인 변화로 서서히 전환될 수 있도록 생산성 향상을 언급하라.

시간을 잡아먹는 일 :
한꺼번에 몰아서 처리하라

만약 당신이 예전에 상업용 인쇄를 해 본 적이 없다면, 가격과 납기에 대해 들으면 깜짝 놀랄 것이다.

20장의 티셔츠에 4도 컬러 로고를 맞춤 인쇄하는 데 310달러가 들고 일주일이 걸린다고 가정해 보자. 그럼 티셔츠 3장에 똑같은 것을 인쇄하는 데는 가격과 시간이 얼마나 들까?

답은 310달러와 일주일이다!

어떻게 그렇게 될까? 간단하다. 준비 비용이 변하지 않기 때문이다. 인쇄에서 금속판을 준비하는 데 똑같은 양의 재료비(150달러)가 들고, 인쇄를 하는 데도 똑같은 노동력(100달러)이 필요하기 때문이다. 일의 양은 적지만 준비 과정에서 시간이 많이 걸리기 때문에, 많은 양의 일과 마찬가지의 시간이 필요해 납기일은 똑같이 일주일이 걸리는 것이다. 규모의 경제 법칙에 따라 계산해 보면, 셔츠 3장의 비용은 셔츠당 3달러×셔츠 20장 대신에 셔츠당 20달러×셔츠 3장이 된다.

그러므로 비용과 시간에서 효율을 높이는 방법은 대량 주문을 받을 때까지 기다리는 것인데, 이는 주문을 좀 더 모아 한꺼번에 해결하는 '일괄 처리batching'라고 하는 방법이다. 또한 일괄 처리는 정신을 분산시키기는 하지만 꼭 해야만 하는 '시간을 잡아먹는 일'에 대한 해결책이기도 하다. 여기서 시간을 잡아먹는 업무란 가장 중요한 일을 하는 데 방해가 되는 반복적인 일을 말한다.

만약 당신이 일주일에 다섯 번씩 메일을 확인해 청구서에 따른 지불을 한다면, 아마도 한 건당 30분 정도씩 걸려서 총 20통의 메일을 처리할 것이다(30분×20=600분=10시간). 그 대신 당신이 일주일에 한 번씩 이 일을 한다면, 메일을 확인하는 데 총 60분 정도밖에 안 걸리고, 게다가 2시간 반 동안 총 20건에 대해 지불 처리를 하게 될 것이다(60분+2시간 30분=3시간 30분). 사람들은 급한 연락이 있으면 어쩌나 하는 걱정 때문에 메일을 자주 확인하곤 한다. 하지만 첫째, 진짜 급한 상황은 거의 생기지 않는다. 둘째, 당신이 받을 급한 연락 중에서 마감시한을 넘기는 일은 쉽게 되돌릴 수 있고, 그렇지 않더라도 바로잡는 데 최소의 비용이 들 뿐이다.

규모가 크든 작든 모든 업무에는 어쩔 수 없는 준비 기간이란 게 있다. 100개를 할 때나 1개를 할 때나 준비 기간이나 시간은 거의 비슷하다. 주요 업무를 방해받은 후 다시 시작하려면 심리적인 전환을 하기까지 많게는 45분 정도가 필요하다. 오전 9시에서 오후 5시까지 근무 시간의 28퍼센트인 4분의 1 이상이 이와 같은 방해로 말미암아 허비된다고 한다.

이러한 사실은 모든 반복적 업무에 적용된다. 이것이 앞에서 이메일과 전화 메시지를 그냥 쌓이게 내버려 두고 하루에 두 번, 그것도 미리 정한 시간에 확인하기로 마음먹은 이유이다.

지난 3년 동안 나는 일주일에 한 번 이상 메일을 확인한 적이 없었고, 때에 따라서 4주 동안 확인하지 않은 적도 있었다. 그 때문에 어떤 일을 돌이킬 수 없었던 경우는 없었고, 바로잡는 데 300달러 이상이 든 적도 없었다. 이처럼 업무 일괄 처리는 중복된 일처리로 인한 수백 시간의 손실을 덜어 주었다. 당신의 시간 가치는 얼마인가?

예를 하나 들어 보자.

1. 당신이 받는 임금 또는 당신의 시간 가치를 시간당 20달러라고 하자. 예를 들어 당신의 연봉이 4만 달러이고, 1년에 휴가가 2주 있는 경우가 이와 같을 것이다. [$40,000/(주당 40시간×50주=2000)=$20/시간]

2. 비슷한 업무를 모아 일괄 처리함으로써 절약되는 시간을 측정하고, 이 시간에 당신의 시간당 임금(여기서는 $20)을 곱함으로써 얼마나 더 벌게 되는지를 계산하라.

일괄 처리 1번×주당: 10시간=$200

일괄 처리 1번×2주당: 20시간=$400

일괄 처리 1번×월당: 40시간=$800

3. 위와 같이 업무 일괄 처리 빈도에 따라 각각을 테스트해 보고, 각 기간 동안 생긴 문제를 해결하는 데 비용이 얼마나 드는지 측정하라. 만약 위에서 절약된 금액보다 비용이 덜 든다면, 빈도를 더 줄여서 일괄 처리해 보도록 하라.

예를 들어 위의 계산법을 이용해 내가 일주일에 한 번 이메일을 확인하고, 그 결과 주당 평균 2건의 판매 기회를 잃어서 이익 손실이 총 80달러가 된다면 나는 계속해서 주당 한 번씩만 확인할 것이다. 왜냐하면 200달러(시간으로는 10시간)에서 80달러를 제한다고 해도 여전히 120달러의 순수익이 나기 때문이다. 그 10시간 동안 다른 주요 업무를 해치울 수 있다는 엄청난 이익은 말할 것도 없다. (주요 고객을 하나 잡는다든지 또는 인생을 바꿔 놓을 만한 여행을 한다든지 하는) 중요한 일 하나를 완수함으로써 얻게 되는 재정적, 정서적 이익을 계산해 본다면, 업무 일괄 처리의 가치는 시간당 절약되는 이익보다 훨씬 더 크다.

만약 업무를 일괄 처리해서 절약된 시간보다 문제로 인해 지출되는 비용이 더 크다면, 그보다 한 단계 빈도를 높인 일괄 처리 방식으로 돌아가라. 이런 경우 나라면 주당 한 번에서 (매일 하는 게 아니라) 주당 두 번으로 빈도를 높인 후 주당 한 번으로 되돌아갈 수 있도록 시스템 자체를 고치려고 노력할 것이다. 해결책이 제대로 돌아간다면 더는 애쓰지마라. 실제로 문제가 거의 일어나지 않는다는 사실을 깨달으면서 나는 개인적 일이나 사업에서 일괄 처리 빈도를 점점 더 줄여 나갔다. 현재 내가 일괄 처리 방식으로 하고 있는 업무들 중 몇 가지는 다음과 같다.

이메일(월요일 오전 10시), 전화 통화(완전히 없앰), 빨래(격주 일요일 밤 10시), 신용카드 및 고지서(대부분 자동 납부 처리되지만, 매월 둘째 월요일에 이메일 확인 후 잔고를 맞춰 봄), 근력 강화 훈련(4일에 한 번, 30분 동안) 등.

위임에 실패한 일 :
규칙을 정하고 재조정하라

위임 실패란 먼저 허락을 얻거나 지시를 받지 않고서는 업무를 수행할 수 없는 상태를 말한다. 이것은 흔히 세부 사항까지 통제를 받거나 통제하는 경우를 가리키는데, 둘 다 당신의 시간을 허비하게 만든다.

우리의 목표는 직원들이 업무에 필요한 정보에 최대한 접근할 수 있도록 하는 것과 가능한 한 독립적인 의사 결정 권한을 많이 갖도록 하는 것이다. 그리고 사업가에게는 직원이나 대행업체에 가능한 한 많은 정보와 독자적인 의사 결정 권한을 부여하는 것이다.

고객 서비스는 흔히 위임 실패의 전형적인 예에 속한다. 브레인퀴컨사의 사례는 이 문제가 심각하긴 하지만 얼마나 쉽게 해결될 수 있는지를 보여 준다.

2002년, 나는 주문 조회와 반품 관련 고객 서비스를 외부에 아웃소싱했지만, 제품 관련 문의에 대해서는 여전히 직접 처리하고 있었다. 그 결과가 어땠냐고? 나는 하루 200통 이상의 이메일을 받아 오전 9시에서 오후 5시까지 근무 시간 내내 답장을 쓰면서 보냈는데, 이메일의 양은 일주일에 10퍼센트 이상의 비율로 증가했다! 고객 서비스를 더 하는 건 스스로 무덤을 파는 격이었기 때문에, 나는 광고를 취소하고 제품 발송을 제한해야만 했다. 이렇게 해서는 사업을 확장할 수 없었다. 나중에 중요한 말이 될 테니 확장 가능이란 단어를 잘 기억하라. 확장이 불가능했던 것은 '나'라는 '정보 병목'이자 '결정 병목'이 있었기 때문이다.

결정타가 무엇이었냐고? 나의 받은 편지함에 배달된 대부분의 이메일은 제품에 관련된 게 아니라 아웃소싱 업체의 고객 서비스 담당자들이 보낸 여러 가지 업무 처리에 대해 허락을 구하는 요청이었다.

- 고객이 배송을 받지 못했다고 주장합니다. 어떻게 해야 할까요?
- 고객의 물건 중 한 가지가 세관에서 걸렸다고 합니다. 미국 주소로 되돌려 보내도 되겠습니까?
- 고객이 경기 때문에 이틀 내에 제품이 필요하다고 합니다. 야간

배송으로 보내도 될까요? 그렇게 하면 배송비로 얼마를 청구해
야 하나요?

끝이 없었다. 수백 건에 또 수백 건의 서로 다른 상황 때문에 지침
서를 만드는 것도 현실성이 없었다. 나는 지침서를 만들 시간도, 경험
도 없었다.

다행스럽게도 누군가 그런 경험을 한 사람이 있었다. 그들은 바로 아
웃소싱 업체 담당자들이었다. 나는 모든 관리자에게 이메일을 한 통 보
냈는데, 이로 인해 하루 200통의 이메일은 일주일에 20통 이하로 곧바
로 줄어들었다.

안녕하세요, 여러분.

다른 모든 정책에 우선하는 새로운 고객 정책을 세웠기에 알려 드립
니다. 고객이 만족할 수 있도록 해 주세요. 바로잡는 데 100달러가 안
드는 문제에 대해서는 자신의 판단에 따라 여러분 선에서 해결해 주
십시오.

이것은 공식적인 허가의 글로 100달러 미만의 비용이 드는 모든 문제
에 대해서는 저에게 연락하지 말고 해결해 달라는 요청입니다. 저는 이
제 여러분의 고객이 아닙니다. 제 고객이야말로 여러분의 고객입니다.

저에게 허락을 구하지 마세요. 여러분이 옳다고 생각하는 대로 행동
하시고 일이 진행되면서 생기는 문제는 조정해 나갈 것입니다.

감사합니다.

팀

자세히 분석해 보니 이메일을 보내게 만든 문제 중 90퍼센트 이상이 20달러도 채 들이지 않고 해결할 수 있어 보였다. 나는 그들의 독자적인 의사 결정이 재정에 미치는 영향을 4주 동안 주 단위로, 월 단위로, 그 후에는 분기 단위로 관찰하였다.

관리자들에게 책임을 맡기고 신뢰를 보내자마자 그들의 지능 지수가 2배는 높아진 듯 보였다. 정말 놀라운 일이었다. 첫 달의 비용은 내가 세부 사항까지 챙기던 때보다 아마 200달러 정도는 더 들었던 것 같다. 그 사이에 나는 월 100시간 이상을 절약할 수 있었고, 고객들은 더 빠른 서비스를 받았으며, 반품은 (업계 평균이 10~15퍼센트인 데 반해) 3퍼센트 미만으로 줄었고, 아웃소싱 업체 직원들도 내 고객들에게 시간을 덜 쓰게 되었다. 그 결과 매출액이 급성장하고 수익률이 높아져 당사자들이 모두 더 행복해졌다.

사람들은 당신이 생각하는 것보다 훨씬 더 똑똑하다. 그들에게 스스로를 증명할 기회를 주라.

만약 당신이 사소한 것까지 통제받는 직원이라면, 상사와 마음을 터놓는 대화를 통해 스스로 좀 더 생산적이 되고 그를 덜 방해하고 싶다고 설명하라. "당신 업무를 너무 많이 방해하고, 당신이 하고 있는 중요한 일의 맥을 자꾸 끊고 싶지 않습니다. 책을 좀 읽고 나니, 어떻게 하면 더 생산적으로 일할 수 있는지에 대해 몇 가지 생각이 떠오르더군요. 시간이 괜찮으면 잠시 들어 보실래요?"

이 대화를 하기 전에, 앞에서의 사례와 같이 일일이 허락 받지 않고 더 독자적으로 일할 수 있는 몇 가지 '규칙'을 만들도록 하라. 초기에는 하루 단위 혹은 주 단위로 상사가 당신의 결정에 따른 결과를 검토할 수 있도록 한다. 일주일간 시험 삼아 해 보겠다고 제안하면서 "한번 해 보고 싶습니다. 일주일간 시도해 봐도 별 무리 없겠지요?"라는 말로, 또는 내가 개인적으로 가장 좋아하는 "합리적이죠?"라는 말로 끝맺도록 하라. 어떤 말에 대해 불합리하다고 말할 근거를 대기는 어려운 법이니까.

상사는 관리자일 뿐 노예 주인이 아니다. 당신이 현 상황을 개선하려고 끊임없이 노력하는 사람으로 자리 잡게 되면, 대부분의 사람들은 당신에게 이의를 제기하지 말아야 한다는 걸 알게 될 것이다. 특히 시간당 생산성을 높이는 문제에서는 그렇다.

만약 당신이 아주 작은 일까지 이래라저래라 하는 기업가라면, 어떤 일을 세상의 다른 사람들보다 더 잘할 수 있더라도 그게 사소한 일이라면 당신이 할 일이 아니라고 생각하라. 당신을 방해하지 않고 스스로 처리할 수 있도록 권한을 주라. 요컨대 당신이 싸워서 얻어야 할 것에 대해서만 권한을 갖도록 하라는 말이다.

당신에게 유리하도록 규칙을 정하라. 시간을 마음대로 방해하지 못하게 제한하고, 사람들과 시간을 보내기 전에 그들이 당신에게 요청할 사항을 미리 정해 놓도록 하며, 더 중요한 프로젝트를 미루지 않도록 일상적인 허드렛일들은 한꺼번에 일괄 처리하라. 사람들이 당신을 방해하게 두지 마라. 집중할 수 있다면 당신만의 라이프스타일을 찾을 수 있다.

다음 단계인 자동화 부분에서는 뉴리치들이 관리하지 않으면서도 어떻게 돈을 버는지, 또 가장 큰 장애물인 '그들 자신'을 업무에서 어떻게 제거하는지에 대해 살펴볼 것이다.

Q&A 질문과 행동

개입하려는 충동이 있다는 걸 깨닫고 이 충동과 싸우도록 하라.

따라야 할 일련의 규칙과 대답, 일과를 정해 놓았을 때는 이 충동과 싸우기 훨씬 더 쉽다. 불필요하거나 중요하지도 않은 일을 가지고 중요한 일을 마무리 짓지 못하게 만드는 사람들을 막는 것은 당신 몫이다.

이 장은 실제 사례와 서식들을 포함해 시작부터 끝까지 필요한 행동의 전 과정이 제시되어 있다는 면에서 이전 장과는 그 성격이 다르다. 그러므로 이번 장의 Q&A는 앞의 내용에 대한 반복이라기보다는 요약이라 할 만하다. 내용 곳곳에 사소한 골칫거리들이 섞여 있다. 그러므로 세부적인 점들에 유의하며 이 장을 반복해서 읽도록 하라.

1 당신과 접촉할 수 있는 방법을 이메일과 전화로 제한하고, 불필요한 연락을 피할 수 있는 시스템을 개발하라.

지금 당장 자동 응답 메일과 음성 사서함용 녹음 멘트를 갖춘 후에 방해를 피할 수 있는 다양한 방법을 터득하라. "어떻게 지내셨어요?" 대신 "무엇을 도와드릴까요?"라고 말하는 습관을 들이도록 하라. 구체적으로 하되 구구절절한 이야기는 금물이다. 즉시 행동하는 것에 초점을 맞추고, 방해하지 못하게 만드는 방법을 실천하라. 가능하다면 회의는 피하라.

● 문제를 해결하기 위해 대면 회의 대신 이메일 사용하기.

● 핑계를 대서 회의에 들어가지 않기. (이것은 애완견 거래법을 통해 이룰 수 있다.)

회의를 피할 수 없다면 다음 사항을 명심하도록!

● 분명한 목적을 갖고 회의에 들어간다.

● 마치는 시간을 정하거나 중간에 먼저 나온다.

2 준비 비용을 줄일 수 있도록 비슷한 업무는 모아 일괄 처리하고, 더 많은 시간을 꿈 시간표를 이루는 데 투자하라.

일상생활에서 일괄 처리를 적용할 수 있는 일에는 어떤 것이 있을까? 다시 말해 꼭 필요할 때 하지 않고 더 자주 반복해 시간을 낭비하지 않도록 (예를 들어 빨래하기, 장보기, 이메일 보내기, 청구서 금액 지불하기, 또는 영업 보고와 같은) 매일, 매주, 매달, 매분기, 매년의 특정 시간에 할당할 수 있는 일에는 어떤 것이 있을까?

3 결과 검토를 통해 자율적인 규칙과 지침을 세우거나 세워 달라고 요청하라.

일이 잘못되더라도 치명적이지 않을 모든 일에 대한 결정 병목을 제거하라. 만약 당신이 직장인이라면, 자신에 대한 믿음을 갖고 시험 삼아 더 자율적으로 일해 보고 싶다고 요청하라. 실천 '지침'을 준비하고 즉석 프레젠테이션을 통해 상사를 놀라게 한 후 들어 달라고 요청하라. 애완견 거래법을 기억하라. 한번 시도해 본 후 문제가 있으면 쉽게 되돌릴 수 있다는 느낌을 주라.

기업가나 관리자의 경우라면, 다른 사람들이 능력을 입증할 기회를 주도록 하라. 이렇게 했을 때 돌이킬 수 없거나 돈이 엄청 드는 문제가 생길 가능성은 극히 적은 반면, 시간 절약은 확실하게 보장된다. 기억하라. 수익이라는 것은 쓸 수 있을 때만 수익이 될 수 있다. 수익을 쓰기 위해서는 시간이 필요하다.

비즈니스에서 이용되는 테크놀로지가 가지고 있는
첫 번째 규칙은 자동화가 효율적인 공정에 적용되었을 때에는
효율을 더 확대시켜 준다는 것이다.
두 번째 규칙은 자동화가 비효율적인 공정에 적용되었을 때에는
비효율을 더 확대시킨다는 것이다.

― 빌 게이츠

Step3

자동화된
돈벌이 수단,
뮤즈 만들기

자동화Automation를 위한 A

아무도 당신에게 자유를 줄 수 없다.
어느 누구도 당신에게 평등이나 정의, 또는
다른 그 어떤 것을 줄 수 없다.
당신이 성인이라면 스스로 쟁취해야 한다.

−맬컴 엑스, 『맬컴 엑스가 말하기를』

인생을
아웃소싱하라

그냥 내버려 둘 수 있는 것이 많을수록 인간은 부유해진다.
-헨리 데이비드 소로, 자연주의자

내가 직접 이런 이야기를 하면 여러분은 분명 믿지 않을 것이기 때문에 AJ라는 인물을 통해 이야기를 전개하겠다. 이것은 앞으로 나올 더 놀라운 내용들을 위한 사전 준비로 당신은 이 모든 것을 직접 경험하게 될 것이다.

이것은 『에스콰이어』지 편집 위원인 AJ 제이콥스의 실화이다(중간중간의 생략 부호는 각 사이의 시간의 흐름을 나타낸다).

그 일은 한 달 전에 시작되었다. 나는 톰 프리드먼Tom Friedman의 베스트셀러인 『지구는 평평하다The World Is Flat』를 반쯤 읽고 있던 참이었다. 콧수염을 기르겠다는 그의 뜬금없는 결정에도 불구하고 나는 프리드먼을 좋아한다. 그의 책은 기술 지원이나 자동차 제조업뿐 아니라 법조계, 은행, 그리고 회계 분야에 이르기까지 미국 내 모든 산업이 인도와 중국으로의 아웃소싱으로 인해 어떻게 변화할 채비를 하고 있는지에 대한 모든 것을 보여 준다.

나는 회사를 소유하고 있지 않다. 심지어 나는 최근에 만든 명함조차 없다. 나는 재택근무를 하는 작가이자 편집자로 집에서는 주로 통팬티를 입는데, 격식을 좀 차리고 싶을 때는 펭귄이 그려진 잠옷을 입고 일한다.

이따금 나는 이런 생각도 한다. 왜 『포춘』이 선정한 500대 기업만 재미를 보는 걸까? 나는 왜 새로운 세기의 가장 중요한 비즈니스 트렌드에 합류할 수 없는 거지? 나는 왜 내 업무에서 자질구레한 일들, 더 나아가 내 인생 자체를 아웃소싱하지 못할까?

그다음 날 나는 프리드먼이 책에서 언급한 회사 중 하나인 브릭워크 사에 이메일을 보냈다. 인도 방갈로르 지방에 기반을 둔 브릭워크 사는 주로 정보 처리를 원하는 금융계와 의료 업계에 '원격 비서'를 제공하는 곳이다. 나는 이메일에 『에스콰이어』지와 관련된 업무인 조사나 메모 정리를 도와줄 사람을 고용하고 싶다고 썼다. 브릭워크 사의 CEO인 비벡 쿨카르니는 "귀하와 같은 지위에 있는 분과 이야기하게 되다니 영광입니다."라고 답변을 보내 왔다. 나는 어느새 이곳이 마음에 들어 버렸다. 그전에는 한 번도 지위란 걸 가져 본 적이 없었던 나였다. 미국에서는 베니건스 지배인에게도 존경 받기 힘들었는데. 인도에서는 새삼

나도 지위가 있다는 것을 알게 되어 기분이 좋았다.

나는 며칠 후 신임 '원격 비서'에게서 이메일을 받았다.

제이콥스 씨께.

제 이름은 허니 K. 발라니입니다. 저는 귀하의 편집 업무와 개인 용무
를 도와드릴 것입니다. …귀하가 요청하신 업무에 제대로 잘 적응해 기
대에 부응하도록 노력하겠습니다.

대단하다! 전에 회사에서 일할 때는 나도 조수가 있었다. 하지만 '기
대에 부응' 비슷한 말도 들어 본 적이 없었다. 사실 우리가 '기대에 부
응' 어쩌고 하는 말을 사용하는 때는 대개 인사부와 심각한 면담을 할
처지에 놓여 있는 경우이다.

· · ·

어느 날 나는 인도에서 성장해 소프트웨어 회사를 차린 후 끔찍할 정
도로 부자가 된 친구 미샤와 저녁을 먹으러 외출했다. 내가 그에게 '아
웃소싱 작전'에 대해 털어놓자, 그는 "인도에서 네 비서도 구할 수 있
어." 하고 말했다. 미샤는 해외로 이주한 인도인 사업가들 가운데 부모
님은 그대로 뉴델리나 뭄바이에 살고 있는 이들을 위한 업체에 대해 설
명했다. YMII 사는 이 회사의 해외 심부름 대행업체로 고향에 있는 부모
를 위해 영화표나 휴대전화, 기타 잡다한 물건을 사 준다고 했다.

완벽하군. 이 업체를 활용하면 아웃소싱 업무를 새로운 수준으로 끌어올릴 수 있겠는걸. 허니는 나의 사업 관련 업무를 맡아 줄 것이고, YMII 사는 청구서에 따라 대금을 납부하고 휴가 예약을 하는가 하면 인터넷으로 물건을 사는 등 나의 개인 생활을 보살펴 줄 것이다. 이렇게 하면 나는 적절하고 깔끔하게 일을 분업화해서 처리할 수 있다. 다행스럽게도 YMII 사는 내 생각을 받아들였고, '제이콥스 회사'의 지원팀은 어렵잖아 2배로 늘어났다.

· · ·

허니는 나를 위한 첫 번째 프로젝트로 『에스콰이어』지가 뽑은 '현존하는 가장 섹시한 여성'에 대한 조사를 완료하였다. 나는 이 여성에 대한 프로필을 작성하는 일을 맡기는 했지만, 그녀에게 흥분하는 팬들의 웹사이트를 샅샅이 뒤져 가며 일하고 싶지는 않았다. 허니가 보낸 업무 파일을 열었을 때 내 반응은 "미국은 이제 큰일 났군."이었다. 파일에는 차트도 있었고, 섹션별로 나누어진 제목도 있었다. 거기에는 그녀의 신체 사이즈, 애완 동물, 가장 좋아하는 음식(예를 들어 황새치 요리)에 대해 일목요연하게 정리한 분석 자료가 있었다. 만약 방갈로르 사람들이 모두 허니처럼 일을 잘한다면, 나는 대학을 막 졸업하는 미국인들을 불쌍히 여길 수밖에 없다. 그들은 의욕 있고, 정중하며, 엑셀 프로그램에도 능숙한 수많은 인도인과 상대해야 하기 때문이다.

· · ·

　그 후 며칠 동안 나는 (YMII에서 개인적인 일을 돌봐 주는) 아샤를 통해 청구 대금을 납부하고, drugstore.com에서 물건을 사고, 내 아들을 위해 '간지럼 타는 엘모 인형'(사실 간지럼 타는 엘모 인형이 동이 나는 바람에 대신 '닭춤 추는 엘모 인형'을 샀는데 그건 현명한 선택이었다.)을 구하는 등 많은 온라인 심부름을 아웃소싱했다. 여기에 더해 싱귤러 이동통신사에 전화해서 내 휴대 전화 요금제에 관해 물어보도록 했다. 추측컨대 그녀는 방갈로르에서 뉴저지로, 그러고는 다시 방갈로르의 싱귤러 이동통신사 직원에게 연달아 전화를 했으리라 생각하는데, 이러한 사실은 여러 가지 이유에서 나를 기쁘게 했다.

　자, 내 걱정을 아웃소싱해 보자. 진행하고 있던 어떤 계약이 너무 오래 시간을 끌어 나는 몇 주 동안 머리카락을 쥐어뜯고 있던 참이었다. 나는 허니에게 나 대신 그녀가 머리카락을 쥐어뜯어 주면 어떻겠느냐고 물어보았다. 하루에 단 몇 분만이라도 말이다. 그녀는 훌륭한 아이디어라고 하면서, "그 건에 대해 매일매일 걱정해 드릴게요. 염려하지 마세요."라고 써서 보냈다.

　노이로제를 아웃소싱하는 것이야말로 이번 달 실험에서 가장 성공적인 것이었다. 그 일이 생각나면 언제나 그 건에 대해 이미 허니가 걱정하고 있다는 걸 나 자신에게 상기시키자 우습게도 마음이 편안해졌다. 농담 아니다. 이 생각만으로도 그 가치는 충분하다.

당신이 어디 있든지
한눈에 알 수 있다!

이 글은 완전 자동화에 대한 예고편이라 할 수 있겠다.

나는 오늘 아침에 일어나 '부에노스아이레스' 식으로 멋지게 아침 식사를 한 후, 월요일 일정대로 1시간 동안 이메일을 확인했다.

'인도'의 소미아는 오랫동안 소식이 끊긴 고등학교 반 친구를 찾아 주었고, YMII 사의 아나쿨은 은퇴자의 행복과 다양한 분야의 연평균 근로 시간에 대한 조사 보고서를 엑셀 프로그램으로 정리해 보내 주었다. 이번 주 인터뷰 일정은 세 번째 인도인 원격 비서가 잡았는데, 이 비서는 '일본' 최고의 검도 학교와 '쿠바' 최고의 살사 춤 강사들의 연락처도 찾아냈다. 그다음 이메일 폴더를 통해서는 고객 주문 처리 업무 매니저인 '테네시 주'의 베스가 지난주에 거의 스물 몇 가지 문제를 해결해 '중국'과 '남아프리카'의 최대 고객을 미소 짓게 만드는 한편, '미시간 주'에 있는 내 회계사와 함께 '캘리포니아주' 판매세 신고서를 정리했다는 사실을 알게 되어 기뻤다. 세금은 기록으로 보관되는 신용카드를 통해 지출되었기 때문에, 내 은행 계좌를 한 번 살짝 보기만 해도 신용카드 결제 처리 업체의 셰인과 나머지 팀원들이 지난달보다 더 많은 돈을 내 계좌에 넣었다는 걸 확인할 수 있었다. 자동화의 세계에서는 모든 것이 착착 제대로 돌아간다.

그날은 햇살이 눈부신 아름다운 날로, 나는 미소를 지으면서 노트북 컴퓨터를 닫았다. 나는 커피와 오렌지 주스가 곁들여진 아침 뷔페 식사 가격으로 4달러를 지불했다. 인도인 아웃소싱 담당자들은 시간당 4달러에서 10달러까지 받는다. 미국 내 아웃소싱 담당자들은 실적에 따라 또는 제품이 선적되었을 때 임금을 받는데, 이런 시스템은 묘한 비즈니스 현상을 일으켰다. 그건 바로 절대로 적자 운용이 불가능하다는 것이었다.

당신이 '미국 달러'로 돈을 벌고, '아르헨티나 페소'로 살며, '인도 루피'로 보수를 치를 경우 재미있는 일이 일어난다. 하지만 이것은 단지 시작일 뿐이다.

"그래 봐야 나는 한낱 직장인일 뿐이라구요! 이런 게 나한테 무슨 소용이 있다는 거죠?"

원격 개인 비서를 두는 것은 대단한 출발이다. 그것은 지시를 내리고, 어떻게 명령받는 사람이 아니라 명령하는 사람이 되는가를 배우는 순간이기 때문이다. 다시 말해 원격 개인 비서라는 수단을 통하면 뉴리치가 갖추어야 할 기술 중 가장 중요한 요소인 원격 관리 및 원격 의사소통 능력을 소규모로 연습할 수 있다는 것이다.

이제는 보스가 되는 법을 배울 때가 왔다. 이 방법은 시간을 많이 잡아먹지도 않는다. 비용이 적게 드는 데다 위험 부담도 별로 없다. 이 시점에서는 당신이 누군가를 '필요'로 하는지 안 하는지는 중요하지 않다. 지금 하는 이것은 단지 연습이므로.

이것은 또한 기업가 정신에 대한 시험이기도 하다. "당신이 다른 사람을 지도하고 꾸짖으며 부릴 수 있는가?" 하는 것 말이다. 나는 적절한 교육과 연습을 하면 당신도 그렇게 될 수 있다고 믿는다. 대부분의 기업가들이 실패하는 이유는 수영도 배우기 전에 수영장 깊은 곳으로 뛰어들기 때문이다. 단점이라고는 전혀 없는 간단한 연습으로 원격 비서 제도를 활용하면, 2주에서 4주간의 테스트를 통해 경영의 기본 원리를 모두 배울 수 있다. 비용도 100달러에서 400달러 정도밖에 안 든다. 이 것은 비용이 아니라 투자라고 보아야 하는데, 이를 통한 투자 수익률은 가히 놀라울 따름이다. 이 돈은 길어야 10일에서 14일이면 회수할 수 있고, 그 후에는 시간을 절약하는 것으로 순수한 이익이 된다.

뉴리치 멤버가 된다는 것은 단지 일을 더 훌륭하게 처리하는 것에만 국한되지는 않는다. 이것은 당신을 대신할 수 있는 시스템을 만드는 것에 관한 것이다.

이렇게 되도록 하는 게 우리의 첫 번째 연습이다.

당신이 기업가가 되고 싶은 마음이 없다 하더라도 이 과정은 우리가 배운 80 대 20 법칙 및 '제거' 과정과 근본적으로 연결되어 있다. 즉 (그런 일이 절대로 일어나지 않는다 하더라도) 당신을 대신할 누군가를 훈련시켜 당신 일정에 남아 있는 불필요하거나 중복된 부분을 제거해 초정제된 일련의 규칙을 만들어 낸다는 것이다. 누군가에게 돈을 주고 그 일을 시키는 순간 중요하지 않은 업무로 시간만 질질 끄는 상황은 사라지게 된다.

하지만 비용 면에서는 어떨까?

비용 문제는 대다수 사람들에게 걸림돌이다. 당신이 비서보다 더 잘할 수 있는데 뭐 하러 돈을 지불해 가며 비서를 고용해야 할까? 답은 간단하다. 당신의 목표는 더 중요하고 더 잘하는 일에 집중하기 위해 시간의 속박에서 벗어나는 것이기 때문이다.

이 장은 당신이 원하는 라이프스타일을 누릴 수 없게 만드는 문제에서 벗어날 수 있도록 하는 비용이 적게 드는 실습이다. 당신이 직접 하면 언제나 더 싸게 할 수 있고, 그것을 깨닫는 것은 꼭 필요한 일이다. 하지만 그렇다고 해서 당신이 이 일을 하면서 시간을 보내고 싶어 한다는 것을 의미하지는 않는다. 다른 사람이라면 시간당 10달러에 해 줄 일을 시간당 20~25달러인 당신의 시간을 써서 한다면, 이것은 간단히 말해 자원을 낭비하는 꼴이다. 다른 사람들이 당신을 위해 일하도록 임금을 지불하는 첫걸음을 내딛는 것은 중요하다. 이렇게 하는 사람은 퍽 드문데, 이것이 바로 이상적인 라이프스타일을 누리는 사람이 별로 없는 또 하나의 이유이기도 하다.

때때로 시간당 비용이 현재 당신이 버는 것보다 높더라도 이런 거래는 해 볼 만한 가치가 있다. 당신이 (오전 9시에서 오후 5시까지, 월요일부터 금요일까지 1년에 50주 동안 일함으로써) 시간당 25달러를 벌어 연간 소득이 50만 달러라고 가정해 보자. 당신이 일류 비서에게 시간당 30달러를 지불해 일주일당 하루치인 8시간을 절약해 준다면, 하루를 더 쉬기 위한 당신의 비용은 (비서 임금에서 당신이 받는 임금을 뺀) 40달러가 된다. 당신이라면 월요일부터 목요일까지만 일하기 위해 일주일에 40달러를 지불하겠는가? 나라면 그렇게 할 것이고 실제로 나는 그렇게 하고 있다. 이 예가 비용 면에서 발생할 수 있는 최악의 상황이라는 것도 잊지 말도록!

하지만 당신 상사가 이 일로 인해 회사 정보가 밖으로 샐까 봐 겁을 먹는다면 어떻게 하겠는가?

이런 문제는 거의 일어나지 않지만 예방하는 것이 뒤늦게 수습하는 것보다는 낫다. 민감하지 않은 업무만 골라 시킨다면, 상사에게 알려야 할 윤리적, 법적 이유는 없어진다. 첫 번째 방법은 개인적 업무를 맡기는 것이다. 시간은 시간이다. 그리고 당신이 다른 일에 쓴다면 더 유용하게 쓸 수 있는 시간을 잡무와 심부름하는 데 쓰고 있다면, 원격 비서에게 대신 일을 시킴으로써 당신의 삶도 개선되고 경영 관리 능력도 향상될 것이다. 두 번째 방법은 재정 정보를 포함하지 않거나 당신 회사를 노출시키지 않는 비즈니스 업무를 위임하는 것이다.

자, 비서 군단을 거느릴 준비가 되었는가? 우선 위임의 부정적인 면부터 살펴보자. 이는 권력을 남용하거나 쓸데없는 행동을 막기 위해 검토하는 것이다.

시작하기 전에 :
위임의 위험성

불합리한 업무를 맡았거나 중요하지 않은 일을 건네받거나, 혹은 가장 비효율적인 방법으로 일하도록 지시 받은 적이 있는가? 이런 일을 하면 재미가 없을뿐더러 생산성도 떨어진다.

이제 당신이 그렇게 어리석지는 않다는 것을 보여 줄 기회이다. 위임은 업무량을 줄이기 위해 사용되어야지, 중요하지 않은 일을 추가해 더 많이 일하게 만드는 핑계거리로 이용해서는 안 된다. 기억하라. 어떤 일이 명확하게 정해져 있지 않거나 중요하지 않다면, 어느 누구도 그 일을 해서는 안 된다.

일을 위임하기 전에 먼저 제거 단계를 거치도록 하라.

없앨 수 있는 일은 자동화하지 말아야 하며, 자동화할 수 있거나 간소화될 수 있는 일까지 위임해서는 안 된다. 그렇지 않으면 당신은 자신의 시간 대신 다른 사람의 시간을 낭비하는 꼴이 되고, 당신이 힘들게 벌어들인 돈을 엉뚱한 곳에 허비하게 된다. 이 정도면 효과적이고 효율적이 되어야 하는 동기로 충분하지 않나? 이제는 당신이 갖고 있는 돈으로 해 보는 것이다. 나는 당신이 앞으로 효과적이고 효율적으로 일하는 데 익숙해졌으면 하는데, 이것은 그렇게 하기 위한 작은 밑거름이다.

일을 위임하기 전에 불필요한 업무는 제거하라고 말했던가?

예를 들어 비서가 이메일을 대신 읽는 것은 중역들 사이에서는 흔한 일이다. 때로 이렇게 하는 것도 가치가 있다. 나는 스팸 메일 차단 기능 필터와 FAQ(자주 묻는 질문에 대한 답변)가 기재된 자동 응답 메일, 아웃소싱 업체 담당자들에게 메일을 자동으로 전달해 주는 기능 등을 이용해 내가 처리해야 할 이메일을 일주일에 10통에서 20통 정도로 제한한다. 이 일을 하는 데는 일주일에 30분 정도밖에 안 걸리는데, 나는 그렇게 되도록 '제거'와 '자동화'라는 시스템을 활용했다.

나는 회의라는 것 자체를 없애 버렸기 때문에 비서에게 회의나 전화 회의 일정을 잡으라고 시킬 필요도 없다. 어떤 달에 20분 남짓한 전화 통화 일정을 잡아야 할 필요가 생기면, 나는 두 문장짜리 이메일을 하나 보내고 끝낸다.

가장 먼저 해야 할 '제1규칙'은 사람들을 더 뽑기 전에 기존 규칙과 업무 과정을 정비하는 것이다. 정비된 공정을 추진하기 위해 사람들을 활용하면 생산량은 몇 배로 늘어난다. 반면에 잘못된 공정에 대한 해결책으로 사람들을 활용하면 문제만 가중될 뿐이다.

어떤 일을
위임할 것인가

자, 이제 필요한 질문은 "어떤 일을 위임해야 하는가?"이다. 솔직히 일하지 않는 것에 대해 쓰는데 뭔 놈의 일거리가 이다지도 끔찍하게 많은가 싶다! 내 원격 비서인 브릭워크 사의 리티카와 YMII 사의 벤키가 이 부분을 쓸 능력이 충분하므로, 나는 단 두 가지 지침만 간단히 말한 후 머리가 터지도록 만드는 세부적인 사항들은 그들에게 일임하겠다.

황금율 1번

위임하는 모든 업무는 시간을 많이 잡아먹으면서도 어떤 일인지가 분명해야 한다. 일의 두서도 없이 목 잘린 닭처럼 정신없이 헤매다가 원격 비서에게 그 일을 하라고 넘긴다면, 상황은 조금도 개선되지 않을 것이다.

황금율 2번

좀 가벼운 얘기로 넘어가, 이 일로 인해 약간의 재미도 있어야 한다. 방
갈로르나 상하이의 누가 당신의 개인 심부름꾼이란 자격으로 당신 친
구들에게 이메일을 보내 점심 약속을 잡거나 이와 비슷한 간단한 일들
을 처리하게 하라. 당신 상사가 낯선 전화를 받아 알아듣기 힘든 억양
의 말투에 시달리게도 해 보자. 효율적이라는 것이 항상 진지해야 한다
는 의미는 아니다. 기분 전환을 위해 통제 가능한 선에서 재미를 누려
라. 나중에 강박관념으로 변하지 않도록 억제되어 있던 마음의 짐을 살
짝 내려놓으라는 말이다.

브릭워크 사가 비즈니스 업무에만 전념하는 반면, YMII 사는 개인적
일과 비즈니스 업무를 모두 수행한다는 사실을 알아 두도록! 중요하긴
하지만 지루한 일을 필두로 해서, 고상한 일에서부터 우스꽝스러운 일
까지 빨리 훑고 넘어가자. 원격 비서에게 어떤 것까지 기대할 수 있는
지 당신이 생생하게 느낄 수 있을 것이다.

벤키 : 스스로를 한계 짓지 마세요. 어떤 일이 가능한지 그냥 우리에
게 물어보시면 됩니다. 우리는 파티를 준비하기도 하고, 출장
연회 업자를 주선하기도 했습니다. 여름 학기 강좌들을 조사
하고, 회계 장부를 정리하는가 하면, 청사진에 기초를 둔 3D
설계도를 만들어 내기도 했습니다. 그냥 우리에게 물어보세
요. 우리는 당신 아들의 생일 파티를 위해 집에서 제일 가까운

어린이 레스토랑을 찾아 비용을 알아내고 생일 파티를 준비할 수도 있습니다. 이런 일을 우리에게 맡김으로써 당신은 일을 하거나 아들과 놀 수 있는 시간을 낼 수 있습니다.

우리가 할 수 없는 일에는 어떤 게 있을까요? 우리가 직접 참석해야 하는 일은 어떤 것도 할 수 없습니다. 하지만 요즘처럼 직접 참석해야 하는 일의 비중이 얼마나 낮은지 알게 되면 당신은 놀라실 겁니다.

우리가 하는 가장 일반적인 업무들은 다음과 같습니다.
●인터뷰와 회의 일정 잡기 ●인터넷 설문 조사 ●약속 잡기나 심부름 업무 ●온라인 구매 ●법률 문서 작성 ●(웹디자인, 출판, 파일 업로드 등) 전문 디자이너가 필요하지 않은 웹사이트 관리 ●온라인 토론에 대한 모니터링, 편집, 댓글 달기 ●인터넷에 구인 광고 올리기 ●문서 작성 ●철자 교정 및 서식 편집 ●블로그 업데이트를 위한 온라인 조사 ●고객 관계 관리 소프트웨어의 데이터베이스 업데이트 ●사원 모집 절차 관리 ●송장 업데이트 및 지불 수령 ●음성 사서함 내용 기록

브릭워크 사의 리티카는 다음과 같은 것을 덧붙이자네요.

●시장 조사 ●재무 조사 ●사업 계획 ●업계 분석 ●시장 평가 보고서 ●프레젠테이션 준비 ●보고서와 뉴스레터 ●법률 문

헌 조사 ●웹사이트 개발 ●검색 엔진 최적화 ●데이터베이스 관리와 업데이트 ●신용 평가 ●조달 과정 관리

벤키 : 우리는 건망증 심한 고객님을 위해 다양한 방법으로 할 일을 상기시켜 드립니다. 고객 맞춤 기획 업무를 하시는 우리 고객님 한 분은 매일 아침 깨워 달라고 하십니다. 탐문 조사를 통해 카트리나 태풍 피해 후 연락이 끊긴 사람들을 찾아 드린 적도 있습니다. 고객님을 위해 직장도 찾아 드렸습니다! 제가 지금까지 한 것 중에서 가장 좋았던 일이 뭐냐 하면, 음, 우리 고객님께서 너무너무 좋아하는 바지가 있었는데 생산 중단으로 살 수 없게 되었답니다. 그분은 바지를 (런던에서) 방갈로르로 보내셨고, 우리는 원래 가격의 몇 분의 일도 채 안 되는 가격으로 똑같은 제품을 만들어 드렸습니다.

YMII 사 고객들이 요청했던 다른 사항들도 있습니다.

- ●과속하지 말고 주차 벌금 고지서를 챙기라고 권하는 한편, 일 하느라 정신없는 고객에게 주차 위반 벌금을 내라고 상기시키기.
- ●고객을 대신해 배우자에게 사과의 뜻으로 꽃과 카드 보내기.
- ●다이어트 계획표를 짜서 정기적으로 고객에게 일깨워 주며, 특정 다이어트 계획에 근거해 식료품 주문하기.
- ●1년 전 아웃소싱으로 업무를 처리하다 직장을 잃은 고객에

게 직장 구해 주기. 우리는 직장을 알아보는 한편, 이력서를
수정하고 자기소개서를 덧붙여 고객에게 30일 안에 새 직장
을 찾아 주었음.

- 스위스 제네바에 있는 주택의 깨진 창문 수리하기.
- 담임선생의 음성 사서함에서 숙제 관련 정보를 모아 (아이 부모
  인) 고객에게 이메일로 보내기.
- 신발끈 묶는 법이 (고객의 아들인) 아이에게 어떤 의미가 있는
  지 조사하기.
- 당신이 여행을 하기도 전에 여행하려는 도시에 있는 주차 공
  간 찾아내기.
- 쓰레기통 주문하기.
- 5년 전 특정한 날, 특정 장소, 특정 시간에 대한 출처가 확실
  한 일기예보 알아내기. 이 정보는 재판의 보조 증거로 사용하
  기 위한 것이었음.
- 고객을 대신해 부모님과 대화하며 놀아 주기.

기본 선택 :
뉴델리냐 뉴욕이냐?

세상에는 수만 명의 원격 비서가 있
다. 어떻게 하면 딱 맞는 원격 비서를 찾을 수 있을까? "도대체 이 세상
어디에서?"라는 질문에서 시작하는 게 도움이 될 것 같다.

멀리서? 아니면 가까이서?

'미국산'이란 단어는 이제 예전과 같은 여운을 주지 않는다. 타임존을 뛰어넘어 제3세계 화폐를 사용하는 것에 대한 찬성 의견은 두 가지 측면 때문이다. 바로 당신이 자는 동안에도 사람들은 일하고 있으며 시간당 비용도 적게 든다는 점이다. 즉 시간 절약과 비용 절약이란 측면이다. 리티카는 시간 절약이란 면을 다음과 같은 예를 통해 설명하고 있다.

> 뉴욕에 있는 고객은 근무 시간이 끝날 무렵 사무실을 나서면서 인도에 있는 원격 개인 비서에게 일을 맡긴다. 다음날 아침 사무실에 출근하면 떡 하니 제안서가 준비되어 있는 것이다! 인도와의 시차 덕분에 비서들은 고객이 잠든 사이 일을 해서 다음날 아침 대령할 수 있다. 고객은 아침에 일어나서 받은 편지함에서 완성된 요약본을 찾아볼 수 있게된다. 또 이 비서들은 고객이 읽고자 하는 글의 내용을 쉽게 파악할 수 있도록 도와주기도 한다.

대부분의 다른 개발도상국과 마찬가지로 인도와 중국의 원격 비서들은 하루 4달러에서 15달러를 받고 일하는데, 제일 저렴한 경우는 간단한 업무로 한정되어 있고, 제일 비싼 경우는 하버드나 스탠포드 MBA나 박사들 수준에 버금가는 것이 포함된다. 기금 마련을 위한 사업 기획서가 필요한가? 브릭워크 사는 1만 5천 달러에서 2만 달러가 아닌 단돈 2천 500달러에서 5천 달러의 비용으로 사업 기획서를 제공할 수 있다. 중요하지 않은 일만 해외에 업무 하청을 주는 것은 아니다. 상위 5대 회계 경영 컨설팅 회사 임원들은 고객에게 조사 보고서 비용을 10만 달러대로 청구하고는, 인도에 1천 달러대의 낮은 가격으로 하청을 준다는 사실을 나는 직접 들어서 알고 있다.

미국과 캐나다에서는 시간당 임금이 대개 25달러에서 100달러 사이이다. 누가 봐도 뻔한 선택처럼 보이지 않는가? 방갈로르를 선택해야 하는 이유가 명백해 보이지 않는가? 하지만 그렇지는 않다. 의미 있는 기준은 완성된 업무당 비용이지 시간당 비용이 아니다.

해외에서 도움을 받을 때 가장 힘든 점은 언어 장벽이다. 이로 인해 의사소통을 하는 시간이 몇 배씩 걸려 결과적으로 비용도 높아지게 된다. 처음 인도인 원격 비서를 고용했을 때, 나는 세 가지 단순한 업무를 처리하는 데 시간 상한선을 정하지 않음으로써 초보적인 실수를 저질렀다.

나중에 확인해 보니 그는 23시간 동안 엄청 바쁘게 일했다는 것을 알게 되었다. 하지만 그는 다음 주로 예정된 임시 인터뷰 일정을 단 하나 잡아 놓았을 뿐이었다. 그것도 엉뚱한 시간에!!! 믿을 수가 없었다. 23시간이라고? 결국 1시간에 10달러씩 해서 230달러가 들었다. 나중에 똑같은 일을 영어를 모국어로 하는 캐나다인에게 맡겼는데, 시간당 25달러씩 해서 2시간 만에 끝났다. 50달러로 4배 이상의 결과를 낸 것이다! 그 후 나는 같은 회사에 원어민 정도의 성과를 올 수 있는 다른 인도인 원격 비서를 요청했다.

그럼, 누구를 선택해야 하는지 어떻게 알 수 있을까? 재미있는 사실은 알 수 없다는 것이다. 누구를 고용하고 누구를 해고할지 정하는 것은 당신의 의사소통 능력을 갈고 닦으면서 몇 명의 비서를 테스트해 보아야 알 수 있는 문제이다.

여기서 몇 가지 교훈을 얻을 수 있다.

첫째, 시간당 비용은 고려해야 할 결정적인 요소가 아니라는 점이다. 중요한 것은 업무당 비용이다. 만약 당신이 원격 비서에게 업무에 대해 몇 번씩 말해야 하고 더군다나 감독까지 해야 한다면, (앞 장에 나왔던 당신의 시간당 임금을 사용해) 당신이 빼앗기는 시간까지 측정해 업무의 최종 비용에 더해야 한다. 그 비용은 놀라울 것이다. 세 나라에 당신을 위해 일하는 일꾼들이 있다고 말하는 것 자체는 근사할지 몰라도, 당신의 삶을 더 편안하게 만들어 주어야 할 사람들을 돌보느라 시간을 쓰는 것은 그리 재미없는 일이다.

둘째, 길고 짧은 건 대봐야 안다는 점이다. 시도해 보지도 않고 당신에게 배정된 원격 비서와 함께 얼마나 일을 잘할지 예측하는 것은 불가능하다. 다행스럽게도 이 가능성을 높일 수 있는 방법이 있는데, 그중 하나가 바로 혼자 일하는 원격 비서 대신 원격 비서 회사를 이용하는 것이다.

개인 대 지원팀

완벽한 원격 비서를 구했다고 가정해 보자. 당신은 그가 중요하지 않은 업무를 몽땅 대신해 주고 있어서 태국으로 모처럼 휴가를 떠나기로 결심했다. 당신이 기분 전환을 할 수 있도록 옆에 있는 누군가가 계속 일을 해 주고 급한 불도 꺼 준다는 사실은 참으로 기분 좋은 일이다.

마침내 찾아온 휴식이라고나 할까? 하지만 당신이 방콕에서 푸켓으로 가는 비행기를 타기 2시간 전, "당신의 원격 비서가 일을 다하지 못하고 다음 주에 병원에 입원하게 되었습니다."라는 이메일을 한 통 받는다. 슬픈 소식이다. 이로써 휴가는 완전 엉망진창이 되어 버린 것이다.

나는 한 사람에게 의존하는 것을 좋아하지 않으며, 절대로 그렇게 하지 말라고 당부한다. 첨단 기술 세계에서는 이런 종류의 의존 방식을 '단일 지점 오류Single point of failure'라고 한다. 즉 이것에 의해 다른 모든 것들의 작동 여부가 달려 있는 가장 취약한 지점이라는 뜻이다. 정보 기술 업계에서 '예비redundancy'라는 단어는 시스템 판매 시 강조되는 중요한 요소로, 시스템 일부분에 기능 장애나 기계적 결함이 발생했을 때도 대체 시스템을 이용해 계속 가동되는 것을 의미한다. 원격 비서란 상황에서의 예비는 여분의 지원 인력이 있다는 것을 뜻한다.

혼자 일하는 원격 비서보다는 원격 비서 업체나 지원 인력이 있는 원격 비서를 고용하는 것이 좋다. 물론 수십 년 동안 비서 한 명만 두고도 사고 한 번 없었던 사람들의 사례는 차고 넘친다. 하지만 이런 경우는 관례라기보다는 예외적인 경우이다. 나중에 후회하는 것보다 미리 조심하는 게 낫다. 그룹 구조는 단순히 곤경을 막아 주는 것 외에도 능력 있는 새 사람을 찾는 수고를 하지 않고도 당신이 여러 가지 업무를 맡길 수 있는 인재 풀을 제공한다. 브릭워크 사와 YMII 사는 모두 이런 식의 구조를 갖고 있는 좋은 예이다. 이 회사들은 한 명의 개인 매니저를 지정해 당신이 연락할 단일한 창구를 마련해 주는데, 이 매니저는 그 그룹이나 다른 교대 그룹을 통틀어 가장 능력 있는 사람에게 당신의 업무를 맡긴다. 그래픽 디자인이 필요한가? 책임져 준다. 데이터베이스 관리가 필요한가? 이것도 책임져 준다. 나는 일의 성격에 따라 여러 사람에게 직접 연락해서 조정하는 식으로 일하고 싶지는 않다. 나는 한꺼번에 다 처리할 수 있는 게 좋다. 그렇게 하기 위해서 기꺼이 10퍼센트를 더 지불할 용의도 있다. 나는 당신도 나처럼 큰돈에서는 현명하게 굴고 푼돈에서는 좀 바보같이 굴기를 권한다.

그런데 그룹을 선호한다는 게 큰 회사일수록 좋다는 뜻은 아니다. 단지 한 사람보다는 여러 사람이 낫다는 말이다. 지금까지 내가 만난 최고의 원격 비서는 5명의 보조 인력을 둔 인도인이었다. 3명은 좀 많은 것 같고, 조수를 2명 정도 두는 게 일하기 딱 좋다.

가장 큰 두려움 : "자기야, 중국에서 포르셰를 샀다구?"

아마도 당신은 걱정스런 대목이 있을 것이다. AJ도 그랬다.

나의 아웃소싱 담당자들은 이제 놀라울 정도로 나에 대해 많이 안다. 내 일정뿐만 아니라 콜레스테롤 수치, 불임 문제, 사회보장번호, (특히 유치한 욕으로 된 것을 포함한) 내 패스워드 등등. 때때로 나는 아웃소싱 담당자들을 열 받게 하면 안 될 것 같아 조심스럽다. 그렇게 했다가는 아난타푸르에 있는 루이비통 상점에서 1만 2천 달러의 마스터카드 청구서가 날아올지도 모를 일이다.

그래도 금융이나 기밀 관련 정보를 남용하는 경우는 극히 드물다는 점은 다행스럽다. 이 글을 쓰기 위해 했던 인터뷰에서 나는 딱 한 건의 정보 남용 사례를 확인할 수 있었다. 그것도 아주 오랜 시간 샅샅이 조사하고 나서야 겨우 찾을 수 있었던 것이다. 이 건은 미국에 있는 원격 비서가 너무 과로한 나머지 업무를 마무리 짓는 마지막 단계에 프리랜서를 고용했다가 생긴 일이었다.

다음과 같은 사항들을 꼭 기억하라. 절대로 신규 인력은 쓰지 마라. 또 작은 회사의 원격 비서들이 당신의 서면 허가 없이 검증되지 않은 프리랜서에게 하청 주는 것도 금해야 한다. 아래에 있는 브릭워크 사와 같이 탄탄하고 최고 수준을 지향하는 회사들은 과도할 정도의 보안 대책을 갖추고 있어서 위반했을 경우 정보 남용자가 누구인지 쉽게 알아낼 수 있다. 그럼 보안 대책의 내용을 한번 보자.

- 직원들은 신원 조회를 거치며, 고객 정보의 기밀을 유지한다는 회사 정책에 따라서 비밀 유지 계약에 서명한다.
- 출입 시 전자 출입증을 사용한다.
- 신용카드 정보는 선별된 관리자만 다루게 한다.
- 사무실에서 문서를 가지고 나가는 것을 금한다.
- VLAN에 기반을 두고 서로 다른 팀 간의 접근을 제한한다. 이것은 인가 받지 않고는 조직 내 서로 다른 팀원들 사이에 정보 접근이 불가능하도록 해 준다.
- 프린터 로그에 대해 정기적으로 보고한다.

- 플로피 드라이브와 USB 포트는 사용할 수 없게 만든다.
- 국제 보안 규격에 맞는 BS779 인증을 획득한다.
- 모든 데이터 교환에는 128비트 암호화 기술을 사용한다.
- VPN 접속의 안전을 보장한다.

나는 신중을 요하는 데이터가 당신 컴퓨터에 있을 때보다는 브릭워크 사에서 다룰 때 100배는 더 안전할 가능성이 높다고 장담한다.

그렇지만 디지털 세계에서 정보 유출은 피할 수 없으므로 예방책을 마련하고 수습책을 세워 두어야 한다. 손실을 최소화하고 빠른 복구를 위해서 내가 사용하는 규칙은 다음과 같다.

1. 온라인 거래를 하거나 원격 비서들과 일을 처리할 때는 절대로 현금카드를 사용하지 않는다. 불법적으로 사용한 신용카드 청구 금액, 특히 아메리칸익스프레스 카드로 사용한 금액을 취소시키는 것은 힘도 안 들고 거의 바로 처리된다. 반면 현금카드를 불법적으로 사용해 계좌에서 빠져나간 돈을 되찾으려면 서류 작업만도 수십 시간이 걸리고, 설사 환불이 승인된다 해도 돌려받는 데 또 몇 개월씩 걸릴 수 있다.

2. 만약 원격 비서가 당신을 대신해 각종 웹사이트에 접속한다면, 그 사이트에서만 쓸 새로운 아이디와 패스워드를 만들도록 하라. 대부분의 사람들은 여러 사이트에서 같은 아이디와 패스워드를 사

용하는데, 이와 같은 예방 조치를 취함으로써 일어날 수 있는 손실 가능성을 줄일 수 있다. 필요하다면 원격 비서들에게 이 새로운 아이디를 사용해 사이트에서 새 계정을 만들도록 하라. 이 방법은 특히 실시간으로 상업용 웹사이트에 접속하는 비서들(개발자, 프로그래머 등)을 다룰 때 중요하다는 것을 유념하라.

아직 당신에게 정보나 신원 유출이 일어나지 않았더라도 언제라도 발생할 수 있는 일이다. 위와 같은 지침에 따르면 개인 정보 유출 사고가 일어난다 해도 별로 심각한 일이 아니며, 원래대로 되돌리는 것은 큰 일도 아니다. 대부분의 악몽 같은 일이 그러하듯이 말이다.

공통된 불만 :
단순성이라는 복잡한 기술

　　　　　　　　　내 비서는 멍청이다! 인터뷰 하나 잡는 데 23시간이나 걸렸으니 말이다! 이것은 내가 가졌던 첫 번째 불만이었다. 23시간이라니! 나는 소리를 지르며 싸울 정도로 격해 있었다. 이 문제의 비서에게 내가 보낸 첫 이메일은 그런대로 명확한 것처럼 보였다.

　압둘 씨에게.
　다음 주 화요일이 마감인 첫 번째 임무는 다음과 같습니다. 질문이 있으면 전화나 이메일로 연락 주세요.

1. http://www.msnbc.msn.com/id/12666060/site/newsweek/의
   기사에 나온 캐롤 밀리건과 마크 제켈리, 줄리 제켈리의 전화, 이메
   일 및 웹사이트 주소를 찾아 주세요. 또 http://www.msnbc.msn.
   com/id /12652789/site/newsweek/ 기사에 있는 롭 통에 대해
   서도 똑같은 정보를 찾아 주시기 바랍니다.

2. 캐롤, 마크, 줄리, 롭과 각각 30분간의 인터뷰를 잡아 주세요. www.
   myevents.com (아이디: notreal, 패스워드: donttryit) 사이트를 이용해 내
   캘린더에 인터뷰 일정을 기입해 주시면 됩니다. 시간은 동부 시간
   으로 다음 주 오전 9시에서 오후 9시 사이면 아무 때나 좋습니다.

3. 상사의 반대를 무릅쓰고 원격 근무 계약을 성사시킨 미국 내 직
   장인들의 이름과 이메일, 전화번호(이것은 그리 중요하지 않습니다.)를 찾
   아 주세요. 미국 외 지역을 여행한 사람들이 이상적입니다. 또 다
   른 키워드로는 '재택근무' 및 '재택 컴퓨터 근무'가 포함될 수 있겠
   군요. 여기서 가장 중요한 점은 그들이 완고한 상사와 협상했는가
   라는 것입니다. 내게 그들의 프로필로 갈 수 있는 링크를 보내 주
   거나, 그들이 위의 프로필에 적합한 이유를 설명한 짧은 글을 써
   서 보내 주세요.

당신의 능력을 확인하게 되기를 기대합니다. 이해가 가지 않는 점이
나 질문 있으면 이메일 주세요.

팀

사실 잘못은 나에게 있었다. 이것은 첫 번째 요구로 알맞은 글이 아
니며, 나는 글을 쓰기도 전부터 결정적인 실수를 저질렀다. 만약 당신
이 유능한 사람이더라도 명령을 내리는 데 익숙하지 않다면, 초기에 생

기는 대부분의 문제는 당신 잘못이라고 생각하라. 곧장 다른 사람에게 비난의 화살을 돌리면서 야단법석을 떨고 싶겠지만, 초보 사장들 대부분은 내가 했던 것과 같은 실수를 반복한다. 그 실수는 이렇다.

1_ 나는 회사가 제공한 첫 번째 사람을 받아들였으며, 애초부터 무슨 특별한 요구도 하지 않았다.

영어 능력이 '탁월한' 사람을 요청하고, (설령 필요하지 않더라도) 전화 통화 업무가 가능해야 한다고 말하라. 만약 반복적으로 의사소통에 문제가 발생하면 되도록 빨리 원격 비서를 교체해 달라고 요청한다.

2_ 나는 부정확한 지시를 내렸다.

나는 인터뷰를 잡아 달라고만 했지 이 인터뷰가 글을 쓰기 위한 것이라고는 말하지 않았다. 그는 이전 고객과 작업한 경험을 바탕으로 내가 누군가를 고용하려 한다고 생각해, 엑셀 프로그램으로 표를 만들거나 필요하지도 않은 추가 정보를 찾기 위해 온라인 구인 구직 사이트를 샅샅이 뒤지는 데 시간을 허비했다.

일을 시키기 위해서는 문장은 한 가지로만 해석되도록 써야 하고, 초등학교 2학년 정도의 독해 수준에 맞추는 것이 좋다. 이것은 원어민 원격 비서에게도 마찬가지로 적용되는 것으로, 이렇게 해야 요청 사항이 좀 더 분명해지기 때문이다. 고급 단어는 불명확한 의미를 내포하는 경우가 많다.

이해 가지 않는 점이나 질문이 있으면 말하라고 내가 요청한 것에 주목해 보자. 이 방식은 잘못된 것이다. 외국인 원격 비서들이 일을 시작하기 전에 제대로 이해하고 있는지 확인하기 위해서는 주어진 업무를 다른 말로 풀어 써 보라고 그들에게 요청해야 한다.

3_ 나는 그에게 시간을 낭비하도록 허용해 준 셈이다.

이 문제는 이런 상황을 막기 위해 어떻게 해야 하는지 되짚어 보게 한다. 일을 맡긴 지 몇 시간 후 업무를 제대로 이해했는지, 그리고 할 수 있는지 확인하기 위해 업무 상황을 업데이트하라고 요구하라. 어떤 업무는 시작하자마자 불가능하다는 것을 알게 된다.

4_ 나는 마감시한을 일주일이나 주었다.

파킨슨 법칙을 사용해 72시간 내에 끝내야 하는 업무만 맡겨라. 나는 마감시한이 48시간일 때와 24시간일 때 가장 좋은 결과를 얻은 경험이 있다. 이 점이 바로 한 명의 개인 비서보다 (3명이나 그 이상의) 작은 그룹을 쓰는 게 나은 또 다른 이유이기도 한데, 개인인 경우는 여러 명의 고객으로부터 막판 요구 사항을 받아 무리하게 일을 할 수도 있기 때문이다. 마감시한을 짧게 주라는 것이 (예를 들어 사업 기획 같은) 큰 규모의 업무를 맡기지 말라는 뜻은 아니다. 단, 그 업무를 (전체 개요, 각 장별 경쟁 관계 조사 요약 등) 주요 단위별로 나누어 짧은 시간 안에 완성될 수 있도록 하라는 것이다.

5_ 나는 그에게 많은 업무를 맡기면서도 중요도 순서를 정해 주지 않았다.
나는 되도록 한 번에 한 가지 업무를 맡기라고 권한다. 이것은 컴퓨터
가 20개의 창과 응용프로그램을 한꺼번에 열어 놓으면 먹통이 되는 것
과 같은 이치이다. 당신 비서에게 똑같은 일이 벌어지게 하고 싶다면,
우선순위도 정하지 않고 그냥 다짜고짜 업무를 맡겨라. "위임하기 전에
제거하라."는 우리의 주문을 기억하라!

그럼, 원격 비서에게 보내는 바람직한 업무 이메일은 어떤 식으로 써
야 할까? 다음 예는 최근에 인도인 원격 비서에게 보냈던 업무 이메일
로, 그는 매우 훌륭한 성과를 올렸다.

소미아에게.

고맙습니다. 다음과 같은 업무부터 시작하고 싶군요.

업무 : 미국 내 남성지(예를 들어 맥심, 스터프, GQ, 에스콰이어, 블렌더 등) 편집
자들 중 책을 쓴 사람들의 이름과 이메일을 알고 싶습니다. 이런 사람
의 예로는 『에스콰이어』지의 편집 위원인 AJ 제이콥스가 있겠죠(www.
ajjacobs.com). 이 사람에 대한 정보는 이미 가지고 있으니, 그와 비슷한
사람들에 대한 정보가 더 필요합니다.

이 일을 해 주실 수 있나요? 할 수 없다면 알려 주세요. 그리고 이 일
을 맡는다면 어떻게 할 계획인지 확인 후 답장을 주시기 바랍니다.

마감시한 : 서둘러야 하는 상황이므로 제 이메일에 대한 답을 주신 후
즉시 업무에 착수하고, 3시간 동안 일한 다음 어느 정도 진척됐는지 그
결과를 알려 주세요. 가능하다면 지금 당장 일을 시작해 주시기 바랍니
다. 3시간 동안 하는 업무의 마감시한과 그 업무에 대한 결과 보고는 동

부 시간으로 월요일 퇴근 전까지입니다.

빠른 답변을 주시면 감사하겠습니다.

팀

짧고 친절하면서도 핵심을 찌르는 글이다. 명쾌한 글, 나아가 명쾌한 업무 지시는 명쾌한 생각에서 나온다. 단순하게 생각하라.

자동화의 세계에서는 모든 사업 모델이 동일하게 창조되는 것은 아니다. 어떻게 하면 손가락 하나 까딱 하지 않고도 사업을 잘 아우르며 모든 부분이 조화롭게 움직이도록 할 수 있을까? 어떻게 하면 흔히 발생하는 문제를 피하면서 은행 계좌에 현금이 착착 쌓이도록 할 수 있을까? 이를 위해서는 정보의 흐름을 살짝 피하는 기술이자 우리가 앞으로 '뮤즈Muse'라고 부르게 될 방식을 이해함으로써 가능하다.

수입 자동화
과정 1

뮤즈를 찾아서

방법은 백만 가지도 넘지만 원리라고 할 수 있는 것은 거의 없다. 원리를 이해하는 사람은 무수한 방법 중에서 자신만의 방법을 제대로 골라 낼 수 있다.

-랄프 왈도 에머슨

미니멀리스트
르네상스

어느 아름다운 여름날, 더글러스 프라이스는 브루클린 브라운스톤에 있는 그의 집에서 또 다른 아침을 맞았다. 제일 중요한 일부터 먼저 해야 한다. 바로 커피를 마시는 일! 2주 동안 크로아티아섬 여행을 마치고 막 돌아왔다는 것을 감안하면, 시차로 인한 피로는 그다지 심한 편은 아니었다. 크로아티아는 그가 지난 12개월 동안 방문한 여섯 나라 중 하나로 다음 여행지는 일본이 될 것 같다.

커피 잔을 손에 들고 미소를 띠면서 그는 매킨토시 컴퓨터로 어슬렁거리며 다가가 먼저 개인용 이메일을 확인하였다. 메시지가 32통 도착해 있었는데 모두 다 좋은 소식들이었다.

그의 친구이자 사업 파트너인 라임와이어의 공동 설립자가 정보를 업데이트해 보내 왔다. 다시 고안된 P2P(파일 공유) 기술의 출발인 신규 서비스 '라스트 뱀부'가 개발의 막바지에 이르렀다는 것이다. 이 서비스는 수십억 달러에 이르는 대박이 될 수도 있지만, 더글러스는 일단 엔지니어들이 마음대로 하게 내버려 두었다.

보스턴에서 가장 잘 나가는 현대 예술 갤러리 중 하나인 샘슨 프로젝트는 더글러스의 최근 작업에 대해 칭찬하면서 새 전시회에 그들의 음향 큐레이터로 더 폭넓게 참여해 달라고 요청하였다.

받은 편지함에 들어 있던 마지막 이메일은 '악마 박사' 앞으로 보낸 팬레터로, 그가 최근에 낸 힙합 앨범 〈온라인즈 6.0.1〉에 대한 찬사의 글이었다. 더글러스는 이 앨범을 그가 '오픈 소스 음악'이라고 이름 붙인 형태로 발매하였는데, 이는 누구든지 무료로 앨범을 다운 받을 수 있고, 작곡된 음악 중 모든 트랙의 소리를 마음대로 사용할 수 있는 형태의 음악을 가리켰다.

그는 다시 씩 웃고 나서 남은 원두커피를 재빨리 마시고는 이번에는 사무용 이메일을 처리하기 위해서 창을 띄웠다. 이건 개인용 이메일을 확인하는 것보다도 시간이 더 적게 들 터였다. 실제로 그날은 30분도 채 안 걸렸고, 그 주를 통틀어서는 2시간 정도 걸린 듯했다.

받은 편지함에는 사운드 라이브러리, 즉 영화 제작자, 음악가, 비디오 게임 디자이너 및 다른 음향 관련 전문가들로부터 10건의 CD 주문이 들어와 있었다. 그들은 이 CD에 든 (여우원숭이의 그르렁거리는 소리든 이국적인 악기 소리든) 구하기 힘든 소리를 자기 작품에 삽입해 이용한다. 이것은 더글러스의 제작물이지만 그렇다고 직접 소유하고 있는 것은 아니다. 왜냐하면 직접 소유하려면 선불로 구입해 실제로 재고를 갖고 있어야 하는데, 그의 사업 모델은 이보다는 격조가 높다. 그럼 여기서 수익의 흐름을 살펴보자.

1. 잠재 고객이 구글이나 다른 검색 엔진에서 그의 클릭당 지불pay-per-click, PPC이라는 광고를 보고 클릭해 그의 사이트인 www.prosoundeffects.com으로 들어온다.

2. 잠재 고객이 야후 쇼핑 카트에서 325달러(이는 제품의 평균 판매가로 제품의 가격은 29달러에서 7천 500달러까지이다.)짜리 제품을 주문하면, 지불과 배송 관련 정보가 담긴 PDF 파일이 자동적으로 더글러스의 이메일로 간다.

3. 더글러스가 일주일에 세 번 야후 관리 페이지에서 버튼을 클릭하면, 고객의 신용카드로 청구가 들어가서 더글러스의 은행 계좌로 현금이 입금된다. 그런 다음 그는 엑셀 구매 주문서를 PDF 파일로 저장한 뒤 그것을 CD 라이브러리 제조 회사에 이메일로 보낸다. 이 회사는 더글러스의 고객들에게 제품을 직접 발송하는데, 이러한 과정을 드롭 쉬핑drop shipping이라고 부른다. 더글러스는 90일 안에 제조 회사에 제품 소매가의 45퍼센트를 지불한

다. (90일 할인 조건)

최상의 결과를 위해서 그의 시스템이 가진 수학적 아름다움에 대해 살펴보자.

325달러 주문 한 건에 대해 그에게는 소매가의 55퍼센트가 떨어지므로, 더글러스는 1장당 178달러 75센트를 챙기는 셈이다. 야후 스토어 거래 수수료로 전체 소매가에서 1퍼센트(325달러의 1퍼센트는 3달러 25센트)를 빼고 신용카드 처리 수수료로 다시 2.5퍼센트(325달러의 2.5퍼센트는 8달러 13센트)를 제하면, 이번 판매 한 건으로 더글러스에게는 세전 수익 167달러 38센트가 떨어진다.

여기에 오늘 주문 건수인 10을 곱하면 30분간의 작업에 대한 수익으로 1천 673달러 80센트를 얻게 되는 것이다. 이렇게 계산하면 더글러스는 시간당 3천 347달러 60센트를 버는 셈인데, 더 중요한 것은 제품을 미리 사서 쟁여 둘 필요가 없다는 점이다. 그가 창업하는 데 든 돈은 웹 페이지 디자인을 하기 위해 쓴 1천 200달러로, 이 비용은 첫 주에 벌써 회수되었다. 그는 클릭당 지불 광고로 월간 약 700달러를 지출하고, 야후에 호스팅 비용과 쇼핑 카트 비용으로 월간 99달러를 지불한다.

그는 일주일에 2시간도 채 일하지 않으면서 월 1만 달러는 족히 넘게 번다. 그러면서도 재정적 위험은 감수할 필요가 전혀 없다.

이제 더글러스는 음악을 만들고, 여행을 하고, 자극을 얻기 위해 새로운 비즈니스를 모색하며 시간을 보낸다. Prosoundeffects.com은 '그의 인생에서 가장 중요한 것은' 아니지만, 재정적으로 걱정할 필요 없이 다른 일에 집중할 수 있도록 마음을 자유롭게 해 주었다.

돈 걱정을 할 필요가 없다면 당신은 무슨 일을 하겠는가? 이 장에 나온 조언을 따른다면, 당신은 곧 그 해답을 찾게 될 것이다.

이제 당신의 뮤즈를 만날 때가 왔다.

100만 달러를 버는 데는 백만 가지도 넘는 방법이 있다. 독점 판매권을 주는 것에서부터 프리랜서로 컨설팅을 해 주는 것에 이르기까지 그 방법은 끝이 없을 정도이다. 하지만 다행스럽게도 대부분의 방법은 우리의 목적에 부합하지 않는다. 이 장은 기업을 경영하려는 사람들을 위한 것이 아니라 기업을 소유는 하되 사업하는 데 시간을 빼앗기고 싶지 않은 사람들을 위한 것이다.

이런 개념을 소개할 때 대개는 공통적으로 '설마?' 하는 반응을 보인다.

사람들은 엄청 성공한 전 세계 회사들의 대부분이 제품을 직접 생산하지 않고, 걸려오는 전화에 직접 응대하지 않으며, 제품을 직접 발송하지도 않고, 고객들에게 직접 서비스를 하지 않는다는 사실을 믿을 수 없어 한다. 하지만 실제로 수백 개의 회사가 다른 누군가를 위해 일하는 듯 존재하면서 이와 같은 기능을 하고 있으며, 이런 회사를 어디에서 찾으면 되는지 아는 사람들은 누구나 이들로부터 인프라를 임대 받을 수 있다.

당신은 마이크로소프트가 X박스 360을 생산하고, 코닥이 디지털 카메라를 디자인하고 유통시킨다고 생각하는가? 다시 한 번 추측해 보라.

실은 싱가포르에 기반을 둔 제조업체로 30개국에 소재지를 두고 연매출이 153억 달러인 플렉스트로닉스가 이 두 가지를 다 만들고 있다. 미국에서 가장 유명한 산악자전거 브랜드들도 모두 중국 내 서너 개의 공장에서 생산되고 있다. 수십 개의 콜 센터 전문 회사들은 이쪽 버튼을 눌러 전 세계 JC페니로 걸려 오는 전화를 받고, 저쪽 버튼을 눌러 전 세계 델컴퓨터로 걸려 오는 전화를 받으며, 그리고 또 다른 버튼을 눌러 나 같은 뉴리치들의 회사에 걸려 오는 전화를 받아 준다.

이런 과정은 대단히 투명하고 또 저렴하게 이루어진다.

하지만 우리가 이와 같은 가상 구조를 구축하기 전에 우선은 판매할 제품이 필요하다. 만약 당신이 서비스 사업체를 소유하고 있다면, 이 부분은 당신 회사의 전문적 기술을 배송 가능한 내구 소비 제품으로 전환시킬 수 있게 도와줄 것이다. 서비스 사업이 가진 시간당 기반 모델로서의 한계에서 벗어날 수 있도록 말이다. 만약 당신이 아무것도 없는 상태에서 시작하는 거라면, 당분간 서비스 사업은 하지 않는 게 좋다. 서비스 사업은 고객과 지속적으로 접촉해야 하므로 당신이 자리를 비우는 게 어렵기 때문이다.

사업 분야를 좀 더 좁혀 보자면 우리가 목표로 하는 제품은 테스트 비용이 500달러를 넘어서는 안 되고, 자동화까지의 기간이 4주 안에 이루어질 수 있어야 하며, 제대로 잘 돌아가기 시작한 후에는 관리하는 시간이 일주일에 하루를 넘어서는 안 된다.

이 사업이 바디숍이나 파타고니아처럼 세상을 변화시키는 데 이용될 수 있을까? 가능하긴 하다. 하지만 이것은 이 책에서 우리의 목표는 아니다.

이 사업이 주식 상장이나 기업 매각을 통해서 현금화될 수 있을까? 이것도 가능하긴 하다. 하지만 이것도 이 책에서 말하려는 우리의 목표는 아니다.

우리의 목표는 명료하다. 시간을 많이 들이지 않고도 자동화된 돈벌이 수단을 만들어 내는 것이다. 바로 이거다! 나는 이런 수단을 '뮤즈'라고 부르겠다. 레모네이드 가판대에서부터 『포춘』지 선정 10대 석유 재벌에 이르기까지 다 뭉뚱그려 지칭할 수 있는 '사업'이라는 애매모호한 단어에서 분리해 생각할 수 있도록 말이다. 우리의 목표는 좀 더 뚜렷하기 때문에 더 정확한 이름이 필요한 것이다.

그러므로 현금과 시간을 만들어 내는 가장 중요한 일부터 먼저 하자. 이 두 가지 수단만 있으면 다른 모든 일이 가능하다. 이 두 가지가 없다면 할 수 있는 건 아무것도 없다.

마음속에 목표를 가지고
시작해야 하는 이유

사라는 들떠 있었다. 그녀가 만든 유머러스한 골프 티셔츠를 온라인에서 판매하기 시작한 지 2주가 되었는데, 장당 15달러의 가격으로 하루 평균 5장이 팔리고 있었다. 이 티셔츠는 장당 생산 원가가 5달러이고 고객이 배송비를 지불하기 때문에, 그녀는 하루에 50달러의 순이익(신용카드 수수료 3퍼센트를 빼야 함)을 올린 셈이다. 그녀는 곧 초기 주문 300장으로 (도판 비용과 초기 비용 등을 포함한) 경비를 회수할 수 있을 것이다. 하지만 그녀는 좀 더 벌고 싶었다.

첫 제품이 겪은 운명을 생각할 때 이것은 꽤 괜찮은 반전이었다. 그녀는 예전에 (육아 경험이 없었는데도) 1만 2천 달러나 들여 초보 엄마들을 위한 첨단 유모차를 개발해 특허를 내고 생산을 했지만 아무도 관심을 보이지 않았다.

반면에 티셔츠는 실제로 팔리고 있었다. 하지만 판매 속도가 주춤한 상태였다.

현재 그녀의 온라인 판매는 있는 거라곤 돈밖에 없는 무식한 경쟁 업체들이 광고비를 엄청 써대며 비용을 높이는 바람에 한계에 부딪힌 것처럼 보였다. 그런 와중에 그녀는 어떤 생각이 번쩍 떠올랐다. 바로 소매점 판매였다!

지역 골프 전문점 매니저인 빌에게 연락하였더니 그는 셔츠를 판매하는 데 곧바로 관심을 보였다. 사라는 감격스러웠다.

빌은 도매가로 통상적인 수준인 최저 40퍼센트의 할인을 요청하였다. 이렇게 하면 판매가는 이제 15달러가 아니라 9달러가 되고, 순이익도 10달러에서 4달러로 떨어지게 될 터였다. 사라는 한번 해 보기로 결정하였다. 그러고는 주변 도시의 다른 가게 세 군데와도 똑같은 계약을 맺었다. 셔츠는 날개 돋친 듯 팔렸다. 하지만 그녀는 곧 송장을 처리하고 부수적인 관리 업무에 쓰는 가외의 시간이 얼마 되지도 않는 수익을 까먹는다는 사실을 깨닫게 되었다.

그녀는 노동 강도를 줄이기 위해 배송 창고 역할도 하면서 여러 생산

업체의 제품을 전국의 골프 전문점에 판매하는 유통 업체와 접촉하기로 결심하였다. 이 유통 업체 또한 제품에 관심을 갖고 그들이 평소 납품 받는 가격인 소매가에서 70퍼센트 할인한 4달러 50센트에 제품을 달라고 요청해 왔다. 사라는 이렇게 하면 티셔츠 장당 50센트씩 적자가 나기 때문에 거절할 수밖에 없었다.

설상가상으로 4개의 지역 골프 전문점들은 경쟁을 하느라 그녀의 티셔츠를 벌써 할인해 팔기 시작했는데, 그것은 결국 제 살 깎기 경쟁이었다. 2주 후 재주문이 사라졌다. 사라는 풀이 죽은 채 소매점 판매를 포기하고 자신의 웹사이트로 되돌아왔다. 경쟁이 가열되면서 온라인 판매는 거의 바닥으로 떨어져 버렸다. 그녀는 초기 투자 비용도 회수할 수 없었고, 차고에는 50장의 셔츠가 그대로 재고로 남아 있었다.

참 안된 일이다. 적절한 테스트와 계획만 세웠더라면 모두 다 막을 수 있었는데 말이다.

'크레아틴 씨'라는 닉네임으로 알려진 에드 버드는 사라와는 경우가 다르다. 그는 모든 게 다 잘 되리라는 생각으로 투자하거나 낙관하지 않는다.

샌프란시스코에 기반을 둔 그의 회사 MRI에서는 2002년에서 2005년까지 스포츠 보조제 가운데 미국에서 가장 많이 팔린 NO2를 생산한다. 수십 가지 모방 제품에도 불구하고 NO2는 여전히 가장 많이 팔리고 있는데, 이는 적절한 테스트와 현명한 제품 포지셔닝 및 훌륭한 유통 체계를 통해 이룬 것이다.

MRI는 제품을 생산하기 전에 우선 남성 건강 잡지에 4분의 1쪽짜리 광고를 해서 제품과 관련된 저렴한 가격의 책을 판매하였다. 그들은 책 주문이 엄청난 것을 보고 일단 제품에 대한 수요를 확인하였다. 그 후 79달러 95센트라는 어마어마한 가격을 책정하여 NO2를 프리미엄 제품으로 시장에 포지셔닝하였고, 전국의 GNC 스토어를 통해서만 독점 판매하였다. 다른 어떤 곳에서도 판매를 허락하지 않고서 말이다.

거래를 마다하는 것을 어떤 식으로 이해하면 좋을까? 사실 이렇게 하는 데는 그럴만한 이유가 있다.

첫째, 경쟁하는 판매 대행업체의 수가 많으면 많을수록 제품은 더 빨리 단종된다. 이것이 사라가 저지른 실수 중 하나였다.

예를 들면 이렇다. 판매 대행업체 A는 광고한 가격인 50달러로 판매를 한다. 그러면 판매 대행업체 B는 A와 경쟁하기 위해서 45달러에 판매하게 되고, 판매 대행업체 C는 A, B와 경쟁하기 위해서 40달러에 판매한다. 이렇게 되면 눈 깜짝할 사이에 이 제품을 팔아서는 어떤 판매 대행업체도 이윤을 얻지 못하게 되고, 결국 재주문은 물 건너가는 것이다. 고객들은 이제 가격을 할인해 사는 데 익숙해졌기 때문에 이러한 흐름을 되돌릴 수 없게 된다. 결국 제품은 팔리지 않게 되고 당신은 새 상품을 궁리할 수밖에 없다. 수많은 회사들이 잇달아 신제품을 출시하는 이유가 바로 여기에 있다. 참으로 골치 아픈 문제가 아닐 수 없다.

나는 6년 동안 (보디퀵이라는 이름으로 판매된 적 있는) 브레인퀴컨이라는 보조제 하나만 판매하면서도 일정한 수익률을 유지하였다. 특히 온라인에서 상당한 물량을 판매할 수 있었는데, 이것은 최소한의 광고 가격을 유지하며 판매하는 데 동의하는 상위 1, 2위 판매 대행업체에게만 도매 유통을 제한함으로써 가능했다. 이렇게 하지 않는다면 당신은 이베이의 불한당 같은 할인 업체들과 영세한 자영업자들 때문에 빈털터리가 되고 말 것이다.

둘째, 한 업체에 제품을 독점 공급하는 것은 대부분의 제조업체들이 꺼리는 것이기는 하지만, 사실 이것이 당신에게 유리하게 작용할 수도 있다. 당신은 그들에게 유통 물량의 100퍼센트를 몽땅 제공해 주는 것이므로 (업체에 제시하는 소매가 대비 할인가를 좀 더 높게 부름으로써) 더 나은 수익률, 상점 내에서의 더 유리한 마케팅 지원, 그리고 더 빠른 입금 외에도 다른 우선적인 대우를 조건으로 내거는 것이 가능하기 때문이다.

어떤 제품을 판매하기로 결정 내리기 전에 먼저 제품을 어떻게 판매하고 유통시킬 것인가에 대해 정하는 것은 매우 중요하다. 왜냐하면 중간 업체가 더 많이 개입될수록 유통 과정 각 단계에 있는 업체들의 수익성을 보존해 주기 위해서 당신의 수익률도 높아져야만 하기 때문이다.

에드 버드는 이러한 사실을 깨닫고 대부분의 사람들이 하는 것과 정반대 방식으로 하면서 어떻게 위험 부담을 줄이고 수익률을 높일 수 있는지 보여 주는 좋은 예가 되었다. 제품을 선택하기 전에 유통 방법을 찾는다는 것은 단지 하나의 예에 지나지 않는다.

에드는 여행을 하거나 사무실에서 소수 정예 직원 및 오스트리아 산 셰퍼드 두 마리와 함께 있지 않을 때는 람보르기니를 몰고 캘리포니아 해안을 따라 드라이브를 한다. 그가 얻은 결과는 우연이 아니다. 그렇기 때문에 그의 제품 개발 방식, 그리고 뉴리치들의 방식은 일반적으로 따라 할 수 있는 것이다.

이제 제품을 개발하는 법을 몇 단계로 나누어 살펴보도록 하자.

1단계 : 접근하기 좋은
틈새시장을 골라라

수요를 창출하는 것은 쉬운 일이 아니다. 차라리 수요가 있는 곳에 제품을 채워 넣는 것이 훨씬 더 쉽다. 제품을 개발하고 나서 그것을 팔 사람을 찾지는 마라. 시장을 찾고 나서, 다시 말해 고객을 결정하고 난 다음에 그들을 위한 제품을 개발해야 한다.

나는 학생이었던 적도 있고 운동선수를 해 본 적도 있다. 그래서 가능하면 언제나 남성 인구에 초점을 맞춰 그 시장에 맞는 제품을 개발하였다. 내가 개발한 대학 진학 상담 교사를 위한 오디오 북은 실패했는데, 나는 진학 상담 교사를 해 본 경험이 한 번도 없었기 때문이다. 나는 학생들의 마음은 제대로 읽을 수 있다는 걸 깨닫고 난 후 속독 세미나를 열었고, 이 사업은 성공을 거두었다. 이것은 내가 학생이어서 그들이 필요로 하는 것과 소비 습관이 어떤지 이해했기 때문이다. '다른' 사람들이 무엇을 필요로 하고, 무엇을 사고 싶어 하는지 추측하지 말고 목표 시장의 일원이 되어야 한다.

시작은 작게, 생각은 크게

대니 블랙은 난쟁이들을 시간당 149달러로 파티에 대여하는 사업을 한다. 이만하면 틈새시장으로 어떤가?

옛말에 "모든 사람을 고객으로 삼으려 하면 결국 누구도 잡을 수 없다."고 하는 얘기가 있다. 애견가나 고양이 애호가를 상대로 하는 제품을 구상하고 있다면 당장 때려치워라. 그런 넓은 시장에 광고를 하려면 돈도 많이 들뿐더러 수많은 제품과 무료 정보들과 경쟁해야 한다. 반면에 당신이 독일 셰퍼드를 훈련시키는 법이나 앤티크 포드 자동차를 복원시켜 주는 제품에 초점을 맞추면, 시장 규모와 경쟁이 줄어들어 고객에게 접근하는 비용이 덜 들게 되며, 프리미엄 가격을 청구하기도 훨씬 더 수월하다.

처음에 나는 학생들을 상대로 브레인퀴컨이란 제품을 개발했는데, 시장이 너무 분산되어 있고 접근하기도 어렵다는 것이 드러났다. 나는 학생 신분인 운동선수들의 긍정적인 피드백을 바탕으로 이 제품을 보디퀵이란 이름으로 새로 론칭하여 무술 잡지와 역도 잡지에 광고를 내서 테스트해 보았다. 이 시장은 대규모 학생 시장과 비교할 때는 하찮아 보이지만 사실 작지 않은 규모이다. 광고비가 저렴하고 경쟁이 적었기 때문에 나는 최초의 '신경 촉진제'를 가지고 이와 같은 틈새시장에서 우위를 차지할 수 있었다. 큰 연못의 불확실한 작은 물고기가 되는 것보다는 작은 연못의 큰 물고기가 되는 것이 더 유리하다. 그 시장이 당신의 월별 목표 수익을 달성하는 데 충분한지 어떻게 알 수 있을까? 내가 최근에 론칭한 제품의 시장 규모를 어떻게 측정했는지 자세히 알고 싶으면, www.fourhourworkweek.com에 있는 '뮤즈 수학법'을 참조해 실제 예를 확인하라.

그리고 수익성 있는 틈새시장을 찾으려면 스스로에게 다음과 같은 질문들을 던져 보라.

1_ 치과 의사든 엔지니어든 암벽 등반가든 사이클 동호인이든 자동차 복원 애호가든 댄서든 다른 무엇이든 다 좋으니, 당신은 어떤 사회 집단, 산업 집단, 직업 집단에 속해 있거나 속한 적이 있거나 아무튼 그 세계를 이해하는가?

당신의 이력서와 직장 경험, 신체 습관, 취미를 새로운 시각으로 조사해 보고, 관련지을 수 있는 과거와 현재의 모든 집단의 목록을 작성해 보라. 당신이 갖고 있는 제품과 책을 살펴보고, 온라인과 오프라인으로 구독하고 있는 것까지 다 포함시킨 후 스스로에게 물어보라. '어떤 집단의 사람들이 나와 똑같은 물건을 구매할까?'라고 말이다. 당신이 정기적으로 보는 잡지, 웹사이트, 뉴스레터에는 어떤 것이 있는가?

2_ 당신이 찾아낸 집단 중에서 어떤 집단이 그들만의 잡지를 가지고 있는가?

특별한 틈새시장을 강구하려면 반즈앤노블 같은 대형 서점에 가서 소규모 전문 잡지 코너를 뒤져 보라. 그곳에는 골라잡을 만한 수천 가지 직업과 취미 관련 잡지들이 있을 것이다. 서점 밖에서 잡지를 찾으려면 『작가 시장Writer's Market』 같은 책을 이용하면 된다. 그리고 위의 질문

1에서 찾아낸 집단 중에서 한두 가지 소규모 잡지를 통해 접근할 수 있는 집단으로 폭을 좁혀 들어가라. (예를 들어 골프 치는 사람들처럼) 어떤 집단의 사람들이 모두 돈이 많다는 것은 중요하지 않다. 단지 (아마추어 운동선수나 배스 낚시꾼들처럼) 그들이 특정 종류의 제품에 돈을 쓰기만 하면 된다. 이런 잡지에 전화해서 광고 책임자와 통화하면서 당신이 그 잡지에 광고를 고려하고 있다고 말해 보라. 그 다음 그들에게 현재 광고비를 이메일로 보내 달라고 하면서 독자 수와 과월호 잡지 샘플도 요청하라. 과월호 잡지를 뒤져 수신자 부담 무료 전화번호나 웹사이트를 통해 소비자에게 직접 판매하는 업체 중에서 반복적으로 광고하는 곳을 찾아보라. 반복 광고를 하는 광고주 수가 많고 광고하는 빈도가 잦을수록 그 잡지가 그들에게 이득이 된다는 뜻이다. 그리고 우리에게도 이득이 될 거란 뜻도 되고.

2단계 : 제품을 먼저
브레인스토밍하라

당신이 가장 잘 아는 두 분야의 시장을 골라라. 단, 그 시장은 전문 잡지를 끼고 있어야 하고, 잡지 전면 광고 비용이 5천 달러를 넘지 않아야 하며, 독자 수는 적어도 1만 5천 명 이상이어야 한다.

자, 지금부터가 재미있는 부분이다. 이제 우리는 이 두 시장을 염두에 두고 브레인스토밍을 하거나 제품을 찾을 것이다.

여기서의 목표는 돈은 한 푼도 쓰지 않으면서 조건에 맞는 제품 아이디어를 떠올리는 것이다. 3단계에서는 제품을 생산하는 데 돈을 쓰기 전에 그 제품을 위한 광고를 만들고, 실제 고객들로부터 반응을 테스트하게 될 것이다. 최종 생산 제품이 자동화 구조에 꼭 들어맞을 수 있도록 해 줄 몇 가지 기준을 알아보자.

제품의 주요 장점은 한 문장으로 요약될 수 있어야 한다.

사람들이 당신을 좋아하지 않을 수도 있다. 그리고 당신은 사람들의 감정을 거스름으로써 더 많이 팔기도 한다. 하지만 사람들이 당신을 오해하게 만들어서는 안 된다.

제품의 주요 장점은 한 문장이나 구절로 설명될 수 있어야 한다. 이 제품은 어떤 점에서 차이가 있고 나는 이것을 왜 사야 하는가? 한 문장 또는 한 구절이라야 합니다, 여러분! 애플은 아이팟으로 이것을 훌륭하게 해냈다. 그들은 기가바이트, 대역폭과 같은 업계 전문 용어를 사용하는 대신 간단히 이렇게 말했다. "주머니 속에 천 가지 노래를!" 이것으로 끝이었다. 단순하게 가되, 사람들이 헷갈리지 않게 한 문장이나 한 구절로 설명할 수 있을 때까지는 제품 개발을 진행하지 마라.

고객이 지불하는 제품 비용은 50달러에서 200달러 사이여야 한다.

수많은 회사가 제품 가격을 중간 정도에서 매기기 때문에 이 가격대의 경쟁이 가장 치열하다. 가격대를 낮게 잡는 것은 근시안적인 방법이다. 왜냐하면 출혈 경쟁을 하려고 드는 사람이 늘 있어 둘 다 망할 수 있기 때문이다. 프리미엄 급의 고가 이미지를 만들어서 경쟁자보다 더 비싼 가격대로 판매하는 것은 인지 가치적 측면 외에도 세 가지 주요 장점이 있다.

1. 가격을 높게 책정한다는 것은 제품을 덜 팔고도, 즉 더 적은 수의 고객을 상대하고도 목표를 달성할 수 있다는 의미이다. 즉 더 빠르다.
2. 가격을 높게 책정하면 신용도는 더 높고 불평이나 질문, 반품률은 낮아 관리하기 쉬운 고객층을 끌어들일 수 있다. 다시 말해 골치 썩는 일이 덜 하다는 것인데 이것은 엄청난 장점이다.
3. 가격을 높게 책정하면 수익률이 높아진다. 그렇기 때문에 더 안전하다.

나는 한 건당 50달러에서 200달러 사이의 가격대가 최소의 고객 서비스로 최대의 이익을 얻게 한다는 것을 알아냈다. 가격을 높게 잡되 정당성은 있어야 한다.

생산 기간이 3주에서 4주 이상 걸려서는 안 된다.
이 기간은 제품을 미리 비축하지 않고도 판매 수요에 맞출 수 있으므로 비용을 낮게 유지하는 데 매우 중요하다. 나라면 생산 기간이 3주에서 4주가 넘게 걸리는 제품은 선택하지 않을 것이다. 주문 시점에서 배송 가능한 제품이 나오기까지 1주에서 2주 정도의 기간을 목표로 하는 것이 좋다.

그렇다면 어떤 제품을 생산하는 데 그 기간이 얼마나 걸릴지 어떻게 알 수 있을까? http://www.thomasnet.com을 이용해 당신이 염두에 둔 종류의 제품을 전문적으로 생산하는 위탁 제조업체에 연락해 보라. 예를 들어 변기 청소액을 생산하는 업체를 찾을 수 없어 소개 받고 싶다면, 관련 제품인 변기 생산 업체에 전화를 하는 것도 한 방법이다. 그래도 여전히 소득이 없다면? 관련 산업 협회와 연락할 수 있도록 당신이 찾는 제품의 여러 가지 동의어와 '기구'와 '협회' 등의 단어를 조합해 구글에서 검색해 보라. 또 위탁 제조업체를 소개 받으면서 업계 전문지의 이름도 알려 달라고 부탁하라. 업계 전문지에는 대개 위탁 제조업체의 광고와 나중에 당신이 가상 구조를 만드는 데 필요한 관련 서비스 제공 업체의 광고가 실려 있기 때문이다.

적절한 이윤 폭을 정할 수 있도록 위탁 제조업체에 가격을 요청하라. 이것으로 생산량 100개, 500개, 1천 개, 5천 개에 대한 단가를 산출할 수 있다.

온라인 FAQ로 설명이 충분해야 한다.

자, 이제 브레인퀴컨을 제품으로 선택하면서 내가 실제로 저지른 잘못이 무엇인지 알아보자.

비록 내가 먹는 제품을 판매해 뉴리치의 삶이 가능해졌지만, 나는 어느 누구에게도 그런 종류를 취급하라고 권하고 싶지는 않다. 왜냐고? 고객 한 명 한 명으로부터 천 가지는 됨 직한 질문을 받기 때문이다. "당신네 제품과 함께 바나나를 먹어도 되나요?" "이 제품을 먹으면 식사 중에 방귀가 나올까요?" 등의 질문이 끔찍할 정도로 끝없이 이어진다. 온라인 FAQ만으로 충분히 설명할 수 있는 제품을 선택하라. 그렇지 않으면 일에 대해서 모두 잊어버리고 여행에 나선다는 것은 지극히 어려울 뿐만 아니라 자칫 설명을 위해 콜 센터 상담원을 고용하느라 돈이나 쓰기 십상이다.

이 세 가지 기준을 이해하면 질문 하나가 남는다. "어떻게 하면 고객을 만족시킬 알맞은 제품을 손에 넣을 수 있을까?" 이 질문에 대한 답세 가지를 오름차순으로 추천하겠다.

방법 1 : 제품을 판매 대행하라

기존의 제품을 도매로 구입해 판매 대행하는 것은 손쉽지만 가장 수익성이 떨어지는 방법이다. 이것은 또한 사업을 가장 빨리 시작할 수 있는 방법이지만, 다른 판매 대행업체들과의 가격 경쟁 때문에 가장 빨리 망하는 방법이기도 하다. 다른 업체들이 팔지 못하도록 독점 판매 계약을 맺지 않는 한, 제품이 수익을 낼 수 있는 제품 수명 주기는 짧을 수밖에 없다. 하지만 판매 대행은 기존 고객에게 판매하거나 인터넷이나 전화로 새로운 고객에게 끼워 팔기Cross-selling를 하는 백엔드(Back-end, 주 상품을 판매하고 나서 고객에게 판매

되는 상품) 파생상품에 대해 사용할 수 있는 탁월한 선택이다.

도매로 제품을 구입하기 위해서는 다음과 같은 방법을 활용하라.

1. 생산 업체에 연락해 일반적으로 소매가에서 40퍼센트 할인한 도매 가격표와 지불 조건을 요청하라.
2. 도매로 제품을 구매하기 위해서 사업자 등록 번호가 필요하다면, 당신이 거주하고 있는 곳의 관할 관공서 웹사이트에서 알맞은 양식을 찾아 내려 받은 뒤 프린트하여 100달러에서 200달러의 비용을 내고 (내가 개인적으로 선호하는 구조인) 유한회사나 이와 유사한 사업 형태로 사업자 등록을 하라.

하지만 3단계를 다 끝내기 전까지는 제품을 구매하지 마라. 지금 이 시점에서는 수익률을 확정하고 제품 사진과 판촉 광고 문안을 갖추는 것으로 충분하다.

위와 같은 방식이 바로 판매 대행이다. 이에 대해 할 말은 여기까지다.

방법 2 : 제품 라이선스를 이용하라

세계 유명 브랜드와 제품 중에는 다른 업체나 다른 곳에서 빌려 온 것이 있다.

에너지 음료인 레드불의 주성분은 태국의 자양 강장제에서 온 것이고, 스머프는 벨기에에서 가져온 것이다. 포켓몬은 혼다 자동차의 땅 일본에서 왔다. 하드 록 밴드 키스는 레코드와 콘서트 입장권 판매로 수백만 달러를 벌어들였지만 실제 이익은 라이선스 사업에서 나왔다. 이는 매출액에 대해 수수료를 받는 조건으로 타인에게 그들의 이름과 이미지를 사용해 수백 가지 제품을 생산할 권리를 주는 것으로 흔히 사용하는 방식이다.

라이선스 계약은 양쪽의 계약 당사자가 있는데, 뉴리치 멤버는 양쪽 중 어느 쪽에도 해당될 수 있다. 우선 '라이선스 제공자'라고 하는 제품 발명가가 있다. 이들은 자신의 제품을 생산, 사용, 판매할 권리를 다른 사람에게 팔 수 있는 사람으로, 판매되는 제품 한 개당 (소매가에서 40퍼센트 정도 할인된 가격인) 흔히 도매가의 3~10퍼센트를 받게 된다. 발명하라. 그리고 나머지 일은 다른 사람에게 맡기고 당신은 현금만 챙기면 된다. 이것은 부당한 방식이 아니다.

이 계약의 다른 한쪽은 '라이선스 수혜자'이다. 발명가의 제품을 생산, 판매하여 수익의 90~97퍼센트를 얻는 사람을 말한다. 나를 포함한 다른 뉴리치들에게는 이쪽이 훨씬 더 흥미롭다.

그러나 라이선스 사업은 양쪽 당사자 모두에게 강도 높은 협상을 요구하는데, 이 협상 자체가 과학이라 할 수 있다. 라이선스 사업을 위해서는 계약 협상을 재간 있게 진행하는 것이 꼭 필요한데, 이 사업을 처음 하는 대부분의 사람들은 문제에 봉착하게 될 가능성이 크다. 테디 럭스핀 인형에서부터 태보에 이르기까지 양쪽 계약 당사자를 위해 실제 거래 금액이 포함된 사례 연구와 완전한 계약 내용에 대해 알고 싶으면, www.fourhourworkweek.com을 방문하라. 이 사이트에는 시제품이나 특허 없이도 발명한 것을 판매할 수 있는 방법에서부터 무명의 초보 발명가가 제품에 대한 권리를 확보하는 방법에 이르기까지 온갖 것이 다 나와 있다. 라이선스 사업이 가진 경제성은 매우 흥미로우며, 여기서 얻을 수 있는 수익은 눈이 휘둥그레질 정도이다.

자, 이제 화제를 바꾸어서 대부분의 사람들에게 열려 있는 가장 덜 복잡하면서도 가장 수익성이 높은 방법인 제품 창조에 초점을 맞추어 보자.

방법 3 : 제품을 창조하라

제품을 창조하는 것은 복잡한 일이 아니다. '창조'라는 단어가 실제보다 훨씬 더 복잡한 것처럼 들리게 할 뿐이다. 만약 당신의 아이디어에서 나온 것이 실제 제품으로 발명품이라면, www.fourhourblog.com/elance에서 기술자나 산업 디자이너를 고용해 제품의 기능과 외관에 대한 당신의 설명을 바탕으로 시제품을 개발하는 것도 가능하다. 그 후 만들어진 시제품을 위탁 제조업체에 가지고 가면 그만이다. 위탁 제조업체가 만든 상표 없는 제품generic product이나 재고품stock product이 당신 눈에 띄어 특수 시장을 위해 용도를 변경하거나 포지셔닝할 수 있다면 일은 더욱더 쉬워진다. 그들이 제품을 생산하게 만든 후 주문자상표를 부착하라. 그러면 '짠!' 하고 새로운 제품이 탄생하게 된다. 일반적으로 우리가 '자체 상표private labeling'라고 부르는 것이다. 당신은 물리 치료 센터에서 자체 상표를 붙인 비타민 제품을 판매하는 것을 본 적이 있는가? 또는 코스트코에서 커크랜드라는 브랜드를 본 적이 있는가? 이런 것이 실제로 활용되고 있는 자체 상표의 예이다.

제품을 생산하지 않고도 시장 반응을 테스트할 수 있다는 것은 사실이다. 하지만 테스트가 성공할 경우 그 다음 단계는 생산이 된다. 이는 우리가 초기 비용, 개당 생산 비용, 최소 주문량을 염두에 두어야 한다는 의미이다. 혁신적인 장치나 도구를 개발하는 것도 물론 대단한 일이지만, 이를 만들기 위해서는 전문적인 설비가 필요하다. 결국 생산을 위한 사업 착수 비용이 너무 많이 들어 우리 기준에 들어맞지 않게 된다.

기계적 장치를 제쳐 놓고 용접과 공학 관련 제품들도 제외했을 경우, 모든 기준에 부합하는 제품은 한 종류가 남는다. 다시 말해 소량 생산일 때 납기가 일주일이 걸리지 않고, 이윤 폭이 8배에서 10배 정도가 아니라 때로는 20배에서 50배까지도 가능한 제품 말이다.

아니다. 마약 거래나 강제노동 같은 것은 아니다. 마약 거래나 강제노동을 위해서는 뇌물도 많이 써야 하고, 사람들 사이의 상호 작용도 너무 많이 필요하다.

우리에게 필요한 것은 바로 정보이다.

정보성 상품information product은 비용이 적게 들고, 생산도 빠르며, 경쟁자들이 모방하려면 시간이 많이 걸린다. 운동 기기든 운동 보조제든 간에 TV 인포머셜 광고에 나오는 비정보 제품성 중 최고의 판매량을 자랑하는 제품일지라도 모방 제품들이 시장에 쏟아져 나오는 데는 2개월에서 4개월밖에 걸리지 않는다는 것을 생각해 보라. 나는 베이징에서 6개월 동안 경제학을 공부했는데, 이때 최신 나이키 운동화나 캘러웨이 골프채가 미국에서 첫선을 보인 지 일주일 만에 어떤 식으로 모방되어 이베이에 올라오는지 직접 관찰할 수 있었다. 이 말은 과장도 아니고, 내가 유사품을 가지고 이야기하는 것도 아니다. 내 말은 진짜의 20분의 1의 가격으로 판매되는, 진짜와 구별이 안 되는 복제품을 의미한다.

반면에 정보를 복제하는 데는 시간이 너무 많이 걸리기 때문에, 대부분의 모조품 달인들은 복제하기 쉬운 제품이 있는데 군이 귀찮게 정보를 복제하려 들지 않는다. 저작권 침해를 피하기 위해서는 전체 과정을 살짝 바꾸기보다는 특허를 교묘하게 우회하는 편이 더 쉽다는 말이다. TV 인포머셜 광고 톱 10위 안에 300주 이상 올라 있었던 역사상 가장 성공한 제품 세 가지를 살펴보면, 경쟁력과 이익률 면에서 정보성 제품의 이점을 잘 알 수 있다.

선금 필요 없음! (칼튼 시트)
근심과 우울증 깨부수기 (루신다 바셋)
한 사람의 힘 (토니 로빈스)

나는 위의 제품 가운데 한 소유주와의 대화를 통해 2002년도에 6천

500만 달러 이상 가는 값어치의 정보가 그 회사에서 판매되었다는 것을 알 수 있었다. 그들이 가진 인프라라고 해 봐야 고작 25명도 안 되는 사내 전화 상담원뿐이었고, 매체 구매에서부터 배송에 이르기까지 나머지 인프라는 아웃소싱된 것이었다.

그 회사의 직원 1인당 연간 매출액은 270만 달러가 넘는다. 자, 놀랍지 않은가?

시장 규모 면에서 이와 정반대의 경우를 살펴보면, 나는 200달러 이하의 저렴한 보안 설비 안내 DVD를 만들어서 보안 시스템을 설치하려는 창고 보관 시설 소유자들에게 판매한 사람을 알고 있다. 이보다 더 작은 틈새시장을 찾기는 힘든데, 2001년에 그는 제작하는 데 2달러밖에 안 드는 DVD를 업계 전문지를 통해 1장당 95달러에 판매함으로써 직원을 고용하지 않고도 몇 십만 달러를 벌어들였다.

수입 자동화
과정 2

이론 중 많은 것이 결정적 실험을 통해 틀렸다는 것이 밝혀질 때에만 철회되었다. 그러므로 과학 분야에 공헌하는 업적은… 실험주의자들에 의해 이루어진다.

-미치오 가쿠, 이론 물리학자

미국의 경우, 매년 출판되는 19만 5천 종의 책들 중에 5퍼센트도 안 되는 책만이 5천 부 이상 팔린다. 수십 년 동안의 경험을 쌓은 발행인과 편집인들의 조직도 성공하기보다 실패하는 경우가 더 많은 것이다. 보더스 서점Border's Books의 설립자는 전국적 식료품 배달 서비스인 웹밴WebVan에 투자했다가 3억 7천 500만 달러의 손실을 입었다. 무엇이 문제였는지 아는가? 문제는 아무도 그것을 원하지 않았다는 점이다!

여기서 얻을 수 있는 교훈은 직관과 경험을 통해서는 어떤 제품과 사업이 수익성이 있을지 제대로 예측할 수 없다는 것이다. 테스트할 제품에 대해 토의하는 소비자 모임인 포커스 그룹 또한 똑같이 엉뚱한 결과를 내기 십상이다. 그룹 내 10명의 사람들에게 당신네 제품을 사겠느냐고 물어보라. 그런 후에 "사겠다."고 대답한 사람들에게 차에 그 제품 10개가 있으니 사라고 해 보라. 호감을 얻고 상대방 기분을 맞추기 위해서 한 처음의 긍정적인 대답은 실제로 돈이 걸린 문제가 되면 곧장 정중한 거절의 말로 바뀌게 된다.

상업적 가능성에 대한 정확한 지표를 얻으려면, 사람들에게 이런 제품이 있다면 사겠느냐고 물어볼 게 아니라 그들에게 사 달라고 요청하라. 두 번째 질문에 대한 반응이 진짜 중요한 것이다.

뉴리치가 사용하는 접근 방식에는 이 점이 반영되어 있다.

3단계 : 사전에 제품을 마이크로 테스트하라

마이크로 테스트는 제품을 생산하기 전에 그것에 대한 소비자 반응을 알아보기 위해 저렴한 광고를 이용하는 것을 말한다.

우리는 지난 장에서 끌어 낸 제품 아이디어를 5일간 500달러 이하의 비용으로 구글 애드워즈(Google Adwords, 가장 정교하게 만들어진 최대 규모의 클릭당 지불 광고 엔진)에서 테스트할 것이다. 여기서 클릭당 지불 광고는 구글에서 검색했을 때 일반 검색 결과의 위쪽과 오른쪽에 따로 강조되어 정렬된 검색 결과를 가리킨다. 예를 들어 누군가 '인지 능력 보조제'와 같이 그들 제품과 관련된 특정 단어를 검색할 때 게재되는 광고를 클릭해 그들 사이트에 들어올 때마다 광고주는 5센트에서 1달러 정도의 저렴한 수수료를 지불한다. 구글 애드워즈와 클릭당 지불 광고에 대한 설명은 www.google.com/onlinebusiness를 참조하라. 90일간의 클릭당 지불 광고 마케팅 계획 전체를 포함해 클릭당 지불 광고 전략에 대한 다양한 사례는 www.fourhourworkweek.com을 방문하여 살펴보라.

기본적인 테스트 과정은 세 부분으로 구성되어 있고, 이 장에서는 각각의 부분을 다루겠다.

능가하라

경쟁 상대들을 살펴본 후 그들보다 더 끌릴 만한 제안 내용이 담긴 1~3 페이지 기본형을 웹사이트에 올려라. (1~3시간 걸림)

테스트하라

짧은 구글 애드워즈 광고 캠페인을 활용해 이 제안을 테스트하라. (광고를 올리는 데 3시간, 단순히 관찰하는 데 5일)

투자하든지 포기하든지 하라

실패한 것에서는 손을 떼고, 성공한 제안은 판매할 수 있도록 생산하라.

테스트 단계가 어떤 식으로 이루어지는지, 그리고 당신이 어떻게 똑같이 따라 할 수 있는지 알아보기 위한 사례 연구로 셔우드와 조안나 두 사람과 그들의 제품 아이디어인 프랑스제 세일러 셔츠와 암벽 등반가를 위한 요가 입문 DVD를 예로 들어 보자.

셔우드는 지난여름 여행 도중에 프랑스에서 줄무늬 세일러 셔츠를 샀는데, 뉴욕에 돌아오니 20~30대의 남성들이 다가와 어디 가면 똑같은 셔츠를 구할 수 있는지 자꾸 물어보는 것이었다. 기회를 잡은 그는 뉴욕에 기반을 두고 이 연령층을 대상으로 한 주간지의 과월호를 신청한 후에 프랑스 생산 업체에 연락해 도매가를 의뢰하였다. 그는 20달러 도매가로 셔츠를 사서 100달러 소매가로 팔 수 있다는 사실을 알게 되었다. 여기에다 미국으로 배송료조로 셔츠 1장당 5달러를 더하면 셔츠당 비용이 25달러가 된다는 결론에 이르렀다. 이것은 8~10배라는 이상적인 이윤 폭은 아니었지만, 그래도 그는 이 제품을 테스트해 보고 싶었다.

한편 요가 강사인 조안나는 고객 중에 암벽 등반가의 수가 점점 늘어나고 있다는 사실에 주목했다. 자신도 마찬가지로 암벽 등반가인 조안나는 20페이지 분량의 스프링 제본 안내서를 포함해 80달러짜리 암벽 등반가를 위한 교육용 요가 DVD를 만들면 어떨까 궁리하고 있다. 그녀가 생각하기에 저예산인 이 DVD의 초판을 제작하는 데는 빌린 카메라 한 대와 90분짜리 디지털 테이프, 그리고 간단한 편집을 위해 친구의 아이맥 컴퓨터 정도밖에는 들지 않을 것이다. 그녀는 노트북에서 메뉴도 없이 무수정 영상과 제목만 달랑 뜨는 소량의 초판 DVD를 구워 낸 후, www.download.com의 무료 소프트웨어로 라벨을 만들어 낼 수 있을 터였다. 제작 업체에 알아보니 좀 더 전문적인 DVD는 최소 물량인 250장 소량 복사에 케이스까지 합해 3달러에서 5달러 정도가 든다고 했다.

이제 그들은 아이디어도 가지고 있고 창업 비용을 추산하기 위해 견적도 내보았다. 그다음에는 무엇을 하면 될까?

경쟁 상대 능가하기

맨 먼저 각 제품은 경쟁사와의 비교 시험대를 통과해야만 한다. 어떻게 하면 셔우드와 조안나가 경쟁 상대들보다 더 우수한 제품, 또는 더 나은 보장 조건을 제시할 수 있을까?

1. 셔우드와 조안나는 각자의 제품을 찾기 위해서 제일 먼저 사용할 단어들을 구글에서 검색해 보았다. 그들은 관련어와 파생어를 찾아보기 위해서 모두 검색어 제안 툴을 사용하였다.

   Google Adwards Keyword Tool
   https://adwords.google.com/select/KeywordToolExternal
   SEOBook Keyword Tool, SEO for Firefox Extension
   https://tool.seobook.com/(워드트래커(www.wordtracker.com)에 의해 운영 중인 뛰어난 검색 페이지이다.)

그 후 두 사람은 최상위 검색과 클릭당 지불 광고에 계속해서 뜨는 3개의 웹사이트를 방문하였다. 셔우드와 조안나는 어떻게 하면 자신들을 차별화할 수 있을까?

- 신뢰 지표를 더 많이 사용할 것인가? (언론 매체, 학계, 협회, 사용 후기)
- 더 나은 보장 조건을 만들어 낼 것인가?
- 더욱더 정선된 제품을 제공할 것인가?
- 무료 또는 빠른 배송을 제공할 것인가?

셔우드는 자신의 것과 같은 셔츠는 경쟁 업체 사이트에서는 찾기 힘들다는 것과 다른 사이트에서 파는 셔츠는 (진짜 프랑스 제품이 아니라) 미국산이거나 주문하면 프랑스에서 직접 배송되기 때문에 고객은 2주에서 4주를 기다려야만 한다는 것을 알아차렸다. 조안나는 우선 '암벽 등반을 위한 요가' DVD가 나와 있는지 살펴보았으나 찾을 수 없었다. 즉 그녀는 아무도 시장을 선점하지 않은 백지 상태에서 시작하는 셈이었다.

2. 셔우드와 조안나는 이제 텍스트, 개인 사진, 또는 스톡 포토 웹사이트의 스톡 포토를 이용해 제품의 차별화 요소와 장점을 강조하는 풍부한 소비자 사용 후기가 포함된 (300에서 600단어로 된) 한 페이지짜리 광고를 만들어야 했다. 지난 2주 동안 그들은 인쇄물이나 온라인상에서 제품을 구매하도록 부추기는 광고, 또는 그들의 시

선을 사로잡은 광고를 모아 왔다. 이것은 그들 광고의 모델 역할을 할 것이다. 조안나는 그녀의 고객들에게 DVD 사용 후기를 써 달라고 부탁했고, 셔우드도 자신의 홈페이지에 올릴 사용 후기를 위해 친구들에게 그 셔츠를 입어 보도록 하였다. 셔우드는 이와 함께 생산 업체에 제품 사진과 광고 샘플을 요청하였다.

세미나 참석자들로부터 얻은 사용 후기를 이용해 내가 어떻게 테스트 페이지를 만들었는지 예를 보고 싶으면, www.pxmethod.com을 방문하라. 전문가 양성법 코너에서 추천한 것과 같은 무료 세미나는 고객의 구매 욕구를 자극할 만한 판매 포인트를 알아내고, 나중에 사용 후기를 확보하는 데 이상적인 방법이다.

광고 테스트하기

셔우드와 조안나는 이제 그들의 광고에 대한 실제 고객의 반응을 테스트해야 한다. 셔우드는 맨 먼저 자신이 만든 광고 문구가 들어간 콘셉트를 테스트하기 위해 48시간짜리 이베이 경매를 올렸다. 그는 셔츠 1장에 대해 최저 제한 가격인 '리저브$_{reserve}$' 금액을 50달러로 정하고, 배송할 제품이 없는 상태라서 법적 문제를 피하기 위해 마지막 순간에 경매를 취소했다. 그는 75달러짜리 입찰까지 받으며 다음 단계의 테스트로 넘어가기로 결정했다. 조안나는 이런 식의 명백한 속임수를 쓰는 데는 꺼림칙했기 때문에 이 준비 단계 테스트는 건너뛰기로 했다.

셔우드가 쓴 비용 : 5달러 미만

그들 둘 다 곧 탄생할 한 페이지짜리 사이트를 호스팅하기 위해서 블루호스트(www.bluehost.com)와 같은 저가의 호스팅 회사를 찾았다. 블루호스트 서비스에는 호스팅과 함께 하나의 도메인 네임이 포함되어 있다. 셔우드는 www.shirtsfromfrance.com을 고르고, 조안나는 www.yogaclimber.com을 선택하였다. 도메인 네임을 추가로 더 확보하기 위해서 조안나는 www.domainsinseconds.com이라는 저렴한 도메인 등록 업체를 이용하였다.

셔우드와 조안나가 각각 쓴 비용 : 40달러 이하

셔우드는 드림위버를 사용하여 한 페이지짜리 사이트 광고를 만든 다음, 페이지 2개를 더 만들었다. 방문자가 첫 페이지의 맨 밑에 있는 '구매' 버튼을 클릭하면, 그는 가격과 배송비 정보, (이메일과 전화번호를 포함한) 기본적인 연락처 작성란이 있는 두 번째 페이지로 이동하게 된다. 만약 방문자가 '주문 계속하기' 버튼을 누른다면, 그는 "죄송합니다만, 우리는 현재 재고가 떨어져서 재주문 중입니다. 제품이 준비되는 대로 연락드리겠습니다. 기다려 주시면 고맙겠습니다."라고 쓰여 있는 페이지로 이동하게 된다. 이런 식의 구조는 첫 페이지에 있는 광고와 가격에 대한 반응을 개별적으로 테스트할 수 있게 해 주었다. 이때 방문자가 마지막 페이지에 이르면 주문한 것으로 간주하였다.

조안나는 과금 정보가 기록되어 있지 않으면 아무런 법적 문제가 없는데도 셔우드가 사용한 '모의 테스트' 방식이 내키지 않았다. 한 쪽짜리 단면 광고와 요가를 활용한 암벽 등반 10대 비법을 무료로 받아 볼 수 있는 이메일 등록란이 포함된 웹페이지를 하나 만들었다. 그녀는 등록한 사람 중 60퍼센트는 실제로 주문할 것이라고 간주하였다.

셔우드와 조안나가 각각 쓴 비용 : 150달러 이하

셔우드와 조안나는 고객을 그들의 웹페이지로 유도하는 동시에, 헤드라인을 테스트할 수 있도록 50에서 100개의 검색어로 된 간단한 구글 애드워즈 캠페인을 시작했다. 그들의 예산 한도는 하루 50달러로 정해져 있다. (이제 내친김에 바로 클릭당 지불 광고 테스트를 해 볼 수 있도록, 먼저 www. google.com/onlinebusiness를 방문해 지시에 따라 당신의 계정을 만들어 보라. 이렇게 하는 데는 10분 정도밖에 안 걸린다. 온라인으로 보면 단번에 이해할 수 있는 용어를 10페이지나 들여서 설명하는 것은 엄청난 종이 낭비가 될 것이다.)

셔우드와 조안나는 앞에서 언급된 검색어 제안 툴을 활용하여 최상의 검색어를 정하기로 마음먹었다. 그들 모두 컨버전율(방문자 수 대비 그 사이트에서 직접 상품을 구입한 사람의 비율)을 높이고 클릭당 비용을 낮추기 위해서 ('프랑스제 세일러 셔츠' 대 '프랑스제 셔츠', '스포츠를 위한 요가' 대 '요가'와 같이) 가능하면 구체적 용어를 사용했다. 그들은 또한 클릭당 비용이 20센트를 넘지 않는 선에서 둘째 줄에서 넷째 줄까지의 문구를 결정하는 것을 목표로 하였다.

셔우드는 '주문'과 페이지 포기율(몇 퍼센트의 방문자가 어떤 페이지에서 사이트를 떠나는가의 비율)을 추적하기 위해 구글의 무료 분석 툴을 사용하였다. 조안나는 www.aweber.com을 이용해 이메일 등록자들을 추적하기로 했는데, 셔우드와 조안나 모두 이런 툴을 어떻게 실행시켜야 할지 자신이 없어 프리랜서 웹 프로그래머를 고용해 설치하기로 했다.

셔우드와 조안나가 각각 쓴 비용 : 100달러

셔우드와 조안나는 그들의 차별화 요소에 초점을 맞춘 애드워즈 광고를 디자인했다. 각각의 구글 애드워즈 광고는 한 줄의 헤드라인과 두 줄의 설명으로 이루어져 있는데, 각 줄의 글자 수는 35자를 넘어서는 안 된다. 셔우드는 각각 10개의 검색어로 된 다섯 가지 광고를 만들었는데, 그의 광고 중 두 가지를 살펴보면 다음과 같다.

프랑스에서 온 세일러 셔츠	진짜 프랑스제 세일러 셔츠
프랑스제 품질, 미국에서 배송	프랑스제 품질, 미국에서 배송
평생 보장!	평생 보장!
www.shirtsfromfrance.com	www.shirtsfromfrance.com

조안나도 똑같이 10개 단어로 된 다섯 가지 광고를 만든 후 몇 가지를 테스트해 보았는데, 그중에는 아래와 같은 광고들이 포함되어 있다.

암벽 등반가를 위한 요가	암벽 등반가를 위한 요가
5.12급 등반가가 즐겨 보는 DVD	5.12급 등반가가 즐겨 보는 DVD
단숨에 유연해지자!	단숨에 유연해지자!
www.yogaclimber.com	www.yogaforsports.com

이 광고들은 헤드라인뿐만 아니라 보장 조건, 제품명, 도메인 명까지 테스트 가능하다는 데 주목하라. 이것은 테스트할 한 가지 변수를 제외한 나머지 부분은 똑같은 광고 몇 개를 제작하는 간단한 일로 구글에서

자동적으로 돌아가며 광고된다. 당신은 내가 이 책의 제목을 정하기 위해서 어떤 방법을 썼으리라고 생각하나?

셔우드와 조안나 모두 실적이 좋은 광고를 우대하는 구글의 특징적인 기능을 꺼 두었다. 이렇게 하는 이유는 나중에 각각의 광고를 클릭해서 들어오는 비율Click Through Rates, CTR을 비교하여 최고의 요소(최고의 헤드라인, 도메인 명, 본문 글)만을 결합하여 최종 광고를 만드는 데 꼭 필요하기 때문이다.

중요한 게 하나 더 남았다. 광고로 잠재 고객을 속여 사이트를 방문하게 만드는 일은 절대 없도록 하라. 제품이 무엇을 제공하는지 분명하게 드러나야 한다. 우리의 목표는 우리 제품에 맞는 고객 규모이다. 우리는 무언가를 '무료'로 제공하고 싶지도 않고, 아이쇼핑하는 사람이나 사지도 않으면서 호기심으로 방문하는 사람들을 유인하고 싶은 생각도 없다.

셔우드와 조안나가 각각 쓴 비용 : 하루 50달러 이하×5일=250
달러 이하

투자하거나 포기하기

5일 후, 이제는 결과를 알아볼 때가 왔다.

어느 정도가 '만족스러운' 광고 클릭률이자 컨버전율일까? 바로 이 지점에서 수학이 속임수가 될 수 있다. 만약 우리가 80퍼센트의 수익률을 내는 1만 달러짜리 가증스러운 스노우맨 복장을 판매한다면, 70퍼센트의 수익률로 50달러짜리 DVD를 파는 사람보다 컨버전율이 더 낮아도 된다. 당신을 위해 모든 계산을 해 줄 더 정교한 툴과 무료 스프레드시트를 원한다면, www.fourhourworkweek.com을 방문하라.

조안나와 셔우드는 이 단계에서는 단순하게 가기로 결정했다. 그들이 클릭당 지불 광고에 얼마나 돈을 썼으며, 그 결과 얼마나 '팔았는가'를 알아보면 되는 것이다.

조안나는 잘 해낸 것 같다. 테스트가 통계적으로 정확한 조사가 될 만큼 고객 수가 충분하지는 않았지만, 그녀는 클릭당 지불 광고에 200달러를 썼고, 열 가지 무료 비법을 받기 위해서 14명의 방문자가 등록하였다. 방문자의 60퍼센트가 제품을 구매한다고 가정할 때, 이는 8.4명×75달러/DVD=630달러의 총 수익을 기대할 수 있다는 의미이다. 또한 여기에는 각 고객이 가진 잠재적인 평생 가치가 참작되어 있지 않은 상태이다.

그녀가 해 본 소규모의 테스트 결과가 미래의 성공을 보장해 주는 것은 아니지만, 긍정적인 조짐에 힘을 얻은 그녀는 월 99달러와 소액의 거래 수수료를 내고 야후 사이트에 스토어를 열기로 결심하였다. 그녀는 신용도가 그리 높지 않은 상태라서 은행에 가서 사업용 계좌를 개설하는 대신, 온라인으로 신용카드를 받을 수 있도록 페이팔 www.paypal.com을 이용하였다. 그녀는 웹사이트에 등록한 사람들에게 열 가지 비법을 이메일로 보내면서 DVD의 내용에 대한 피드백과 추천 사항을 보내 달라고 요청하였다. 10일 후 첫 번째 DVD의 배송 준비가 완료되었고, 그녀의 온라인 스토어가 문을 열었다. 그녀는 처음 등록한 사람들에게 DVD를 판매하여 생산비를 충당한 후, 곧 구글 애드워즈와 오버추어(클릭당 지불 광고 엔진 중 두 번째로 큰 규모)를 통해 일주일에 10장 (750달러 수익)이라는 제법 많은 DVD를 판매하게 되었다. 그녀는 틈새시장용 잡지에 인쇄 광고를 테스트하려고 계획 중이며, 이제 이처럼 균형 잡힌 상태에서 자신을 빼고도 돌아갈 수 있도록 자동화된 구조를 만들어야 한다.

서우드는 조안나만큼 좋은 결과를 얻지는 못했지만 여전히 가능성이 엿보였다. 그는 클릭당 지불 광고에 150달러를 쓰고, 3장의 셔츠를 '팔아' 225달러의 가상 이익을 챙겼다. 그런대로 꽤 많은 수의 고객이 그의 웹페이지를 방문했지만, 방문자들 중 다수가 가격 페이지에서 사이트를 떠나 버렸다. 그는 값을 낮추는 대신 가격 페이지에서 '2배의 환불 보장' 조건을 테스트해 보기로 결심했는데, 이는 100달러짜리 이 셔츠가 '입어 본 중 가장 편안한 셔츠'가 아닐 경우 고객이 200달러를 환불 받을 수 있도록 하는 내용이었다. 그는 이 방식으로 다시 테스트하여 7장의 셔츠를 팔아 525달러의 이익을 냈다. 이 결과를 바탕으로 그는 신용카드를 처리할 수 있도록 은행에 사업용 계좌를 열고 프랑스에 12장의 셔츠를 주문해 10일 만에 다 팔았다. 그 수익으로 그는 지역의 예술 주간지에 ('신규 광고주 할인 가격'을 요청한 후 경쟁지를 언급함으로써 20퍼센트의 추가 할인을 받아서) 50퍼센트 할인된 가격으로 작은 광고를 내면서 자신의 셔츠를 '잭슨 폴록 셔츠'라고 선전하였다.

그는 30일 내에 상품 대금을 지불하는 조건으로 24장의 셔츠를 더 주문하고, 자신의 휴대전화로 연결되는 무료 전화 서비스 번호를 인쇄 광고에 집어넣었다. 그가 웹사이트 대신 전화를 이용해 주문을 받는 데는 두 가지 이유가 있었다.

첫째, 홈페이지 FAQ에 넣을 질문을 알아내기 위해서였다.

둘째, 셔츠 1장당 100달러(75달러 이익)짜리를 선호하는지, '두 장 사면, 한 장은 덤'(200-75=125달러 이익)이라는 특별 할인 행사를 선호하는지 테스트해 보고 싶었다.

그는 잡지가 유통된 지 5일 만에 24장의 셔츠를 모두 팔았는데, 대부분 특별 할인 행사를 통해 판매되었다. 성공이다. 그는 질문 전화 수를 줄일 수 있도록 공통된 질문에 대한 답변을 문구에 넣어서 인쇄 광고를 다시 디자인하고, 이 잡지와 장기 광고 계약을 맺기로 마음먹었다. 그는 정상가에서 30퍼센트 가격으로 계산한 4회분 광고비 수표를 잡지 광고 판매 담당자에게 보냈다. 그는 페덱스로 보낸 수표를 받았냐고 확인 전화를 걸었는데, 마감시한이 닥쳐오는 와중에 수표를 받은 그들은 내 요구를 거절하지 못했다.

셔우드는 직장에 휴가를 내고 2주 동안 베를린에 가려 한다. 사실 그는 직장을 그만둘까도 생각 중이다. 그는 어떻게 하면 성공을 일궈 내 회사에서 벗어날 수 있을까? 이렇게 하자면 그는 자동화 구조를 확립하여 기동성 있는 MBA를 획득할 필요가 있다.

이것이 바로 다음 장에서 이야기하려는 것이다.

뉴리치 다시 보기 :
더글러스는 어떻게 했을까?

앞서 사례로 소개한 ProSoundEf-fects.com의 더글러스를 기억하는가? 그는 어떤 식으로 아이디어를 테스트하고, 어떤 식으로 해서 월 1만 달러의 소득을 올리게 되었을까? 그는 다음 순서에 따라 진행했다.

1_ 시장 선택
음악가였던 그는 이제껏 이런 제품들을 사용해 왔기 때문에 음악 프로듀서와 텔레비전 프로듀서를 자신의 시장으로 선택했다.

2_ 제품 브레인스토밍
그는 최대 규모의 사운드 라이브러리 제작 업체로부터 판매 대행을 할 수 있는 제품 중 인기 있는 것들만 골라 도매 구입과 생산자 직송 관련 계약을 맺었다. 이 라이브러리의 대다수 제품의 가격은 300달러(최고 7천 500달러까지)를 훌쩍 넘는데, 이것이 바로 50달러에서 200달러대의 저렴한 제품을 파는 사람들보다 그가 더 많은 고객 서비스를 위한 질문에 답해야 하는 이유이기도 하다.

3_ 마이크로 테스트
그는 이미 만들어 놓은 제품을 구입하기 전에 제품의 수요와 가장 높은 가격이 어느 정도인지 테스트하기 위해서 이베이에 제품을 올려 경매에 부쳐 보았다. 그는 사람들이 주문할 때만 제품을 보내 달라고 의뢰했는데, 이때 제품은 제작 업체의 창고에서 곧바로 배송되었다. 더글러스는 이베이에서 확인된 수요를 바탕으로 이 제품들로 야후에 스토어를 열었고, 구글 애드워즈와 다른 클릭당 지불 광고 엔진을 통해 테스트를 시작했다.

4_ 출범과 자동화

더글러스는 이런 테스트에 뒤이어 충분한 현금이 들어오게 되자 실험적으로 업계 전문지에 인쇄 광고를 시작했다. 동시에 그는 이 사업에 쏟는 시간을 하루 2시간에서 일주일에 2시간으로 줄이기 위해서 업무를 간소화하여 아웃소싱으로 돌렸다.

수입 자동화
과정 3

미래의 공장에는 직원이 인간 한 명과 개 한 마리 이렇게 달랑 둘뿐일 것이다. 인간은 개에게 먹이를 주기 위해서, 개는 인간이 시설에 손대지 못하게 지키기 위해서다.

-워렌 G. 베니스, 남가주대학교 경영학과 교수

대부분의 사업가들이 자동화를 목표로 사업을 시작하지는 않는다. 그렇기 때문에 사업계 거물들이 서로 다른 말을 하는 이 세계에서 그들은 엄청난 혼란에 빠지게 되는 것이다. 다음 글에 대해 잘 생각해 보라.

두려움이 아니라 사랑으로 결속되어 있을 때 회사는 보다 강해진다. … 직원들을 우선시 하면 그들은 행복하게 되어 있다.

-허브 켈러허, 사우스웨스트 항공사 공동 설립자

이것 보시오, 애송이. 나는 나쁜 놈 노릇을 해 가면서 이 기업을 세웠고, 나쁜 놈 노릇을 해 가면서 이 기업을 경영했다고. 나는 항상 나쁜 놈 노릇을 할 테니 나를 바꿀 생각은 애당초 하지 말게나.

-찰스 레브슨, 레블론 사의 설립자가 회사 중역에게 한 말

흠, 과연 누구의 말을 따라야 한단 말인가? 당신이 민첩한 사람이라면, 내가 방금 양자택일을 하라고 제안한 것에 주목할 것이다. 좋은 소식도 있긴 하다. 으레 그렇듯 세 번째 선택도 가능하다.

경영 서적 등에서 볼 수 있는 모순적 조언은 주로 인적 요소를 어떻게 다룰 것인가 하는 직원 관리와 관련 있다. 허브Herb Kelleher는 그들을 안아 주라고 하고, 레브슨Charles Revson은 급소에 한 방 먹이라고 한다. 나는 여기에 덧붙여 몽땅 없애 버림으로써 문제를 해결하라고 말하겠다. 즉, "인적 요소를 없애라."는 것이다.

일단 당신이 팔리는 제품을 가지고 있다면, 이제는 그 자체로 운영되고 자율 조정이 가능한 사업 구조를 설계할 때이다.

원격 조정
CEO

펜실베이니아 어느 전원 지역, 돌로 지은 200년 된 농가에서는 '21세기형 리더십 실험'이 조용하지만 계획대로 착착 진행되고 있었다. 스티븐 맥도넬은 위층에서 고무 슬리

퍼를 신고서 컴퓨터의 스프레드시트를 보고 있는 중이다. 그의 회사는 이 실험이 시작된 이래 연간 30퍼센트의 속도로 매출이 증가해 왔고, 그는 자신이 생각했던 것보다도 훨씬 더 많은 시간을 세 딸과 보낼 수 있었다.

어떤 실험이냐고? 애플게이트 농장의 CEO인 그가 뉴저지 주 브리지워터의 본사에서는 일주일에 단 하루만 보내겠다고 밝힌 것이다. 물론 그가 집에서 시간을 보내는 유일한 CEO는 아니다. 수백 명의 CEO가 심장마비나 신경쇠약에 걸려 회복할 시간이 필요하기는 하다. 하지만 맥도넬은 17년 넘게 그렇게 해 왔다는 점에서 그들과 커다란 차이가 있다. 더욱 희한한 점은 그가 회사를 설립하고 겨우 6개월 지나서부터 이런 식으로 일해 왔다는 것이다.

그는 의도적인 부재를 통해 설립자 중심으로 돌아가는 기업이 아니라 프로세스 중심으로 돌아가는 기업을 만들 수 있었다. 기업가가 관리직들과의 접촉을 제한한 것은 직원들이 도움을 요청하는 대신 스스로 문제를 처리하는 운영 규칙을 개발하도록 기업가가 강제하는 장치이다.

이것은 단지 작은 기업체에만 해당되는 것은 아니다. 애플게이트 농장은 고급 소매점에 120가지 이상의 유기농 및 자연 친화적 육류 제품을 판매해 연간 3천 500만 달러가 넘는 매출액을 올리는 곳이다.

이 모든 것은 맥도넬이 목표를 갖고 시작했기에 가능한 일이었다.

뮤즈의 구조
살펴보기

        마음속에 기업의 궁극적인 모습이 어떠할지에 대한 목표를 세운 후 사업을 시작하는 것은 그다지 새로울 것도 없다.

악명 높은 사업가인 웨인 후이젠가는 블록버스터 사를 10억 달러대의 거대 기업으로 만들기 위해서 맥도널드 사의 조직도를 흉내 내었고, 수십 명의 거물 사업가들도 그와 비슷한 일을 하였다. 하지만 우리가 그들과 다른 것은 바로 '마음속에 있는 목표'이다. 우리의 목표는 가능한 한 큰 회사를 만드는 것이 아니라, 가능한 한 우리를 성가시게 하지 않는 회사를 만드는 것이다. 구조적으로 우리를 정보 흐름도의 맨 꼭대기에 올려놓을 게 아니라, 정보 흐름도의 바깥에 놓이게 만들어야 한다.

나도 처음에는 이 뜻을 제대로 이해하지 못했다.

2003년에 나는 자택 사무실에서 다큐멘터리 〈TV에서 본 대로As Seen on TV〉와 인터뷰를 하고 있었다. 하지만 우리의 인터뷰는 20~30초 간격으로 울리는 이메일 알림음, 인스턴트 메시지 신호, 전화벨 등으로 인해 중단되었다. 나는 이것들을 무시하고 그냥 넘길 수 없었는데, 왜냐하면 수십 가지 결정 사항이 다 내 손에 달려 있기 때문이었다. 기차는 제 시간에 운행되는지, 화재는 진압되었는지 등 내가 확인해 주지 않으면 아무도 그 일을 할 사람이 없었던 것이다.

일주일 4시간 근무를 위한 가상 구조

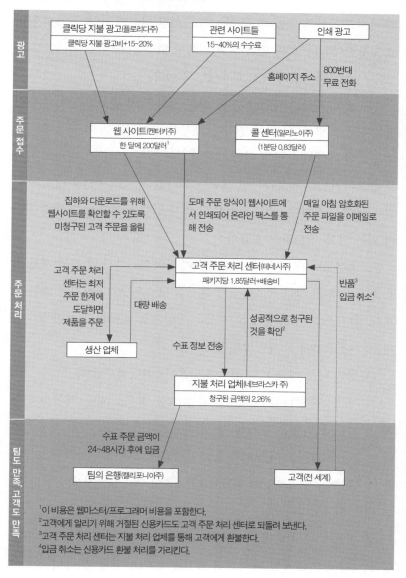

광고
- 클릭당 지불 광고(플로리다주)
  클릭당 지불 광고비+15~20%
- 관련 사이트들
  15~40%의 수수료
- 인쇄 광고

홈페이지 주소   800번대
                무료 전화

주문 접수
- 웹 사이트(켄터키주)
  한 달에 200달러[1]
- 콜 센터(일리노이주)
  (1분당 0.83달러)

주문 처리

집하와 다운로드를 위해
웹사이트를 확인할 수 있도록
미청구된 고객 주문을 올림

도매 주문 양식이 웹사이트에
서 인쇄되어 온라인 팩스를 통
해 전송

매일 아침 암호화된
주문 파일을 이메일로
전송

- 고객 주문 처리 센터(테네시주)
  패키지당 1.85달러+배송비

고객 주문 처리
센터는 최저
주문 한계에
도달하면
제품을 주문

대량 배송

성공적으로 청구된
것을 확인[2]

반품[3]
입금 취소[4]

- 생산 업체

수표 정보 전송

- 지불 처리 업체(네브라스카 주)
  청구된 금액의 2.26%

팀도 만족, 고객도 만족

수표 주문 금액이
24~48시간 후에 입금

- 팀의 은행(캘리포니아주)
- 고객(전 세계)

[1] 이 비용은 웹마스터/프로그래머 비용을 포함한다.
[2] 고객에게 알리기 위해 거절된 신용카드도 고객 주문 처리 센터로 되돌려 보낸다.
[3] 고객 주문 처리 센터는 지불 처리 업체를 통해 고객에게 환불한다.
[4] 입금 취소는 신용카드 환불 처리를 가리킨다.

이런 경험 후에 나는 새로운 목표를 정했고, 6개월 후 후속 방송을 위해 다시 인터뷰를 했을 때 한 가지 두드러진 변화가 있었다. 그것은 바로 고요함이었다. 나는 받아야 할 전화도 없고 답해야 할 이메일도 없도록 사업을 바닥부터 새로 설계했던 것이다.

나는 종종 회사는 얼마나 큰지, 상근 직원은 몇 명이 있는지에 대한 질문을 받곤 한다. 답은 한 명이다. 대부분의 사람들은 이 시점에서 흥미를 잃기 마련이다. 반면 어떤 사람이 나에게 브레인퀴컨 사는 몇 사람으로 굴러가느냐고 묻는다면 대답이 달라진다. 200~300명 정도의 인원에 의해 굴러가고 있는 것이다. 이 회사에서 내 역할은 '기계에 깃들어 있는 정신' 정도라고나 할까.

광고에서부터 내 은행 계좌로 현금이 들어오기까지 몇 가지 샘플 비용을 포함해 내 사업 구조를 단순화시킨 모습은 205페이지에 있는 도표와 같다. 당신이 앞에서 본 지침을 바탕으로 제품을 개발했다면 그 제품은 이 구조에 꼭 들어맞을 것이다.

그렇다면 나는 이 도표의 어디에 있을까? 어디에도 없다.

<u>나는 모든 일이 나를 거쳐야만 하는 요금 징수소 같은 역할을 하는 게 아니다. 내 역할은 길가에 서 있다가 필요하면 끼어드는 경찰관과 더 비슷하다.</u> 그리고 나는 아웃소싱 업체들이 보내 주는 자세한 보고서를 이용하여 톱니바퀴들이 의도한 대로 돌아가고 있는지 확인한다. 나는 매주 월요일마다 주문 처리 센터에서 온 보고서를 검토하고, 매월 1일에 같은 곳에서 보내 온 월별 보고서를 확인한다. 월별 보고서에는 콜 센터에서 받은 주문 내역도 포함되는데, 이 내역을 콜 센터 청구서

와 비교함으로써 수익을 측정할 수 있다. 그렇지 않으면 나는 매월 1일과 15일에 온라인으로 은행 계좌를 확인해 이상하게 공제된 금액이 없는지 살펴본다. 뭔가 이상한 점이 발견되더라도 이메일 한 통이면 정정할 수 있고, 문제가 없을 때는 검도든 그림 그리기든 하이킹이든 간에 그때 하고 있던 일로 되돌아가면 그만이다.

언제 어떻게 균형 상태에서 벗어날 것인가?

당신은 205페이지의 도표를 대강의 청사진으로 삼아 그 자체로 굴러가는 당신만의 가상 사업 구조를 설계해야 한다. 예제와 얼마간의 차이는 있겠지만 주요 원칙은 같다. 자, 그럼 원칙들을 살펴보자.

1. 가능하면 프리랜서보다는 한 가지 업무에 전문적인 아웃소싱 업체와 계약을 맺어 누군가 해고되거나 그만두거나 제대로 일을 수행하지 못할 때 사업에 지장을 주지 않으면서 교체할 수 있도록 하라. 이때 자세한 보고서를 제출할 수 있고, 필요하면 서로 업무를 대신할 수 있는 훈련된 인력을 고용한다.
2. 모든 아웃소싱 담당자들이 문제 해결을 위해 서로 자발적으로 의사소통을 할 수 있게 하고, 비용이 그렇게 많이 들지 않는 결정에 대해서는 당신에게 묻지 않고 재량껏 해결할 수 있도록 문서로 허

가해 주라. (나는 100달러 이하에서 시작해 두 달 후에는 400달러로 재량권의 한도
를 올렸다.)

어떻게 거기까지 이를 수 있느냐고? 여기서 우리는 사업가들이 대
체로 어디서 힘을 잃고 영원히 꼼짝달싹 못 하게 되는지를 살펴볼 수
있다.

대부분의 사업가들은 사용할 수 있는 가장 싼 방편을 이용해 사업을
시작하고 모든 일을 자력으로 해내면서 사업을 일으켜 현금을 좀 만져
보게 된다. 이것이 문제라는 말은 아니다. 사실 나중에 아웃소싱 담당
자들을 교육시키려면 이것은 사업가에게 꼭 필요한 부분이다. 문제는
이런 사업가들이 자신들, 또는 자신들이 만든 인프라를 언제 어떻게 좀
더 확장성 있는 구조로 대체시켜야 하는지 모른다는 점이다.

내가 말하는 '확장성'이란 단어는 일주일에 10건의 주문을 처리하듯
1만 건의 주문도 쉽게 처리할 수 있는 사업 구조를 의미한다. 사업 구조
를 확장하기 위해서는 의사 결정자로서 당신의 책임을 최소한으로 줄
여야 하는데, 이렇게 해야만 일하는 시간의 변화 없이 수입을 2~3배로
늘릴 준비를 하면서 시간의 자유라는 우리의 목표를 달성할 수 있다.

1단계 : 배송되는 제품의 총 개수가 0~50개일 때

모든 일을 혼자 하라. 초기에는 이것이 중요하다. 일반적인 질문에 대
한 답변과 주문 받는 일을 둘 다 할 수 있도록 당신의 전화번호를 웹사
이트에 올린 후, 고객의 전화를 받아 나중에 온라인 FAQ에 올릴 만한

공통된 질문이 무엇인지를 결정하라. 이 FAQ는 또한 전화 상담원들을 훈련하고 판매용 대본을 작성하기 위한 주요 자료로 사용될 것이다.

클릭당 지불 광고나 오프라인 광고, 또는 당신의 웹사이트가 너무 모호하거나 헷갈려서 타깃으로 부적합한 소비자나 시간만 잡아먹는 소비자를 끌어들이는 것은 아닐까? 만약 그렇다면 공통적인 질문에 답변하도록 바꾸고, (이러이러한 제품이 아니고, 이러이러한 작용을 하지 않는다는 것을 포함하여) 제품의 이점이 좀 더 뚜렷하게 부각될 수 있도록 하라.

모든 이메일에 답을 하고 난 후 당신의 답변을 '고객 서비스 질문'이라는 폴더에 저장해 놓도록! 당신 자신에게도 참조(CC)로 이메일을 보내되, 나중에 분류할 수 있도록 고객 질문의 종류를 주제별로 정리하라. 어떤 방법이 가장 저렴한지 정할 수 있도록 모든 제품을 직접 포장하고 배송해 보라. 나중에 아웃소싱할 신용카드 처리 업무를 위해서 (큰 은행보다 사업용 계좌를 만들기가 쉬운) 지역의 소규모 은행에서 사업용 계좌를 여는 방법도 알아 두어야 한다.

2단계 : 주당 10개가 넘는 제품을 배송할 때

웹사이트에 광범위한 FAQ를 올리고, 공통적인 질문에 대해서는 계속 답변을 추가해 나간다. 전화번호부의 '주문 처리 서비스'나 '메일링 서비스' 항목 밑에 있는 지역 내 주문 처리 업체를 찾아보라. 만약 전화번호부나 www.mfsanet.org에서 주문 처리 업체를 찾을 수 없다면, 배송이 잦은 지역 내 인쇄 업체에 전화해 추천해 달라고 해 보자. 그 경우 먼저 초기 비용과 월 최소 물량을 요구하지 않는 (보통은 가장 작은) 업체들로 범위를 좁혀 들어가라. 만약 이것이 불가능하다면, 초기 비용과 최소 물량을 적어도 50퍼센트 이상 깎아 달라고 한 다음 선불한 초기 비용을 배송비나 다른 수수료로 충당할 수 있게 해 달라고 요청하라.

고객들로부터 주문 상황을 묻는 이메일(이상적!)이나 전화에 답해 줄 수 있는 업체들로 후보 회사를 더 압축하라. 그렇게 하면 당신의 '고객 서비스' 폴더에 있는 이메일들, 특히 주문 현황이나 환불 요청과 관련된 답변을 그대로 복사해서 답할 수 있기 때문이다.

잡비를 줄이거나 아예 없애기 위해서는 당신이 창업 단계에 있으며 예산이 적다는 것을 설명하고, 배송량을 좀 더 늘리기 위해서 광고에 돈을 써야 한다고 말하라. 필요하다면 더 많은 할인과 혜택을 받을 수 있도록 당신이 알고 있는 경쟁 업체들을 언급하면서 다른 업체가 제시한 낮은 가격이나 더 큰 할인율 등을 이용해 업체들을 서로 경쟁시켜라.

최종 선정을 하기 전에 적어도 고객 3명의 연락처를 알아서 그들에게 다음과 같이 말하며 업체의 부정적인 측면을 이끌어 내라. "물론 그분들이 잘 하시겠죠. 하지만 모든 사람에게 약점은 있기 마련입니다. 어디에서 문제점이 발생했고 흡족하지 않은 점이 무엇인지 지적해야 한다면 뭐라고 말씀하시겠습니까? 그 회사와 있었던 사건이나 의견이 안 맞았던 대목에 대해 설명해 주실 수 있을까요? 이런 일은 모든 회사에서 일어나기 때문에 별일은 아닙니다만, 물론 말씀하신 내용은 비밀에 부칠 겁니다."

한 달은 그들의 서비스에 대해 곧바로 지불한 다음, '청구 후 30일 이내 결제 조건'을 요청하라. 위와 같은 것을 협상해 내기 위해서는 일거리가 필요한 작은 업체를 상대하는 것이 더 쉽다. 일단 주문 처리 업체가 결정되면, 제품을 위탁 제조업체에서 주문 처리 업체로 직접 발송하고, 주문 현황 질문을 위한 감사 페이지에 주문 처리 업체의 이메일이나 전화번호를 기입하라. (당신의 도메인에 있는 이메일 주소를 사용하고 접수되는 이메일을 주문 처리 업체에 전달할 수도 있다.)

3단계 : 주당 20개가 넘는 제품을 배송할 때

이제 당신은 더 크고 규모 있는 아웃소싱 업체들이 요구하는 초기 비용과 월별 최저 수량을 감당할 만한 자금을 갖게 되었다. 주문 현황에서부터 반품이나 환불에 이르기까지 모든 업무를 처리하는 원스톱 주문 처리 업체에 연락해 보라. 비용과 관련해 의견을 나누면서 그들에게 파일을 전송하고 문제 해결을 위해 협력했던 콜 센터나 신용카드 지불 처리 업체를 소개해 달라고 부탁한다. 낯선 업체들을 모아 조직을 만들지는 마라. 이렇게 하면 프로그래밍하는 비용도 들고 실수를 저지를 수있어 그 비용이 만만치 않기 때문이다.

먼저 신용카드 지불 처리 업체와 거래를 터야 하는데, 이를 위해서는 사업용 계좌가 필요하다. 이것은 매우 중요한 과정으로, 주문 처리 업체들은 아웃소싱 신용카드 지불 처리 업체를 통해야만 그들이 진행한 거래에 대한 환불과 승인 거부된 카드를 처리할 수 있기 때문이다.

선택 가능한 것으로 당신이 새로 선정한 주문 처리 센터가 추천하는 콜 센터 중 하나와 거래를 트는 방법이 있다. 이 업체들은 대개 수신자 부담 무료 전화번호를 갖고 있어 당신이 그 번호들을 쓸 수 있게 해 준다. 테스트 기간 동안 온라인 주문 대 전화 주문이 차지하는 비율을 살펴보고, 전화 주문의 추가적 수입이 시간과 노력을 들일 만큼 가치 있는 것인지 신중히 생각해 보라. 대개는 별 가치가 없다. 전화로 주문하는 사람들도 다른 방법이 없을 때는 그냥 온라인으로 주문하기 마련이니까.

콜 센터와 계약을 맺기 전에 현재 고객들을 위한 수신자 부담 무료 전화번호를 몇 개 받아 제품과 관련된 어려운 질문을 해서 그들의 판매 실력을 가늠해 보라. 각각의 번호에 (아침, 낮, 저녁에 걸쳐) 적어도 세 번은 전화를 걸어 성패를 좌우하는 요소인 '통화 대기 시간'을 유념하여 살펴보라. 전화는 발신음이 울린 뒤 서너 번 안에 받아야만 하고, 신호 대기 시간은 짧으면 짧을수록 좋다. 전화를 받는 데 15초 이상 걸린다면 이로 인해 받지 못하는 전화가 너무 많아져 광고비를 낭비하는 꼴이 된다.

선택 사양이 적을수록
수입이 많아진다

조셉 슈거맨은 블루블로커 선글라스 현상을 포함하여 수십 가지 직접 반응 마케팅과 소매 사업 성공의 배후에 있는 마케팅의 귀재이다. (QVC 홈쇼핑에 처음 등장한 지 15분 만에 2만 개의 블루블로커 선글라스를 판매하는 등) 텔레비전에서 연타석 홈런을 날리기 전 그의 활동 영역은 인쇄 매체였는데, 여기서 그는 수백만 달러를 벌어들이며 JS&A 그룹이라고 불리는 대제국을 건설하였다. 한때 그는 어떤 제조업체의 시계줄 광고를 디자인하기 위해 고용된 적이 있었다. 회사는 아홉 가지 서로 다른 시계를 광고에서 보여 주기를 원했지만, 그는 딱 한 가지만 보여 주는 게 낫다고 권하였다. 고객이 계속 고집을 부리자 슈거맨은 두 가지 광고를 모두 만들어 『월 스트리트 저널』의 같은 호에서 테스트해 보자고 제안하였다. 결과는? 시계 하나를 내놓은 광고가 아홉 가지 시계를 보여 준 광고보다 무려 6배나 인지도가 높았다.

일찍이 헨리 포드Henry Ford는 전 시대 최고의 베스트셀러 자동차인 T 모델에 대해 이렇게 말한 적이 있다. "고객은 자신이 원하는 어떤 색의 차든 가질 수 있다. 그게 검정색이기만 하면 말이다."

그는 사업하는 사람들이 잊고 있는 것이 무엇인지 이해하고 있었다. 즉 고객을 섬긴다는 것(고객 서비스)이 그 고객의 심부름꾼이 된다는 것은 아니며, 그들의 모든 변덕과 요구를 채워 주어야 한다는 것도 아니라는 사실이다. 고객 서비스란 훌륭한 제품을 적정 가격에 제공하는 것이고, (배송 중 분실, 교환, 환불과 같은) 원칙적인 문제들을 되도록 빠른 속도로 해결해 주는 것이다. 이것으로 끝이다.

당신이 고객들에게 선택 사양을 많이 제공할수록 고객은 점점 더 결정을 내리지 못하게 되고, 결국 주문은 떨어지게 된다. 결국 양쪽 모두에게 손해이다. 게다가 고객에게 더 많은 선택 사양을 제공할수록, 당신은 더 큰 생산비 부담과 고객 서비스 부담을 지게 되는 셈이다.

'결정을 내리지 않게 만드는' 기술은 고객이 내릴 수 있는, 또는 내려야만 하는 결정의 수를 최소화하는 방법이다. 이제 나와 다른 뉴리치들이 서비스 총 경비를 20퍼센트에서 80퍼센트까지 줄일 수 있었던 몇 가지 방법에 대해 살펴보자.

1. (예를 들어 '기본형'과 '고급형'같이) 구매 시 더도 말고 덜도 말고 한두 가지 선택 사양만 제공하라.

2. 다양한 배송 방식을 제공하지 마라. 대신 빠른 배송 방식 한 가지를 제공하면서 프리미엄 요금을 청구하라.

3. 익일 배송이나 빠른 배송 같은 방법을 제공하지 마라. (다른 모든 점에서도 적용되겠지만 빠른 배송을 요구하는 구매자에게는 이런 배송 방식을 제공하는 판매 대행업체를 소개하는 것은 가능하다.) 왜냐하면 이와 같은 배송 방식을 제공할 경우, 제품이 안 온다고 안달하는 고객들의 전화를 수백 통은 받게 될 것이기 때문이다.

4. 전화 주문을 없애고 모든 잠재 고객들을 온라인 주문으로 유도하라. 이 방법은 일견 터무니없게 들릴지도 모른다. Amazon.com과 같은 성공 사례들이 생존을 위한 비용 절감의 기본 수단으로 이 방법에 의존했다는 사실을 알기 전까지는 말이다.

5. 국제 배송 서비스도 제공하지 마라. 주문 하나하나마다 세관 양식을 작성하느라 10분씩은 더 잡아먹고, 관세로 인해 제품 비용은 20~100퍼센트 정도는 더 오르게 된다. 이로 인한 고객 불만을 처리해야 하는 것은 보도블록에 머리를 박는 것만큼이나 괴로운 일일 것이다. 이것은 수익 면에서도 딱 그 정도일 뿐이다.

아마도 언급한 몇몇 방침으로부터 가장 시간을 절약해 줄 수 있는 방법에 대한 힌트를 얻을 수 있을 것이다. 그것은 바로 고객을 걸러내는 방식이다.

고객이라고
다 같은 것은 아니다

일단 당신이 3단계에 이르러 얼마간의 현금을 갖게 되면, 이제는 고객을 재평가하여 솎아 내야 할 때이다. 모든 사물에는 좋은 버전과 나쁜 버전이 있다. 좋은 음식과 나쁜 음식이 있는가 하면 좋은 영화와 나쁜 영화가 있고, 좋은 섹스와 나쁜 섹스가 있는가 하면 물론 좋은 고객과 나쁜 고객이 있다.

좋은 고객과는 거래하지만 나쁜 고객은 피해야 한다. 나는 고객을 어떤 희생을 치르더라도 만족시켜야 할 절대 무오류의 축복 받은 인간이 아닌, 평등한 거래 파트너로 생각하라고 조언한다. 만약 당신이 훌륭한 제품을 적정 가격에 제공한다면, 이것은 평등한 거래이지 하급자(당신)와 상급자(고객) 간의 구걸과 타협이 아니다. 프로답게 처신하되 터무니없이 구는 사람에게는 절대 머리를 조아리지 마라.

문제 있는 고객들과 거래하고 나서 후회하지 말고, 처음부터 그런 사람들이 주문하지 못하게 만들어야 한다.

나는 웨스턴 유니언을 통해 송금 받거나 수표로 지불 받지 않는 뉴리치들을 수십 명은 알고 있다. 어떤 이들은 이런 방침에 대해 "당신네들은 매출액의 10~15퍼센트를 포기하는 거라구!" 하는 반응을 보일 것이다. 하지만 뉴리치들은 거꾸로 이렇게 말한다. "그렇죠. 하지만 비용 중 40퍼센트는 낭비하게 만들고 내 시간의 40퍼센트를 좀먹는 10~15퍼센트의 고객들을 피하는 것이기도 하답니다." 이것은 전형적인 80 대 20 법칙에 해당한다.

돈은 조금밖에 쓰지 않으면서 주문하기 전부터 요구 사항은 턱없이 많은 사람들은 판매가 완료된 후에도 마찬가지로 굴기 십상이다. 그들을 잘라 버리는 것은 라이프스타일 면에서나 금전적인 면에서나 잘한 결정이다. 이익은 조금 내면서 관리하기 어려운 고객들은 상담원들에게 전화해서 중요하지 않은 질문이나 온라인으로 이미 답변된 질문들을 하면서 30분씩 시간을 끌곤 하는데, 이 비용은 30분 통화당 24달러 90센트(30×83센트)가 들어 그들이 애당초 기여한 얼마 안 되는 수익마저 다 날려 버린다.

가장 많이 쓰는 사람들이 가장 불평이 적은 법이다. 50달러에서 200달러대의 고가 정책 외에도 고수익을 내면서도 관리하기 어렵지 않은 고객들을 끌어들일 수 있는 몇 가지 정책에 대해 추가적으로 알아보자.

1. 웨스턴 유니언 송금, 수표, 우편환을 통한 지불 방식은 허용하지 않는다.
2. 도매 최소 수량을 12~100개 단위로 올리고, 시간을 엄청 잡아먹는 초보자를 피해 진정한 사업가들에게만 판매 대행업체 자격을

주기 위해서 세금 증명 번호를 요구한다. 남한테 일일이 가르쳐 가면서 판매할 필요는 없다.

3. 모든 판매 대행업체 후보들에게 종이로 인쇄해서 내용을 기입한 후 팩스로 보내는 온라인 주문 양식을 참조하게 한다. 가격을 협상하거나 주문 물량이 많을 경우 가격을 낮춰 주거나 하면 절대로 안 된다. 과거에 발생했던 문제로 인해 '회사 규정상' 어쩔 수 없다고 둘러대라.

4. 후속 판매를 위한 연락처를 얻으려면, 제품을 공짜로 주는 대신 저렴한 가격의 제품을 제공한다. 공짜로 무언가를 제공해 봤자 남의 시간만 잡아먹는 사람들만 꼬이게 되고 제품 구매로 연결되지도 않을 사람들에게 돈만 들이는 꼴이 된다.

5. 무료 체험보다는 (아래 박스 속 글에 나와 있는 것과 같은) 루즈 윈 보장을 제시한다.

6. 나이지리아와 같이 우편 사기가 빈번한 나라의 주문은 받지 않는다.

당신의 고객 기반이 배타적인 클럽의 성격을 띠도록 만들어서, 일단 그들을 회원으로 받아들인 후에는 제대로 대우해 주어야 한다.

속박 속에서 일이 잘되는 것보다는
자유로움 속에서 일이 잘 안 되는 게 훨씬 더 낫다.

— 토머스 H. 헉슬리, '다윈의 불독'으로 알려진 영국의 생물학자

Step4

원할 때 일하고,
살고 싶은 곳에서
산다

해방Liberation**을 위한 L**

인생에는 인생의 속도를 높이는 것보다
더 중요한 일이 있다.
-모한다스 간디

사무실에서
탈출하는 법

원하는 곳에서 일한다

하루에 8시간씩 성실하게 일해 봤자 결국에는 사장이 되어 하루 12시간씩 일하게 될 뿐이다.

-로버트 프로스트, 퓰리처상을 4회 수상한 미국의 시인

　　　　　　　　　　　"우리는 전화비까지 경비 처리해 주지는 않을 걸세." "그렇게 해 달라고 요청하는 게 아닙니다." 침묵. 그 다음에는 끄떡임, 웃음, 그리고 감수하겠다는 듯한 삐딱한 미소.

"좋아. 그럼, 그렇게 합시다." 이걸로 끝이었다. 눈 깜짝할 사이였다. 평생 직장인으로 살았던 마흔네 살의 데이브 카마릴로는 지금 막 인생의 암호를 해독하고 제2의 삶을 시작한 것이었다.

그는 해고되지도 않았고, 불호령을 듣지도 않았다. 그의 상사는 이 모든 상황에 꽤 잘 대처하고 있는 듯이 보였다. 그렇다! 데이브는 회사의 기대에 부응해 왔으며, 고객과의 회의 중에 벌거벗고 눈밭을 뒹군 것도

아니었다. 하지만… 그렇지만… 그는 아무에게도 말하지 않고 중국에서 한 달을 보내고 지금 막 돌아왔다.

"내가 예상했던 것의 반만큼도 힘들지 않았어!"

데이브는 직원이 1만 명도 넘는 휼릿패커드에서 일하고 있다. 힘든 점이 있긴 하지만 사실 그는 이 일을 좋아한다. 그는 지난 7년 동안 45개 주, 22개 나라의 고객을 위해 기술 지원을 해 왔으며, 따로 자기 회사를 차릴 생각은 없었다. 그런데 6개월 전 작은 골칫거리가 하나 생겼다.

골칫거리란 다름 아닌 155센티미터의 키에 50킬로그램쯤 나가는 그녀였다. 그도 다른 대부분의 남자들처럼 구속을 두려워하는 것일까? 혹은 스파이더맨 티셔츠를 입고 집 주위를 뛰어다니는 걸 그만두고 싶지 않은 걸까? 아니면 자존심 있는 남자들의 마지막 피난처인 플레이스테이션 게임기에서 떨어지고 싶지 않은 걸까? 아니다. 그는 이 모든 시기를 지났다. 사실 데이브는 청혼할 채비를 마친 준비 완료 상태였다. 하지만 휴가 날짜가 부족했고 여자 친구는 멀리 떨어진 다른 곳에 살고 있었다. 9천 516킬로미터나 떨어진 곳에 말이다.

그는 고객을 만나러 중국 선전에 갔다가 그녀를 만났고, 이제 그녀의 부모님을 만나야 할 차례인데 망할 놈의 일 때문에….

데이브는 최근 들어서야 재택근무를 하면서 기술 지원 전화를 받기 시작했다. 그런데 말이다, 집이란 곳은 마음이 가 있는 데를 뜻하는 말 아닌가? 그는 비행기 표 한 장과 전 세계에서 통화 가능한 휴대전화 하나를 들고, 7일간의 첫 번째 실험을 하기 위해 태평양 상공 어디쯤에

떠 있었다. 그 후 그는 12시간의 시차를 뛰어넘어서 청혼하여 그녀의 승낙을 받았다.

미국에서는 아무도 이 사실을 모르고 있었다. 30일간의 두 번째 현지 여행 때는 중국에 있는 그녀의 집을 방문하고 미식 기행(돼지 머리 드셔 본 분?)을 했으며, 결혼 서약을 통해 슈메이 우는 슈메이 카마릴로가 되었다. 휼릿패커드는 데이브가 어디에 있는지 알지도 못할뿐더러 관심도 없이 팔로 알토에서 세계 시장 지배를 위한 노력을 계속해 나가고 있었다. 그는 자신에게 오는 전화가 새로 얻은 아내의 휴대전화로 연결되도록 하는 등 모든 것이 제대로 돌아가게 만들어 놓았다.

최상의 상황을 기대하지만 최악의 시나리오도 각오한 후 미국에 돌아온 데이브는 이제 기동력 면에서 최고의 훈장을 받은 셈이었다. 앞으로는 정말로 시간을 탄력적으로 쓸 수 있을 것 같았다. 그는 매년 여름 중국에서 두 달씩 보내는 것으로 시작해 잃어버린 시간을 보상 받기 위해 호주와 유럽으로 돌아다닐 터였다. 그것도 상사의 전폭적인 지원을 받아 가며 말이다.

속박에서 벗어나는 비결은 간단하다. 허락을 구하는 대신 나중에 용서를 빌면 된다.

'내 인생의 30년 동안을 여행 한 번 못하고 보냈다. 그러니 지금 좀 하면 왜 안 되는가?'

이것이야말로 모든 사람들이 자문해야 하는 것이다. 도대체 왜 지금 하면 안 되는가?

진부한 부자 스타일에서
벗어나라

애스콧 타이를 맨 채 대저택에 살며 귀찮게 구는 애완견들을 키우는 옛날식 상류 계층인 구세대 부자는 한 장소에 터를 잡고 살아간다는 특징이 있다. 낸터컷의 슈워츠 가문이나 샬로츠빌의 맥도넬 가문처럼 햄프턴에서 여름을 보내는 식의 유행은 너무 90년대 스타일이다. 시류가 변하고 있다. 이제 한 장소에 얽매여 사는 것은 중산층을 정의하는 특징일 뿐이다. 단순히 돈이 많다고 뉴리치가 되는 게 아니다. 그들은 이동에 제약 받지 않는다는 말로 하기 어려운 한 가지 능력에 의해 정의된다. 즐기기 위해 수시로 세계 여행을 다니는 일이 벤처 기업 소유자나 프리랜서에게만 한정된 것은 아니다. 직장인들도 노력하면 이룰 수 있다!

이루어 낼 수 있을 뿐만 아니라 점점 더 많은 회사가 직원들이 그렇게 하기를 바라고 있다. 가전제품 판매 업계의 거대 기업인 베스트바이 사는 현재 수천 명의 직원들을 미네소타 주의 본사 대신 그들의 자택에서 일하도록 하고 있는데, 그 결과 비용을 절감했을 뿐 아니라 성과 면에서도 10~20퍼센트의 판매 증가를 가져왔다고 주장하고 있다. 새로운 주문 사항은 다음과 같다. "당신이 원하는 장소, 원하는 시간에 일할 수 있게 하겠다. 단, 일을 완수하기만 한다면!"

일본에서는 매일 오전 9시에서 오후 5시까지 지루하고 고된 업무를 하고 있는 기계적인 직장인들을 가리켜 '사라리맨', 즉 샐러리맨이라고 하는데, 지난 몇 년 사이 '닷스 사라 스루'라고 하는 새로운 단어가 하나 등장하였다. 이것은 샐러리맨(사라)의 라이프스타일(스루)에서 탈출 (덧스)한다는 뜻이다.

이제 당신이 샐러리맨 라이프스타일에서 탈출하는 법을 배울 차례 이다.

상사를 맥주와 맞바꾸는 방법 :
옥토버페스트 사례 연구

구속에서 벗어날 적당한 힘을 기르 기 위해서 우리는 두 가지 일은 해야 한다. 업무 측면에서 원격 근무가 가져올 이익을 보여 주는 동시에, 원격 근무 요청을 거절하면 얼마나 값 비싼 대가를 치러야 하고 고통스러워지는지 알게 해야 한다.

셔우드를 기억하는가? 프랑스제 셔츠가 잘 팔리면서부터 그는 미국 을 벗어나 세계 여행을 하고 싶어 안달이 났다. 그는 이미 돈도 충분했 다. 하지만 2단계 제거 부분에서 배운 시간 절약을 가능케 하는 수단 들을 실천해서, 여행을 하기 전에 사무실의 지속적인 감시에서 벗어날 필요가 있었다.

기계공학자인 그는 시간을 허비하게 만드는 일들과 다른 사람들의 방해를 90퍼센트 정도 제거한 후부터, 이전과 비교해 절반의 시간에 2 배 정도 많은 설계를 할 수 있었다. 실적 면에서 이러한 갑작스러운 대 약진으로 인해 그는 회사 윗선으로부터 주목 받게 되었고, 그를 잃는다 면 회사에 큰 손해가 되도록 회사 내에서 자신의 가치도 높였다. 가치가 높다는 것은 협상에 힘을 더 실을 수 있다는 뜻으로, 셔우드는 원격 근무 실험 기간에 실적이 급등한다는 것을 보여 주기 위해 생산성과 효율성을 다 발휘하지 않고 조금은 숨겨 왔다.

회의나 대면 협의를 대부분 없애 버린 이후 그는 자연스럽게 상사나 동료들과의 의사소통 때 80퍼센트 정도를 이메일로 하였고, 나머지 20퍼센트는 전화로 했다. 여기에 더해 별로 중요하지 않으면서 되풀이되는 내용의 이메일 양을 절반으로 줄이기 위해 그는 '거절하는 기술'에 나온 비결을 활용했다. 이 방법은 관리자의 눈에 덜 띄게 원격 근무로 옮겨 갈 수 있도록 해 주는 것으로, 그렇다고 아예 눈에 띄지 않기야 하겠냐마는 조금씩 감시의 눈길을 피해 가면서 전속력으로 일에 매진할 수 있었다.

셔우드는 탈출 계획을 다섯 단계로 나누어 실행에 옮겼다. 그는 업무가 그리 바쁘지 않은 시기인 7월 12일부터 시작해 두 달 동안 차근차근 진행하여 뮌헨의 옥토버페스트(뮌헨에서 열리는 민속 축제로, 세계적으로 널리 알려진 맥주 축제이다._옮긴이) 여행으로 끝을 맺도록 계획했는데, 이 2주간의 여행은 더 크고 더 대담한 유랑 계획을 짜기 전 마지막 시험의 역할을 할 것이다.

1단계 : 회사가 당신에게 투자하게 만들어라.
7월 12일, 맨 처음 그는 직원들이 받을 수 있는 부수적 교육에 대해 상사와 이야기하였다. 그는 고객과의 상호 작용을 개선시켜 줄 4주짜리 산업 디자인 강좌의 수업료를 내 달라고 회사에 요청하면서, 업무에 미칠 긍정적 이익을 확실하게 언급하였다. 다시 말해 그는 결론 없는 부서 내 논쟁이 줄고 고객과의 실적도 높이며 비용 청구 가능 시간도 늘어 날 것이라는 점을 부각시켰다. 셔우드는 회사가 되도록 자신에게 많은 투자를 해서 자신이 그만두면 회사가 입을 손실이 크도록 하고 싶었다.

2단계 : 회사 밖에서 오히려 성과가 향상된다는 사실을 증명하라.

둘째, 그는 원격 근무에서의 생산성을 보여 주기 위해 그다음 주 화요일과 수요일인 7월 18일, 19일에 병가를 냈다. 그가 화요일에서 목요일 사이에 병가를 낸 것은 두 가지 이유에서이다. 주말에 이어 사흘을 쉬는 것보다 더 설득력이 있는 데다 주말이라는 업무 유예 기간 없이 사회와 격리된 상태에서 일을 얼마나 잘 해낼 수 있는지 보여 줄 수 있어서였다. 그는 이틀 동안 평상시에 비해 2배의 성과를 낼 수 있게 일했고, 상사가 이를 알아차릴 수 있도록 이메일로 흔적을 남겼다. 이것은 이후 협상 때 참조할 수 있도록 그가 이룬 성과를 계량화하여 기록으로 남기기 위해서였다. 셔우드는 회사 데스크톱 컴퓨터에서만 쓸 수 있는 고가의 CAD 소프트웨어를 사용하기 때문에, 그는 집에서 회사 컴퓨터를 조종할 수 있도록 고투마이피시 GoTo-MyPC 원격 접근 소프트웨어 무료 체험판을 설치하였다.

3단계 : 업무 면에서의 이익을 계량화하여 준비하라.

셋째, 셔우드는 회사 밖에서 얼마나 더 높은 성과를 거두었는지 강조하는 리스트를 만들었다. 그는 원격 근무가 개인에 대한 혜택이 아니라 업무 성과라는 측면에서 훌륭한 판단임을 보여 줄 필요가 있다는 사실을 깨달았다. 최종 결과를 보니 평상시 평균보다 하루에 세 건이나 더 많은 설계를 할 수 있었고, 고객에게 청구할 수 있는 시간도 합해서 3시간이 더 많아졌다. 그 이유로 출퇴근 시간이 없어진 점과 사무실 내 소음 때문에 정신이 흐트러지는 일이 줄어들었다는 점을 들기로 했다.

4단계 : 원격 근무를 언제든지 철회할 수 있도록 그냥 한번 해 보고 싶다고 제안하라.

넷째, 셔우드는 자신감이 충만한 상태에서 일주일에 하루씩 2주 동안 시험적으로 원격 근무를 해 보고 싶다고 제안하였다. 그는 어떻게 말할지 미리 각본을 짜 두긴 했지만, 뭔가 심각하고 확정된 것 같은 인상을 줄까 봐 파워포인트로 만들지는 않았다.

셔우드는 휴가 다음 주인 7월 27일, 상대적으로 느슨한 목요일 오후 3시경에 상사의 사무실 문을 두드렸는데, 그가 짠 각본은 다음과 같았다. 꼭 들어가야 할 문구에는 밑줄을 그었고, 협상 포인트는 각주에 설명하였다.

> 셔우드 : 안녕하세요, 빌. 잠깐 시간 좀 내주실 수 있나요?
> 빌 : 물론이지. 무슨 일인가?
> 셔우드 : 그냥 마음속에 생각하고 있던 것을 말씀드리고 싶어서요. 2분이면 충분합니다.
> 빌 : 말해 보게나.
> 셔우드 : 아시다시피 지난주에 제가 좀 아팠습니다. 간단히 말해서 상

태가 안 좋았지만 일이 많아 집에서라도 해야겠다고 생각했습니다. 근데 재미있는 건 말이죠, 저는 아무 일도 해내지 못할 줄 알았는데, 이틀 동안 평소보다 세 건이나 더 많은 설계를 끝낼 수 있었다는 겁니다. 출퇴근에 시간을 뺏기지 않고 사무실 내 소음이나 딴 데 정신 팔리는 일들이 없어지니, 고객에게 청구할 시간도 평소보다 3시간은 더 많아지더군요. 지금부터 제가 하는 말은요, 단 2주 동안만 월요일과 화요일에 재택근무를 한번 시도해 보고 싶다는 겁니다. 원하실 때는 언제라도 원상 복구하셔도 좋구요. 회의가 필요할 때는 출근하겠습니다. 하지만 단 2주 동안만이라도 시도해 본 후 그 결과를 검토했으면 좋겠습니다. 이전보다 2배 정도의 성과를 올릴 수 있으리라 100퍼센트 장담합니다. 합리적으로 들리시지 않습니까?

빌 : 흠, 고객과 설계를 의논해야 할 때는 어떻게 할 건가?

셔우드 : 제가 출근하지 못할 때 회사 컴퓨터에 접속하려고 쓰던 고투마이피시라는 프로그램이 있는데, 이것만 있으면 원격으로도 모든 것을 볼 수 있습니다. 휴대전화도 24시간 내내 켜 놓겠습니다. 어떠십니까? 다음 주 월요일부터 테스트해 보고, 제가 얼마나 더 많이 일할 수 있는지 한번 보시겠습니까?

빌 : 음, 좋아. 하지만 이건 단지 테스트일 뿐이네. 5시에 회의가 있어서 빨리 가 봐야 하네. 하지만 조만간 다시 이야기하자고.

셔우드 : 좋습니다. 시간 내 주셔서 감사합니다. 좋은 의미에서 깜짝 놀라시게 될 거라 확신합니다.

셔우드는 일주일에 이틀씩이나 허락을 받으리라고는 기대하지 않았다. 그가 이틀을 요청한 이유는 상사가 거절할 경우에 대비해 하루만이라도 부탁해 보려고 한 것이었다. 여기서 셔우드가 일주일에 5일 동안 원격 근무를 하겠다고 필사적으로 덤비면 왜 안 될까? 그 이유는 두 가지다. 첫째, 회사 측에서 곧바로 승낙하기에는 너무 무리한 요구이다. 우리는 사측이 겁을 먹지 않도록 작은 것부터 요구한 후 조금씩 늘려나갈 필요가 있다. 둘째, 전면적인 원격 근무를 얻어 내기 전에 협상 능력을 연마하는 것, 즉 살짝 예행 연습을 하는 것이 더 낫기 때문이다. 이와 같은 예행 연습을 통해 원격 근무의 기회를 취소 당할 만한 위기나 중대한 실수를 저지를 가능성을 줄일 수 있다.

5단계 : 원격 근무 시간을 연장하라.

셔우드는 만반의 준비를 해서 재택근무 날이 지금까지 일한 중에 가장 생산적이 될 수 있도록 하였다. 그는 차이가 극명하게 드러나도록 사무실 근무 시에는 작업량을 최소한으로 떨어뜨렸다. 그는 원격 근무의 결과에 대해 상사와 이야기할 수 있도록 8월 15일로 회의 약속을 잡고, 회사 근무와 비교해서 향상된 작업량과 완성물을 자세하게 보여 주는 한 페이지짜리 문서를 준비했다. 그는 2주 동안 시험 삼아 원격 근무 일수를 주당 4일로 늘려 시도해 보겠다고 제안하려는데, 필요하면 3일로 양보할 준비도 했다.

> 셔우드 : 제가 예상했던 것보다도 훨씬 더 좋은 결과가 나왔습니다. 수치를 보면 아시겠지만 업무 측면에서도 의미가 크다고 봅

니다. 그리고 지금은 일하는 것이 전보다 훨씬 더 즐거워졌습니다. 그러므로 이렇게 했으면 좋겠습니다. 타당하다고 생각하시면 앞으로 2주 동안 시험 삼아 일주일에 4일로 늘려 원격 근무를 하는 것을 제안하고 싶습니다. 제가 보기에는 금요일 날 회사에서 근무하는 것이 그다음 주를 준비하는 데 적절하다고 생각합니다. 하지만 다른 날을 원하신다면 무슨 요일이라도 괜찮습니다.

빌 : 셔우드, 이렇게까지 할 수 있을지 사실 확신이 안 서는군.

셔우드 : 어떤 점이 걱정되시나요?

빌 : 자네가 회사를 떠나려 하는 것 같아서 말이야. 자네, 내 입장이 곤란해지게 갑자기 그만둘 생각은 아니냔 말이지. 둘째, 다른 사람들도 자네와 똑같이 하겠다고 나서면 어떡하나?

셔우드 : 잘 알겠습니다. 좋은 지적이십니다. 솔직히 말씀드려서 일할 때 방해 받는 문제나 출퇴근 등 여러 가지 것들 때문에 거의 그만둘 뻔한 적이 있었습니다. 하지만 지금은 일상의 변화로 인해 사실 굉장히 기분이 좋습니다. 저는 이런 변화 덕분에 일도 더 많이 하고 마음도 느긋해졌답니다. 둘째, 생산성이 향상되었다는 것을 보여 줄 수 없다면 어느 누구에게도 원격 근무를 허락해서는 안 되죠. 그런 면에서 저는 완벽한 실험인 셈입니다. 하지만 다른 분들도 생산성 향상을 보여 줄 수만 있다면 시험적으로 그렇게 해 본들 뭐가 문제겠습니까? 생산성은 향상되면서 회사의 비용이 줄고 직원들은 행복해지는데 말이죠. 자, 어떻게 할까요? 제가 2주 동안 4일의 원격 근무를 시험해 보고 회사에서 해야 하는 일을 처리하러 금요일에 출근해도 되겠습니까? 모든 진행 상황은 항

상 보고드리겠습니다. 그리고 당연한 것이지만 마음이 바뀌
면 언제라도 뒤집을 수 있습니다.

빌 : 이 사람아, 자네도 참 끈질기군. 좋네. 한번 시도해 보지. 하지만
이 일에 대해 떠들고 다니지는 말게나.

셔우드 : 물론이죠. 고맙습니다, 빌. 믿어 주셔서 감사합니다. 머잖아
다시 말씀드리지요.

셔우드는 회사에서는 일의 성과가 저조했지만 집에서는 높은 생산
성을 유지하며 일했다. 그는 2주 후 상사와 함께 업무 결과에 대해 검
토했고, 9월 19일 화요일까지 주당 4일의 원격 근무를 2주간 더 연장
했다. 셔우드는 이날 외국에 살고 있는 친척을 방문하기 위해 2주 내내
원격 근무를 요청했다.

셔우드가 일하는 팀은 그의 전문 기술이 필요한 프로젝트를 수행 중
이었기 때문에, 그는 상사가 허락해 주지 않는다면 그만둘 준비를 하고
있었다. 그는 마감시한이 가까울 때 광고 가격을 협상해야 유리한 것처
럼, 원하는 것을 얻기 위해서 어떻게 요청하느냐보다는 언제 요청하느
냐가 더 중요하다는 사실을 알고 있었다.

비록 직장을 그만두고 싶지는 않지만, 셔츠를 판매해서 생기는 수입
은 옥토버페스트라는 그의 꿈을 이루고 그 이후를 위한 자금을 충당하
기에 충분했다.

셔우드는 그의 상사가 마지못해서나마 들어 주었기 때문에 그만두
겠다는 위협을 할 필요가 없었다. 그날 저녁, 그는 집에 가서 옥토버페

스트 참석을 위해 뮌헨으로 가는 524달러짜리 왕복 비행기 표를 구입했는데, 비행기 값은 일주일 동안 셔츠 판매에서 얻은 금액만큼도 되지 않았다.

이제 그는 시간을 절약할 수 있는 가능한 모든 수단을 사용했고, 불필요한 것들을 제거해 버릴 수도 있었다. 셔우드는 독일식 정통 맥주를 마시며 독일식 가죽 반바지를 입고 춤추는 틈틈이 자신의 업무를 훌륭하게 완수할 것이다. 그는 하고 싶은 일을 다 하면서도 80 대 20 법칙을 도입하기 전보다 회사가 더 잘 나가게 만들 것이다.

하지만 잠깐! 당신의 상사가 그래도 거절한다면 어떻게 하겠는가? 흠, 그리고 억지로 그들 방식을 강요한다면…? 만약 고위급 경영진이 끝까지 이해하지 못한다면, 다음 장에 나오는 방식대로 그들을 해고(?)해 버리는 수밖에는 없다.

대안 : **모래시계 방식**

뉴리치들이 '모래시계' 방식이라고 이름 붙인 것과 같이, 먼저 장기간 결근을 하는 것도 효과적인 방법이다. 이런 이름이 붙은 이유는 단기간의 원격 근무 협상을 하기 위해 먼저 이 장기 개념을 증명해 보이는 것을 시작으로 다시 회사 밖에서의 상근 원격 근무 협상을 해내야 하기 때문이다. 어떤 식으로 하는지 살펴보자.

1. 한 2주 동안 사무실을 비워야만 하는 사전 기획된 프로젝트나 (가족 문제, 개인적 문제, 이주, 집수리 등 어떤 것이든) 긴급 상황을 활용하라.

2. 일에서 손 놓고 그냥 있을 수 없다는 걸 알고 있기 때문에 휴가를 내기보다는 그 기간에도 일하겠다고 말하라.

3. 원격 근무의 방법을 제시하고, 돌아왔을 때의 성과가 평균에 미치지 못한다면 그동안의 (단지 그 기간에 한해서만!) 임금을 삭감해도 좋다고 제안하라.

4. 이 과정을 어떤 식으로 할지 상사도 함께 의논할 수 있도록 하라.

5. '회사에서 벗어난' 2주 동안을 가장 생산적인 기간이 되도록 하라.

6. 회사에 돌아와 상사에게 업무 결과를 보여 주고, 주의를 산만하게 만드는 것과 출퇴근 시간 등이 없으니 일을 2배나 많이 할 수 있었다고 말하라. 시험 삼아 2주 동안 일주일에 2~3일씩 재택근무를 하겠다고 제안하라.

7. 재택근무 기간에는 가장 생산적으로 일하라.

8. 일주일에 1~2일만 회사에서 근무하겠다고 제안하라.

9. 회사에서 근무하는 날에는 가장 비생산적이 되도록 일하라.

10. 전면적인 재택근무를 제안하라. 상사도 찬성할 것이다.

Q&A 질문과 행동

사업가는 통제권을 포기하는 것이 두려워 자동화에 어려움을 겪는 데 반해, 직원들은 통제권을 행사하는 것 자체가 두려워 해방 앞에서 머뭇거린다. 고삐를 다잡겠다고 결심하라. 당신의 나머지 인생이 여기에 달려 있다.

아래 질문과 행동은 당신이 출석을 기준으로 한 업무에서 실적을 기준으로 한 자유를 얻는 데 도움이 될 것이다.

1 만약 당신이 심장마비에 걸려서 상사가 동정심을 보인다고 가정할 때, 당신은 4주 동안 어떤 식으로 원격 근무를 할 수 있겠는가?
만약 원격 근무가 불가능해 보이는 업무라면, 또는 상사로부터 반대가 예상된다면, 다음과 같이 질문해 보라.

● 이 업무를 통해서 무엇을 달성할 것인가? 즉 그 목적이 무엇인가?
● 동일한 일을 달성하기 위해서 다른 방법을 찾아야만 한다면, 그리고 당신의 인생이 여기에 달려 있다면, 어떤 방식으로 일하겠는가? 원격 회의? 화상 회의? 고투미팅GoToMeeting 프로그램? 고투마이피시 프로그램? 아니면 관련 서비스를 통해서?
● 당신 상사는 왜 원격 근무에 반대하는 것일까? 원격 근무가 당장 회사에 미칠 부정적 영향은 무엇이며, 그것을 방지하거나 최소화시키기 위해 당신은 뭘 할 수 있을까?

2 상사의 입장이 되어 보라. 당신의 업무 경력에 비추어 볼 때, 당신이라면 당신을 믿고 회사 밖에서 일하도록 해 주겠는가?
만약 그렇지 않다면 업무량을 향상시키기 위해 이 책의 제거 부분을 다시 읽고, 모래시계 방식에 대해 잘 생각해 보라.

3 주변 환경에 상관없이 생산성을 높일 수 있도록 연습하라.
원격 근무를 시도해 보겠다고 제안하기 전에, 2주 동안 토요일마다 하루 2~3시간씩 카페에서 일해 보라. 만약 당신이 체육관에서 운동했다면, 이 2주 동안은 집이나 체육관을 벗어난 다른 곳을 이용해라. 이 연습의 목적은 업무를 단일한 환경에서 분리시켜 당신이 혼자서도 일할 수 있도록 훈련하는 것이다.

4 현재의 생산성을 계량화해 보라.

만약 당신이 80 대 20 법칙을 적용하여 방해하지 못하게 만드는 규칙을 세우고 관련된 기초 작업을 다 마무리 지었다면, 양적으로 환산할 때 당신의 업무 성과는 입이 떡 벌어질 정도여야 한다. 고객을 응대하는 것이든 수익을 발생시키는 것이든 웹페이지를 제작하는 것이든 외상 매출금을 거둬 들이는 속도에 있어서든 그 외 다른 어떤 것이든 말이다. 이것을 문서로 증명하라.

5 원격 근무를 요청하기 전에 원격 근무의 생산성을 증명할 기회를 만들라.

이것은 회사 환경 밖에서 당신의 능력을 테스트하는 한편, 지속적인 통제 없이도 전력을 다해 일할 수 있음을 입증하기 위한 것이다.

6 제안하기 전에 '안 된다'는 말이 나오지 않도록 하라.

가격 협상을 위해 농산물 장터에 가서 일등품으로 업그레이드를 해 달라고 요청하고, 레스토랑에서 서비스가 안 좋을 때는 보상을 해 달라고 하며, 그 밖에 사람들이 당신의 요청을 들어 주지 않을 때는 다음의 마법 같은 질문을 활용해 많은 것을 얻어 내는 연습을 하라.

"(원하는 결과)를 얻으려면 제가 어떻게 해야 할까요?"
"어떤 상황이면 (원하는 결과)를 해 주시겠습니까?"
"예외적인 조치를 하신 경우가 있습니까?"

"이전에 예외적인 조치를 한 적이 있을 거라고 확신하는데요. 그렇죠?"

(만약 아래쪽 두 질문에 "없다."고 대답한다면 "왜 그렇게 하지 않으셨는데요?"라고 질문하고, "있다."라고 대답한다면 "왜 그렇게 해 주셨는지요?"라고 묻는다.)

7 회사가 당신의 원격 근무를 지원할 수밖에 없게 만들어라. 월요일이나 금요일에 재택근무를 하겠다고 제안하라.

원격 근무를 하는 동안 생산성이 약간 떨어지더라도 당신을 해고하면 회사에 심각한 타격을 줄 만한 시점을 잘 선택해 이 단계나 그 다음 단계로 넘어가라.

만약 회사에서 거절한다면 이제는 새로운 상사를 구하거나 사업가로 나서야 할 때이다. 이 직장은 당신에게 필요한 시간적 자유를 절대로 주지 않을 것이다. 일단 회사를 떠나기로 마음먹었다면 그들이 당신을 내보내게 만들어라. 사표를 쓰기보다는 해고를 당하는 편이 명예퇴직 수당이나 실업 수당이 더 높기 때문이다.

8 시험적인 원격 근무를 성공적으로 치러 내면서 그 기간을 점점 늘려 나가 상시적, 또는 당신이 원하는 수준의 원격 근무에 이르도록 하라.

회사가 얼마나 당신을 필요로 하는지 과소평가하지 마라. 업무 처리를 훌륭히 한 다음 당신이 원하는 것을 요구하라. 하지만 시간이 가도 원격 근무를 얻어 낼 수 없다면 회사를 떠나라. 작은 칸막이 책상에 둘러싸여 인생의 대부분을 허비하기에는 세상은 너무나 넓다.

개선의 여지가 없다면
직장을 버려라

모든 행위의 과정에는 위험이 도사리고 있다. 그러므로 신중하다는 것은 위험을 피하는
데 있는 게 아니라(피하는 것 자체가 불가능하므로), 위험도를 판단하여 결단력 있게 행
동하는 데 있다.
-니콜로 마키아벨리, 『군주론』

어떤 직장들은 간단히 말해서 개선
의 여지가 없다. 개선한다고 해 봐야 감방에 고급 브랜드의 커튼을 다
는 격이나 마찬가지이기 때문이다. 즉 나아지기는 하겠지만 좋아지는
것과는 거리가 멀다. 이 장의 문맥상 '직장'이라는 것은 당신이 회사를
경영한다면 그 회사를, 당신이 일반적인 직장에 다닌다면 그 직장을 가
리키는 말이다. 이 글에서 어떤 조언들은 위의 두 가지 직장 중 한 가지
에만 해당되는 것이지만, 대부분은 두 가지 모두와 관련 있는 조언들이
다. 이렇게 알고 시작하자.

　나는 세 군데 직장에서는 자진해서 그만두었지만 나머지 직장에서

는 모두 해고되었다. 해고는 불시에 닥쳐와 때로 회복하려고 허둥대게 만들기도 하지만, 대부분은 누군가 다른 사람이 당신을 위해 결정을 내려 주기 때문에 행운인 경우가 많다. 남은 인생을 맞지 않는 직장에 주저앉아 보낸다는 것은 말도 안 되는 짓이다. 대부분의 사람들은 해고를 당할 만큼 운이 좋지 않기 때문에 평범한 일들을 견뎌 내면서 30~40년 동안 정신적으로 서서히 죽어 간다.

결단 내리기

　　　　　　　　　단지 일이 많다거나 그 일에 많은 시간을 소모한다고 해서 그 업무가 생산적이거나 가치 있는 것은 아니다. 당신이 5년, 10년, 혹은 20년 전에 결정을 잘못해서 여전히 그대로 살고 있다는 사실을 받아들이기 싫다고 하더라도, 지금 제대로 된 결정을 내리는 것을 미루어서는 안 된다. 만약 당신이 자존심 때문에 결단을 내리지 않는다면, 지금과 똑같은 이유로 5년, 10년, 20년 후에도 인생을 증오하고 있을 것이다. 나도 내가 틀렸다는 것을 인정하기 싫어 변화를 주지 않으면 완전히 무너져 버릴 상황에 이를 때까지 회사와 함께 막다른 길을 향해 달려가고 있었다. 나도 결단을 내리는 게 얼마나 힘든지 안단 말이다.

당신이나 나나 똑같은 상황에 놓여 있다. 하지만 자존심을 세우는 것은 어리석은 일이다.

제대로 잘 돌아가지 않는 일을 그만둘 수 있는 것은 승자가 되는 데 절대적으로 필요하다. 보람 있던 일이 언제 소모적인 일이 될지 한정짓지 않은 채 사업을 계획하거나 직장에 들어가는 것은, 도박할 돈의 상한선을 정하지 않고 카지노에 들어가는 것과 비슷하다. 즉 위험하고 어리석기 짝이 없는 짓이라는 것이다.

"하지만 당신은 제 상황을 이해하지 못해요. 복잡한 일이 얽혀 있다구요!" 진짜 그럴까? 복잡하다는 것과 어렵다는 것을 혼동하지 말자. 대부분의 상황은 단순하다. 단지 수많은 상황에 휘둘리다 보니 감정적으로 힘이 드는 것뿐이다. 문제점과 해결책은 흔히 명백하고도 간단하다. 무엇을 해야 할지 당신이 모르는 게 아니라는 말이다. 당신은 너무나 잘 알고 있다. 단지 지금 상황보다 더 악화되지나 않을까 두려워하는 것뿐이다.

지금 당장 당신에게 말할 수 있다. 당신은 이 시점에서 더 나빠질 게 없다. 당신이 두려워하는 상황으로 돌아가 두려움의 끈을 잘라 버려라.

반창고를 떼는 정도로
생각보다 쉽다

침몰하는 배 안에 사람들을 그대로 남아 있게 만드는 몇 가지 중요한 두려움이 있다. 하지만 이 모든 두려움에 대해서는 간단하게 반박할 수 있다.

1_ 퇴직은 영원하다.

전혀 그렇지 않다. 이 장과 '두려움의 고착이나 무기력을 피하는 법'에 나와 있는 Q&A(질문과 행동)의 질문들을 이용해 나중에 당신이 원하는 직장으로 어떻게 다시 돌아갈 수 있는지, 또는 새로운 회사를 창업할 수 있는지 검토해 보라. 나는 방향을 바꾸었다가 원래대로 돌아가지 못했던 경우는 본 적이 없다.

2_ 나는 청구 대금을 지불할 수 없을 것이다.

물론 지불할 수 있다. 목표는 우선 현재의 직장을 그만두기 전에 새로운 직장이나 돈이 들어올 수입원을 찾는 것이다. 문제 해결 완료!

만약 당신이 회사를 그만두거나 해고된다 하더라도 일시적으로 여기저기에 들어가는 대부분의 비용을 없애고 잠시 동안 저축에 의존해 살아가는 게 그리 어렵지는 않을 것이다. 집을 세놓는 것에서부터 채무 재조정을 받거나 집을 파는 것에 이르기까지 여러 가지 방법이 있다. 방법은 항상 생기기 마련이다.

감정적으로 어려울 수는 있겠지만 굶어 죽지는 않는다. 차고에 차를 세워 두고 몇 달간 자동차 보험을 취소하라. 다음 일을 찾을 때까지 카풀을 하거나 버스를 타고 다니면 된다. 신용카드 빚을 좀 더 지고, 외식하는 대신 집에서 식사를 해결하자. 당신이 수백, 수천 달러를 들여 사 놓고 한 번도 쓰지 않았던 잡동사니들을 팔아 해결할 수도 있다.

당신의 재산과 현금 보유액, 빚과 한 달 지출 비용 등 전체 목록을 쭉 적어 보라. 현재 가지고 있는 자산으로, 또는 가진 재산을 좀 매각한다면 얼마나 오랫동안 버틸 수 있겠는가?

모든 비용을 검토한 후 스스로에게 물어보라. '만약 내가 신장에 문제가 생겨 이식을 해야 한다면 어떻게 할 것인가?' 쓸데없는 멜로드라마는 찍지 마라. 치명적인 일은 거의 일어나지 않는다. 특히 현명한 사람들에게는 말이다. 당신이 이때까지 잘해 왔다면, 직장을 잃거나 그만두는 것은 대개 더 좋은 일이 있기 전에 (당신이 더 오래 원하지 않는 한) 몇 주간의 휴가를 갖는 것 정도의 일이다.

3_ 내가 그만두면 건강 보험과 은퇴 연금 계좌가 사라진다.

사실이 아니다. 나도 트루산 사에서 해고되었을 때 이런 문제로 두려워했다. 나는 다 썩어 빠진 이로 먹고살기 위해 월마트에서 일하는 상상까지 해 보았다.

몇 가지 사실을 알아보고 선택할 수 있는 방법을 조사해 본 후, 나는 한 달에 300달러에서 500달러만 내면 똑같은 조건을 제공하는 네트워크를 가진 동일한 의료 및 치과 보험에 가입할 수 있다는 것을 확인했다. 나의 401k 노후연금을 다른 회사(나는 피델리티 투자 회사를 골랐다.)로 옮기는 것은 정말로 쉬웠다. 전화로 30분도 채 안 걸렸으며 비용은 한 푼도 들지 않았다.

이 두 가지를 다 처리하는 데는 잘못된 전기세 고지서를 받고 수정하기 위해 전화로 고객 서비스 담당자와 연결되는 시간보다도 적게 걸린다.

4_ 내 이력서를 망치게 될 것이다.

나는 독창적인 이야기를 좋아한다.

직장과 직장 사이의 휴지기에 대해서는 눈에 띄지 않게 덮어 두고, 보기 드문 이야깃거리를 통해 취업 인터뷰를 하는 것은 전혀 어렵지 않다. 어떻게? 무언가 흥미로운 일을 해서 그들이 부러워하게 만들면 된다. 당신이 회사를 그만둔 후 아무것도 하지 않은 채 그냥 앉아만 있었다면, 나라도 당신을 채용하고 싶지 않을 거다.

반면 당신의 이력서에 1~2년 동안의 세계 일주 항해가 올라가 있거나 유럽 프로 축구팀과의 훈련이 적혀 있다면, 직업 세계로 돌아왔을 때 두 가지 재미있는 현상이 벌어진다. 첫째, 당신은 다른 사람보다 눈에 띄기 때문에 더 많은 인터뷰를 할 수 있게 된다. 둘째, 자신의 일에 지루해하고 있는 인터뷰 담당자들이 인터뷰 시간 내내 어떻게 그렇게 할 수 있었는지에 대해 물을 것이다!

당신이 왜 쉬었는지, 또는 전 직장을 왜 그만두었는지에 대해 혹시라도 묻는다면, 절대로 논박할 수 없는 한 가지 답변이 있다. "저는 (이국적이고 남들이 부러워할 경험을 할) 일생에 한 번 올까 말까 한 기회가 생겼는데 그것을 뿌리칠 수 없었습니다. 앞으로 오랫동안 더 일해야 하는데 서두를 필요가 뭐가 있을까 하고 생각했습니다."

삶의 중간에 떠나는 미니 은퇴

여행하는 라이프스타일 터득하기

긴 안목으로 보면, 즉흥적으로 하는 단순한 선택이 연구 조사를 거쳐 하는 것보다 더 요긴하다.

-롤프 포츠, 『방랑』

신경이 마비된 듯 멍하기는 하지만 셔우드는 4년 만에 가장 행복한 상태로 옥토버페스트에서 돌아왔다. 그 후 셔우드는 원격 근무 실험이 방침이 되도록 만들어 뉴리치의 세계에 정식으로 입문하였다. 이제 그에게 필요한 것은 이 자유를 어떻게 활용하느냐 하는 아이디어와 그가 가진 한정된 돈으로 무한에 가까운 라이프스타일을 만들어 낼 수단이다.

만약 당신이 제거와 자동화, 그리고 당신을 한곳에 묶어 두는 구속을 끊는 이전 단계들을 다 통과했다면, 이제 당신은 상상하던 것들에 탐닉하고 세계를 탐험해야 할 때이다.

설령 당신이 장기 여행을 동경하지 않거나, 아니면 결혼이나 집 담보 대출, 또는 아이들 때문이란 사소한 이유를 대며 그것이 불가능하다고 생각하더라도 이 장은 읽고 넘어가야 한다. 재택근무를 하여 회사를 나가지 않아도 되기 전까지 (또는 재택근무를 할 준비를 진행하기 전까지) 나를 포함해 대부분의 사람들이 미뤄 왔던 근본적인 전환점이 있다. 이 장은 뮤즈의 구조를 디자인하기 위한 마지막 시험이 될 것이다. 전환점은 멕시코의 작은 마을에서 시작된다.

우화, 그리고
부를 좇는 사람들

　　　　　　　　한 미국인 사업가가 의사의 지시에 따라 멕시코의 작은 해안 마을에서 휴가를 보내고 있었다. 첫날 아침, 그는 사무실에서 온 긴급한 전화를 받은 뒤 잠을 이룰 수 없어 머리를 식히려고 부둣가로 나갔다. 부두에는 달랑 어부 한 명이 탄 작은 배가 대어져 있었는데, 그 배 안에는 큼지막한 황다랑어 몇 마리가 있었다. 미국인은 그 멕시코 어부에게 물고기가 아주 훌륭하다고 칭찬을 했다.

"이것들을 잡는 데 얼마나 걸리셨나요?" 미국인이 물었다.

"얼마 안 걸렸수다." 멕시코인은 놀라울 정도로 완벽한 영어를 구사하였다.

"바다에 더 오래 있으면서 고기를 좀 더 많이 잡지 그러셨어요?" 다시 미국인이 물었다.

"가족을 먹여 살리고 친구들에게도 몇 마리 나눠 줄 만큼 잡았는걸."
멕시코인은 물고기들을 바구니에 담으면서 말했다.

"하지만…, 남는 시간에는 뭘 하시는데요?"

멕시코인은 미국인을 올려다보더니 미소를 지었다.

"늦잠 자고, 물고기 좀 잡고, 아이들과 놀아 주고, 아내 줄리아와 낮잠을 잔다우. 그러고는 저녁마다 마을을 어슬렁거리다 포도주도 마시고 친구들과 기타를 치면서 놀지. 살고 싶은 대로 살면서 내 딴에는 바쁜 몸이라우."

미국인은 웃더니 일어났다.

"저는 하버드 MBA 출신으로 아저씨를 도와드릴 수 있습니다. 아저씨는 물고기 잡는 데 더 많은 시간을 투자하고, 그 수익금으로 더 큰 배를 살 수 있습니다. 그러면 머지않아 어획량이 늘어나 배를 몇 척 더 살 수 있을 거고, 나중에는 고기잡이 선단을 갖게 될 거구요."

그는 계속했다.

"잡은 고기를 중간 상인한테 파는 대신 소비자에게 직접 팔다가 나중에는 통조림 공장을 여는 거죠. 결국에는 아저씨가 제품과 가공, 유통까지 손에 넣게 되는 겁니다. 물론 이 작은 어촌 마을을 떠나 멕시코시티로 옮겨야 할 거고, 그 후에는 로스앤젤레스 그리고 뉴욕까지 진출하는 겁니다. 뉴욕에서는 유능한 경영진과 호흡 맞춰 계속 사업을 확장하며 운영할 수 있을 겁니다."

"그 모든 일을 이루는 데 얼마나 걸리겠수?" 멕시코인 어부가 물었다.

이 말에 미국인이 대답했다.

"15년에서 20년 정도요. 길어야 25년이죠."

"그다음엔 어떻게 되우?"

미국인은 웃으면서 말했다. "그게 가장 중요한 부분이죠. 때가 되면 주식을 상장한 후 회사 주식을 팔아서 엄청난 부자가 되는 겁니다. 아마 수백만 달러는 벌게 될 거예요."

"수백만 달러? 그러고 나서는?"

"그다음엔 은퇴한 후 작은 어촌 마을로 가서 늦잠 자고, 물고기 좀 잡고, 아이들과 놀아 주고, 아내와 낮잠 자고, 저녁에는 어슬렁어슬렁 마을이나 돌아다니며 포도주도 마시고 친구들하고 기타 치며 노는 거죠…."

얼마 전에 나는 샌프란시스코에서 대학 룸메이트였던 한 친구와 점심을 먹었다. 그는 머지않아 최고 경영대학원을 졸업하고 투자 은행으로 되돌아갈 예정이었다. 그 친구는 자정이 다 돼서야 사무실에서 집으로 돌아오는 생활이 싫긴 하지만, 만약 9년 동안 주당 80시간을 일하면 전무이사가 돼 1년에 300만 달러에서 1천 만 달러까지 벌게 될 거라고 내게 설명했다. 그때가 되면 성공하는 것이라고 했다.

"이봐, 도대체 1년에 300만 달러에서 1천 만 달러씩 벌어서 뭐 하게?" 라고 나는 물었다.

그의 대답은 어땠을까?

"태국으로 장기 여행을 떠날 거야."

이것은 우리 시대의 가장 심각한 자기기만 중 하나를 단적으로 보여 주는 사례이다. 장기 세계 여행이 최고 부자들만의 전유물이라 여기는 것 말이다.

나는 또 이런 말도 들었다.

"나는 회사에서 15년 동안만 일할 거야. 그러면 공동 경영자가 될 거고 일하는 시간을 줄일 수 있겠지. 일단 은행 계좌에 100만 달러를 모은 다음 이 돈을 채권같이 안전한 곳에 투자하면 이자로 1년에 8만 달러를 벌 수 있어. 그러고는 은퇴해서 카리브 해를 휘젓고 다닐 거야." "나는 서른다섯 살이 될 때까지만 컨설팅 회사에서 일할 거야. 그 후엔 은퇴해서 오토바이로 중국을 횡단할 거야."

만약 결코 이룰 수 없을 것 같은 당신의 꿈이 태국에서 질리도록 살아 본다거나, 카리브해를 돌아다닌다거나, 오토바이를 타고 중국 대륙을 횡단하는 것이라면 생각해 보라.

이 정도는 3천 달러도 안 들이고도 할 수 있는 일들이다. 나는 이 세 가지를 다 해 보았다. 적은 돈으로 어디까지 할 수 있는지 두 가지 예만 살펴보자.

미화 250달러 : 5일 동안 스미소니언 열대 연구소가 있는 개인 소유의 섬에서 3명의 현지인 어부와 함께 지낼 수 있었는데, 이 어부들은 먹을 것을 잡아 요리해 주었고, 또 파나마 최고의 비밀 다이빙 장소로 나를 데려가 주었다.

미화 150달러 : 3일 동안 아르헨티나의 멘도사 와인 컨트리에서 개
          인 비행기를 전세 낸 다음 개인 가이드와 함께 눈 덮
          인 안데스 산맥 주변에서 가장 아름다운 포도밭 위
          를 비행하였다.

질문 : 마지막으로 당신은 400달러를 어디에 썼는가? 이 돈은 대부분
      의 미국 도시에서 두어 번의 주말 동안 주중의 업무를 잊기 위
      한 무의미하고 낭비적인 일에 쓰면 끝이다. 8일을 꽉 채워 인
      생을 바꿔 놓을 경험을 하기 위한 비용으로 400달러라면 공짜
      나 다름없는 돈이다. 하지만 내가 권하는 것은 겨우 8일짜리가
      아니다. 이것은 단지 훨씬 더 큰 세상을 위한 맛보기에 지나지
      않는다. 나는 훨씬, 훨씬 더 큰 것을 제안하고 있는 것이다.

평생에 걸쳐 나눠 쓰는
미니 은퇴의 탄생

2004년 2월, 나는 비참했고 일에 치
여 있었다. 그리하여 여행에 대한 환상을 품게 되었다. 그것은 2004년
3월 스페인어도 배우고 휴양도 할 겸 4주간 코스타리카를 방문하는 계
획으로 시작되었다. 나는 재충전이 필요했다. 어떤 터무니없는 기준을
들이댄다 하더라도 4주의 기간은 재충전을 위해 '합리적'인 것처럼 보
였다.

중앙아메리카에 대해 잘 알고 있는 한 친구가 확신에 차서 지적하기를, 코스타리카는 시기적으로 막 우기로 접어들었기 때문에 이 계획은 절대로 제대로 진행될 수가 없다고 하였다. 억수 같은 폭우는 내가 원하는 바가 아니었기에 스페인에서 4주를 보내는 쪽으로 마음을 돌렸다. 비록 대서양을 가로지르는 긴 여행이 되겠지만, 스페인은 내가 늘 가보고 싶었던 나라들과 아주 가깝다는 이점도 있었다. 그 후 얼마 지나지 않아 나는 '이성'을 잃을 정도로 스페인에서 즐겁게 4주를 보낸 뒤 스칸디나비아에서 3개월 동안 나의 뿌리에 대해 조사해야겠다는 결정을 내렸다.

진짜 실시간으로 터질 시한폭탄이나 재난이 임박해 있었다면, 첫 4주 동안 분명 뭔 일이 일어났을 것이다. 그러므로 내 여행을 3개월로 연장한다고 해서 사실 특별히 더 위험스러운 것은 아니었다. 3개월 정도면 괜찮을 것이다. 이렇게 시작한 3개월이 15개월로 바뀌었고, 나는 스스로에게 묻기 시작했다.

'은퇴를 하고 나면 대개 20~30년 정도가 생기는데, 이 시간을 모아 마지막에 펑펑 쓰는 대신 평생 동안 사이사이에 나눠 쓴다고 문제될 게 뭐지?'

1년에 서너 번
미니 은퇴 라이프스타일

만약 당신이 1년에 50주 일하는 데

익숙해져 있는 사람이라면, 장기 여행을 떠나게 되더라도 14일 동안 10개국을 쏜살같이 둘러본 다음 완전히 지쳐 나가떨어질 가능성이 농후하다. 이것은 굶주린 개를 뷔페에 데리고 가는 것과 같은 일이다. 한꺼번에 너무 많이 먹어 배가 터져 죽게 된다는….

나도 비전을 찾기 위한 15개월의 여행 중 첫 3개월을 이렇게 보냈다. 3주간 일정으로 여행을 온 친구와 7개국을 방문하며 적어도 20군데의 숙소를 거쳤다. 그 여행은 아드레날린으로 꽉 찬 한때였지만 인생을 고속으로 돌려 보는 듯한 일이었다. (암스테르담을 제외하고는) 어떤 나라에서 무슨 일이 일어났는지 기억조차 어려웠고, 둘 다 대부분의 시간을 아픈 상태로 보냈으며, 단지 미리 사 둔 비행기 표 일정 때문에 쫓기듯 어떤 곳을 떠나야 해서 화가 나기도 했다.

나는 이런 방식과는 전혀 다르게 여행하기를 권한다.

찍고 떠나기 식 여행의 대안이라 할 수 있는 미니 은퇴는 집에 돌아가기 전, 또는 다른 곳으로 가기 전에 한곳에서 1개월에서 6개월 정도는 머무르라는 의미이다. 이것은 궁극적인 의미에서 휴가와 반대되는 개념이다. 미니 은퇴는 비록 쉬는 것이기는 하지만, 당신을 무엇으로부터 도피하게 만드는 것이 아니라 인생을 되돌아보게 해서 백지 상태로 만드는 것이기 때문이다. 당신은 제거와 자동화 단계를 거쳤는데 도대체 무엇으로부터 도피하겠단 말인가? 국내에 있다고 느껴질 정도로 익숙한 외국의 이 호텔 저 호텔로 이동하는 틈틈이 찍는 사진을 통해 세상을 보려는 게 아니다. 우리는 세상이 우리를 변하게 하는 속도대로 세상을 경험하려고 한다.

이것은 안식 휴가와도 다르다. 안식 휴가는 일회용 행사 같은 것이지만 종종 은퇴와 비슷한 개념으로 받아들여진다. "할 수 있을 때 즐겨라." 정도라고나 할까. 하지만 미니 은퇴는 반복적이라는 게 특징이다. 다시 말해 미니 은퇴는 라이프스타일 같은 것이다. 나는 지금 1년에 서너 번은 미니 은퇴를 하고 있고, 나와 똑같이 살고 있는 사람을 수십 명쯤은 알고 있다.

속도와 크기에 집착하는
스트레스에서 벗어나기

진정한 자유는 당신이 원하는 것을 할 수 있는 충분한 돈과 시간만 있다고 얻을 수 있는 게 아니다. 당신에게 재정적, 시간적 자유가 있더라도 여전히 치열한 출세 경쟁 속에 사로잡혀 있을 가능성은 꽤 크다. 사실 이것은 예외적이라기보다는 일반적이라는 게 더 맞는 말이다. 애당초 이런 사회를 만들어 낸 물질주의적 탐닉과 시간에 쫓기는 강박, 그리고 비교 충동으로부터 자유로워지지 않는 한 인간은 속도와 크기에 집착하는 문화로 인한 스트레스에서 벗어날 수 없다.

진정한 자유를 얻는 데는 시간이 걸린다. 그 효력이 축적되는 것도 아니기 때문에 2주짜리 관광 여행 몇 번 하는 것으로 만족스러운 방랑 생활을 대신할 수는 없다.

내가 인터뷰한 사람들의 경험에 따르면, 진부한 일상에서 벗어나는 데, 그리고 일정한 활동에서 자신의 관심을 다른 데로 돌리는 데 얼마나 걸릴지 깨닫는 데만도 두세 달은 족히 필요하다. 당신은 아무 걱정 없이 스페인 친구들과 2시간 동안 저녁 식사를 해 본 적이 있는가? 당신은 모든 상점이 오후에 2시간 동안 낮잠 시간을 가진 후 4시면 문을 닫는 작은 마을의 일상에 익숙해져 본 적이 있는가? 그런 적이 없다면 당신은 스스로에게 물어볼 필요가 있다. 왜 그럴까 하고 말이다.

속도를 줄이는 법을 배우자. 일부러라도 길을 잃어 보자. 당신이 자신과 주위 사람들을 어떻게 평가하는지를 관찰해 보라. 이렇게 해 본 지 한참 됐을 가능성이 크다. 돌아갈 날짜가 점점 다가온다는 생각을 하지 말고 적어도 두 달 동안은 오래된 습관을 끊고 자기 자신을 재발견하라.

생각보다 큰돈이
들지 않는다

미니 은퇴의 이점에 대한 경제적 논의는 화룡점정이라 할 수 있다.

근사한 호텔에서 4일을 묵거나 괜찮은 호스텔에서 2명이 일주일을 보내자면 멋지고 화려한 아파트에서 한 달을 지내는 것과 맞먹는 돈이 든다. 이때 아예 이주를 한다면 외국에서 돈을 쓰는 것인데, 이 비용은 대개 미국에 있을 때보다 훨씬 덜 든다.

이제 최근 여행에서 쓴 실제 월 지출액을 몇 가지 살펴보자.

남아메리카와 유럽에서 했던 중요한 일들을 나란히 놓고 보면, 창의력이 부족하고 현지 사정에 어두워서 못 찾아 먹는 것이지, 그런 곳에서 누리게 되는 호사가 제3세계 국가의 전반적인 통화 평가 절하 때문만은 아니라는 것을 알 수 있다. 아래 목록들을 살펴보면 내가 빵만 먹으면서 연명한 것도, 구걸을 해서 살아남은 것도 아니라는 사실은 분명할 것이다. 나는 록 스타처럼 화려한 생활을 했다. 그리고 두 나라에서의 체험은 모두 내가 들인 비용의 절반이 안 되는 돈으로도 할 수 있었다. 하지만 내 목표는 즐기는 것이지 금욕적 생존이 아니었다.

비행기 값

●아멕스 골드카드와 체이스 콘티넨털 항공 마스터카드 덕분에 무료.

주거비

●뉴욕 5번가에 해당하는 부에노스아이레스 지역의 펜트하우스, 아파트, 청소부, 개인 경호원, 전화, 난방/온수/전기/가스, 고속 인터넷 포함 : 월 550달러.
●미국에서 유행을 앞서가는 소호 지역과 비슷한 베를린 프렌츠라우어 베르크 지역 대형 아파트, 전화와 에너지비 포함 : 월 300달러.

식비

●부에노스아이레스의 사성급 또는 오성급 레스토랑에서 하루 두 끼 식사 : 10달러 (월 300달러).

●베를린 : 18달러 (월 540달러).

유흥비

●부에노스아이레스에서 가장 잘 나가는 클럽 오페라 베이에서 8명을 위한 VIP 테이블과 무제한 샴페인 : 150달러 (1인당 18달러 75센트×월 4회 방문=1인당 월 75달러).

●서베를린에서 가장 잘 나가는 클럽에서의 봉사료, 음료, 춤추는 비용 : 1인당 하루 20달러×4=월 80달러.

교육비

●부에노스아이레스에서 매일 2시간씩 일주일에 5일 스페인어 개인 교습 : 시간당 5달러×월 40시간=월 200달러.

●2명의 세계 정상급 프로 댄서들과 하루 2시간씩 탱고 개인 교습 : 시간당 8달러 33센트×월 40시간=월 333달러 20센트.

●베를린 놀렌도르프 광장에 있는 최고의 독일어 어학원에서 하루 4시간 수업 : 월 175달러, 학생 신분증 덕분에 모든 교통비의 40퍼센트 이상을 할인 받았기 때문에 내가 수업을 받지 않았더라도 그 돈은 뽑았을 것임.

●베를린 최고의 도장에서 일주일에 6시간 종합 격투기 훈련 : 일주일에 2시간씩 영어를 가르치는 조건으로 무료.

교통비

● 부에노스아이레스 월 지하철 패스 및 탱고 교습 왕복 택시비 : 월 75
달러.

● 학생 할인을 받은 베를린 월 지하철, 전철, 버스 패스 : 월 85달러.

호사스러운 생활을 하는 데 든 4주간 총 비용

● 부에노스아이레스 : 1천 533달러 20센트.
뉴욕 JF 케네디 공항에서 끊은 왕복 티켓, 도중에 파나마에서 한 달간
경유 비용 포함. 총 비용 중 거의 3분의 1이 세계 정상급 강사진에게
매일 배운 스페인어와 탱고 일대일 지도 강습료임.

● 베를린 : 1천 180달러.
뉴욕 JF 케네디 공항에서 끊은 왕복 티켓, 도중에 런던에서 일주일 경
유 비용 포함.

집세, 자동차 보험, 공과금, 주말에 쓰는 비용, 파티 비용, 대중교통비,
주유비, 회원비, 구독료, 음식 등 나머지를 포함하여 현재 당신이 국내
에서 매월 쓰고 있는 비용과 위의 비용을 비교해 보면 어떤가? 이 모
든 것을 다 계산해 본다면, 당신도 나처럼 전 세계를 여행하며 인생에
서 가장 멋진 순간을 보내더라도 그렇게 엄청난 돈이 들지 않는다는 사
실을 깨달을 것이다.

여행하지 못하게 만드는
핑계거리 극복하기

하지만 나는 집과 애들이 있어
요. 여행 갈 수 없어요! 건강 보험은 어떻게 하구요? 무슨 일이 일어나면
어쩌죠? 여행은 위험하지 않나요? 납치를 당하거나 노상강도를 만나면
어떻게 하라구요? 나는 여자라구요. 혼자 다니는 여행은 위험할 거예요.

여행하지 않으려는 대부분의 변명은 엄밀히 말해서 단지 핑계거리에
지나지 않는다. 나도 그랬기 때문에 잘 안다. 그래서 내가 하는 말은 성
인군자 같은 목사님 설교가 아니다. 행동하지 않는 데 대한 이유를 바
깥에서 찾는다면, 이는 우리끼리 사는 게 더 쉽기 때문에 하는 변명이
란 걸 나는 너무나 잘 알고 있다.

나는 여행을 시작한 이래 하반신 마비 환자들, 청각 장애자들, 나이
든 사람들과 애 딸린 싱글맘들, 집을 소유한 사람들이나 가난한 사람들
을 죄다 만나왔지만, 그들은 모두 장기 여행을 하기 어려운 백만 가지
사소한 이유를 대며 안주하는 대신 장기 여행이 인생을 변화시키는 아
주 훌륭한 이유들을 추구하거나 찾아 나서고 있었다.

과유불급 :
잡동사니 줄이기

나는 빌 게이츠의 친구로 현재 개인 투자 회사와 농장을 경영하고 있는 천만장자의 아들을 알고 있다. 그는 지난 10년간 상근 요리사, 하인, 청소부, 그리고 지원 인력들이 딸린 아름다운 집들을 사들여 왔다. 각 타임 존마다 집을 한 채씩 소유하는 것에 대해 그는 어떻게 생각하고 있을까? '골칫거리'가 답이다! 그는 자기 집에서 자신보다 더 오랜 시간을 보내고 있는 일꾼들을 위해서 일한다는 느낌이 든다고 한다.

장기 여행은 능력 닿는 만큼 쓰고 보던 지난날의 폐해를 바꿔 놓을 수 있는 더할 나위 없는 구실이다. 다섯 개나 되는 샘소나이트 여행 가방을 끌고 전 세계를 돌아다니지 않으려면, 필수품으로 위장된 잡동사니들을 없애 버릴 때이다. 그렇게 여행한다는 것은 생지옥이나 다름없으니까 말이다.

나는 당신에게 텔레비전을 가진 사람들을 못마땅하게 쩨려보면서 성직자 가운에 샌들 바람으로 돌아다니라고 이야기하는 것이 아니다. 나는 그런 식으로 고결한 척 구는 건 딱 질색이다. 당신을 가진 것 하나 없는 글쟁이로 바꾸고 싶은 마음은 전혀 없다. 하지만 다음과 같은 점을 직시하자. 당신 집에는, 그리고 당신 인생에는 당신이 쓰지도, 필요하지도, 특별히 원하지도 않는 수많은 것이 있다는 사실 말이다. 이 물건들은 당신의 충동 때문에 쓸데없이 당신 삶에 들어와서는 출구를 찾지 못하고 있다. 당신이 그 사실을 알든 모르든, 이 잡동사니들은 신경을 소모시키고 구속 받지 않는 데서 오는 행복을 현실의 성가신 일로 만들어 버림으로써 우유부단함과 심적 혼란을 부추긴다. 도자기 인형이든 스포츠카든 해진 티셔츠든, 이런 잡동사니가 얼마나 정신을 어지럽게 만드는지 깨닫는 것은 그것을 없애 버리기 전까지는 불가능하다.

15개월간의 여행을 시작하기 전, 나는 4.2미터에 3미터짜리 임대 창고에 내 물건들을 어떻게 집어넣어야 할지 몰라 스트레스를 받고 있었다. 그러다가 문득 몇 가지 사실을 깨달았다. 나는 모아 둔 경제지를 다시는 읽지 않을 거고, 내 일상생활의 90퍼센트는 셔츠 5장과 바지 3벌만 입고 지낸다는 사실이었다. 그리고 이제는 새 가구로 바꿔야 할 시기가 되었고, 야외용 그릴이나 야외용 가구를 사서 한 번도 사용한 적이 없었다는 것이다.

절대로 사용하지 않던 물건을 없애 버리는 것조차 이상하게도 자본주의를 거스르는 것처럼 느껴졌다. 전에는 돈을 주고 살 가치가 있다고 생각했던 물건들을 버리는 게 힘들었다. 옷을 분류하기 시작한 10분 동안은 어떤 자식은 살리고 어떤 자식은 죽여야 할지 고르는 것만 같았다. 한동안 물건을 버려 본 적이 없었던 것이다. 한 번도 입지 않은 멋진 크리스마스용 옷을 버리는 쪽으로 분류하는 것도 힘들었고, 낡고 초라하게 된 옷들과 헤어지는 것도 감상적인 이유로 그만큼 힘들었다.

하지만 일단 몇 가지 힘든 결정을 내리고 나자 추진력이 생기면서 식은 죽 먹기가 되었다. 나는 잘 안 입는 옷들은 모두 자선 단체에 기부했다. 가구는 인터넷 벼룩시장에 올려 10시간도 안 걸려 다 처리했는데, 비록 어떤 것은 정상가의 50퍼센트도 못 받았고 또 어떤 것은 무료로 주었지만, 아무렴 어떤가? 나는 그 가구들을 5년 동안 아무렇게나 사용해 왔고, 미국으로 다시 돌아와서는 새로 살 텐데 말이다. 그릴과 야외용 가구는 친구에게 주었는데, 그는 크리스마스 선물을 받은 아이처럼 좋아했다. 나는 그를 한 달 내내 기분 좋게 만들어 준 것이다. 나도 덩달아 기분이 좋아졌고, 외국에서 적어도 몇 주간은 집세로 쓸 수 있는 300달러란 여윳돈까지 생겼다.

내 아파트는 여유 공간이 40퍼센트는 더 생겼다. 나에게 가장 절실한 것은 물리적 여유 공간이 아니라 마음속에 생긴 여유 공간이었다. 전에는 마음속에서 정신적 응용 프로그램 스무 가지가 동시에 돌아가고 있었다면, 이제는 겨우 한두 가지가 돌아가고 있는 것 같았다. 내 생각은 더 명료해졌고 나는 훨씬, 훨씬 더 행복해졌다.

나는 이 책에서 인터뷰한 모든 방랑자에게 신참 장기 여행자를 위한 조언 한마디가 있다면 뭔지 물어보았다. 대답은 한결같았다.

"가볍게 떠나라."

짐을 많이 갖고 떠나려는 충동은 사실 뿌리치기 힘들다. 해결책으로는 이른바 '정착 기금'을 마련하는 것이 있다. 나는 만일의 사태에 대비해 바리바리 꾸리기보다는 최소한의 것만 가지고 다니고, 도착한 후나 여행하는 동안 필요한 물건을 사기 위해 100달러에서 300달러 정도를 따로 떼어 놓는다. 나는 이제 세면 용품이나 일주일분 이상의 옷을 가지고 다니지 않는다. 이렇게 다니면 엄청 재미있다. 외국에서 면도용 크림이나 와이셔츠를 구하는 것 자체가 모험이니까.

일주일 후 돌아올 것처럼 짐을 꾸려라. 이제 중요도 순으로 필수품을 나열해 보자.

1. 현지 관습에 맞는 준정장 셔츠, 바지나 스커트 한 벌씩을 포함한 계절에 맞는 일주일 분 정도의 옷. 티셔츠 몇 장과 반바지 한 벌, 다용도로 입을 수 있는 청바지도 생각해 보라.
2. 건강 보험, 여권과 비자, 신용카드, 현금카드 등 만일을 대비해 중요한 모든 서류의 복사본 또는 스캔본.
3. 현금카드, 신용카드, 200달러 정도의 소액권 현지 화폐. (여행자수표는 대부분의 지역에서 받지 않으며 쓰기 번거롭다.)
4. 이동 중이거나 호스텔에 머무를 때 안전하게 짐을 지켜 줄 소형 케이블 자전거 자물쇠, 필요하다면 사물함용 소형 맹꽁이자물쇠.
5. 목표로 삼은 언어의 전자 사전과 소형 문법 안내서. (책으로 된 사전은 일상 대화에서 쓰기 너무 느리다.)
6. 간략한 여행 안내서 한 권.

이게 끝이다. 노트북 컴퓨터는 갖고 갈 것인가, 말 것인가? 당신이 작가가 아닌 이상 너무나 짐스럽고 정신을 산란하게 만드니 두고 가라는데 한 표를 던지겠다. 우리에게 필요한 습관을 개발하기 위해 인터넷 카페에서 집 컴퓨터에 접속하는 Gotomypc.com을 이용해 보자. 이를 통해 시간을 죽이는 대신 최고로 활용하는 것을 연습하는 것이다.

이번에 처음으로 기동성 있는 라이프스타일과 장기 모험을 생각하고 있다면, 나는 당신이 한없이 부럽다! 한 발짝 성큼 뛰어올라 당신 앞에 기다리고 있는 신세계로 들어간다는 것은, 인생에서 당신의 역할을 승객에서 조종사로 업그 레이드하는 것과 비슷하기 때문이다.

이 Q&A의 대부분은 첫 번째 미니 은퇴를 준비하면서 당신이 꼭 거쳐야 하는 단계(와 당신이 활용할 수 있는 카운트다운 시간표)에 초점을 맞춰 진행할 것이다. 일단 한번 여행을 경험하고 나면 대부분의 단계들은 없애 버리거나 단축할 수 있다. 어떤 단계는 처음 한 번만 필요하므로 그다음부터는 미니 은퇴를 준비 하는 데 길어야 2~3주면 족할 것이다.

종이를 펼쳐 놓고 손에 연필을 들어라. 분명 재미있을 것이다.

1 재산과 현금 흐름을 기록해 보라.

두 장의 종이를 탁자 위에 올려놓도록 하라. 종이 한 장에는 은행 계좌와 은퇴 연금 계좌, 주식, 채권, 집 등 모든 재산과 가치 있는 물건들을 기록 한다. 다른 종이에는 중간에 선을 하나 긋고 유입되는 현금 흐름(급여, 자동 화를 통해 벌어들이는 소득, 투자 수입 등)과 지출 비용(담보 대출금, 집세, 자동차 할부금 등)을 모두 적는다. 이 중 거의 쓰이지 않거나 큰 가치가 없으면서 스트레 스만 만들고 정신을 분산시키는 것으로 어떤 게 있을까?

2 꿈에 그리던 유럽의 어떤 곳에서 1년간 미니 은퇴를 즐길 경우 생길 수 있는 걱정스러운 부분을 평가해 보라.

54페이지의 질문들을 이용해 당신이 생각하는 최악의 시나리오에 대한 두려움을 평가해 보고, 진짜 일어날 가능성이 있는 결과들도 생각해 보라. 아주 드물게 일어나는 몇 가지를 제외하고 대개는 피할 수 있는 것이고,

피할 수 없더라도 원래 상태로 되돌릴 수 있을 것이다.

3 실제 미니 은퇴를 위한 장소를 골라 보라. 어디서 시작할까?
이것이야말로 꼭 필요한 질문이다. 다음은 내가 주로 하는 두 가지 방법
이다.

- 시작 장소를 고른 후 그다음에 머무를 안식처를 찾을 때까지 떠돌아다
  녀라. 이것은 내가 런던행 편도 비행기 표를 가지고 했던 방법으로, 유럽
  을 떠돌아다니다 베를린에 반해 그곳에서 3개월을 머물렀다.
- 한 지역을 다 돌아다닌 다음에는 당신이 가장 마음에 드는 장소에 정착
  하라. 이것은 내가 중앙아메리카와 남아메리카를 여행할 때 썼던 방법
  으로, 여러 도시에서 각각 일주일 내지 4주까지 보낸 후 가장 마음에 들
  었던 부에노스아이레스로 돌아와 6개월을 지냈다.

당신이 살고 있는 나라에서 미니 은퇴를 하는 것도 가능하다. 하지만 당신
과 똑같은 사회적 인습을 따르는 사람들 사이에 둘러싸여 있으면 변화의
효과가 제한되긴 할 것이다.
나는 이질적이지만 위험하지 않은 해외를 고르라고 권한다. 나는 권투나
오토바이 경주 같은 남자다움을 과시하는 온갖 종류의 위험한 일을 다
하지만 파벨라스(Favelas, 브라질의 판자촌으로 여기가 어떤 곳인지 느껴 보려면 〈시티
오브 갓〉이라는 영화를 보라)라든가 기관총을 든 민간인, 칼을 든 보행자, 사회
의 분쟁 따위에는 휘말리고 싶지 않다. 싸다는 것은 좋다. 하지만 몸에 총
알 구멍이 나는 것은 그리 유쾌할 리 없다. 비행기 표를 예약하기 전에 미
국무부 웹사이트에서 여행 경고 지역을 확인하라(http://travel.state.gov).
이제 내가 선호하는 출발지를 몇 군데 살펴보자. 여기에 국한되지 말고 자

유롭게 다른 장소를 골라도 상관없다. 달러로 가장 윤택한 라이프스타일을 누릴 수 있는 곳에는 밑줄을 쳐 놓았다.

아르헨티나(부에노스아이레스, 코르도바), 중국(상하이, 홍콩, 타이베이), 일본(도쿄, 오사카), 영국(런던), 아일랜드(골웨이), 태국(방콕, 치앙마이), 독일(베를린, 뮌헨), 노르웨이(오슬로), 호주(시드니), 뉴질랜드(퀸스타운), 이탈리아(로마, 밀라노, 피렌체), 스페인(마드리드, 발렌시아, 세비야), 네덜란드(암스테르담).

위에서 열거한 모든 장소에서는 적게 쓰면서 잘 사는 것이 가능하다. 나는 캘리포니아에서보다 도쿄에서 덜 쓰는 편인데, 이는 그 도시에 대해 잘 알기 때문에 가능한 것이다. 최근 들어서는 대부분의 도시에서 10년 전의 브루클린과 유사하게 예술가 거주 구역으로 탈바꿈한 곳을 찾을 수 있다. 20달러 미만으로 괜찮은 점심 식사를 할 수 없었던 유일한 곳은? 런던뿐이다. 신참 방랑자들에게 추천하고 싶지 않은 이국적인 장소도 몇 군데 열거해 보자.

아프리카 국가들, 중동, 중앙아메리카와 남아메리카(코스타리카와 아르헨티나 제외), 멕시코시티와 멕시코 국경 지역은 좋아하는 곳으로 손꼽기에는 납치가 너무 성행한다.

4 여행을 준비하라. 여기서부터 카운트다운에 들어간다.

● 3개월 전 – 제거 단계

출발하기 전에 먼저 최소한으로 생활하는 것에 익숙해져라. 다음은 스스로에게 물어본 후 따라야 할 질문들이다. 설령 당신이 떠날 계획이 전혀 없더라도 말이다.

내 생활의 80퍼센트 정도를 차지하는 20퍼센트의 소유물에는 어떤 게 있을까? 옷이라든지 잡지, 책, 그 밖의 것 중에서 잘 쓰지 않는 80퍼센트는 없애 버려라. 가차 없이! 없어서는 안 될 것도 언제든지 새로 살 수 있지 않은가?

소유하고 있는 것 중 어떤 게 내 삶에 스트레스를 주는가? 이것은 유지비 (돈과 에너지), 보험, 다달이 들어가는 비용, 시간 낭비, 또는 단순히 정신을 산란하게 만드는 물건과 관련된 것이다. 제거하라, 제거하라, 제거하라! 비싼 것 몇 가지만 팔아도 미니 은퇴를 하는 데 꽤 많은 자금을 조달할 수 있다. 차나 집도 포함시킬 것! 둘 다 당신이 돌아와서 다시 살 수 있는 것이고, 그 과정에서 손해를 보는 경우는 별로 없다.

현재의 건강 보험이 장기 해외여행에 대해 어디까지 적용되는지 확인하라. 집을 팔거나 세 놓는 것을 고려하라. (방랑 여행을 하는 사람들이 권하는 방법은 세를 놓는 것이다.) 세 들어 있는 경우에는 아파트 임대 계약을 끝내고 모든 소유물을 창고로 옮기도록 하라.

갑자기 의심이 들면 이렇게 물어보라. "누가 내 머리에 총을 겨누고 있어 '할 수밖에' 없는 상황이라면 어떻게 할까?" 당신이 생각하는 것만큼 어렵지 않다.

● 2개월 전 - 자동화 단계

불필요한 것을 다 없앤 후, (제품 공급 업체를 포함해) 당신에게 정기적으로 청구서를 보내는 회사들에 연락해 지불 방식을 적립 포인트가 쌓이는 신용카드 자동 인출 방식으로 바꾸어라. 당신이 1년 동안 세계 여행을 할 예정이라고 말하면, 대부분은 당신을 쫓아 지구 한 바퀴를 다 도느니 차라리 신용카드를 받겠다고 할 것이다.

신용카드 회사나 당신의 요청을 거절하는 다른 업체들에 대해서는 당좌예금 계좌에서 대금이 자동 이체되도록 조치하자. 온라인 뱅킹과 온라인 청구서 결제 서비스도 등록하자. 이것은 신용카드 결제나 자동 이체를 받지 않는 업체들에 대해 온라인으로 결제하는 조치이다. 공과금이나 기타 가변적인 비용을 처리할 때는 지정된 날짜에 예상보다 15~20달러 정도 더 많은 금액을 넣어 두라. 이렇게 하면 기타 비용까지 처리할 수 있어 결제 관련 문제가 생겨 시간을 오래 잡아먹게 되는 일을 미연에 막아 주고, 남은 금액은 적립금으로 누적된다.

은행에서 거래 내역서나 신용카드 청구서를 우편으로 보내지 않게 하라. (사업적 용도를 위해서나 개인적 용도를 위해서나) 모든 당좌예금 계좌에 대해서는 신용카드를 발급 받도록 하라. 그리고 악용될 가능성을 최소화하기 위해 현금 서비스를 받지 못하게 막아 놓아라. 이 카드들은 긴급 상황이 생겼을 때 당좌 대월 유예(overdraft protec-tion, 예금 잔액을 초과해서 수표를 발행할 경우 은행이 자동 대출의 형태로 지급하는 것_옮긴이)를 위한 것으로 집에 두고 가야 한다.

이는 신뢰할 만한 가족이나 회계사에게 위임권을 주어 당신 이름으로 서류(예를 들어 세무 신고 및 수표)에 서명할 권한을 주기 위해서이다. 원본에 서명해야지 팩스로 답하는 것을 허용하지 않을 때에 대비한 것으로, 이런 일로 외국 생활의 흥을 깨는 경우가 종종 있기 때문이다.

●1개월 전
해당 지역 우체국 관리자와 이야기해 당신에게 오는 모든 우편물을 친구나 가족, 또는 개인 비서에게 배달되도록 조치한다. 우편물을 대리 수령하는 사람에게는 매주 월요일마다 광고를 제외한 다른 우편물에 대한 간단한 설명을 붙여 이메일로 당신에게 보내 달라고 하고, 이에 대해 월 100달러에서 200달러 정도의 수고비를 지불하는 것도 좋다.

당신이 가려는 지역에서 필요한 모든 종류의 예방 접종을 해야 하는데, 이는 미국 질병 통제와 예방 센터 웹사이트에서 확인할 수 있다(http://www.

cdc.gov/travel/). 때로 외국 세관을 통과하는 데 예방 접종 증명서가 필요하다는 것도 유의하도록!

Gotomypc.com이나 이와 비슷한 원격 제어 소프트웨어에 계정을 만들고 시험적으로 가동해 본 후 기술적인 결함이 생기는지 확인하라.

만약 판매 대행업체들이 여전히 당신에게 수표를 보내고 있다면, 다음 세 가지 중 한 가지 방법을 써라. (이 시점에서 고객의 수표는 주문 처리 업체가 취급하고 있어야 한다.) 가장 이상적인 방법은 판매 대행업체가 당신 계좌에 직접 입금하도록 계좌 정보를 주는 것이고, 두 번째는 주문 처리 업체가 이것을 처리하게 만드는 것이다. 이도 저도 아니면 판매 대행업체가 당신이 위임권을 준 사람에게 페이팔Paypal이나 우편으로 수표를 보내게 하라. 마지막 방법은 우편으로 수표를 보낼 수 있도록 위임권을 받은 사람이 서명을 하거나 도장을 찍을 수 있는 입금 전표를 주어야 한다. 당신을 도와주는 사람이 다른 일로 왔다 갔다 하는 중간에 들러서 예금할 수 있도록 대형 은행(뱅크 오브 아메리카, 웰즈 파고, 워싱턴 뮤추얼, 시티은행 등) 인근 지점의 고객이 되는 것이 편리하다. 원치 않는다면 모든 계좌를 이 은행으로 옮길 필요는 없다. 이 예금만을 위한 새 계좌를 하나 열기만 하면 된다.

● 2주 전

모든 종류의 신분증, 건강 보험, 신용카드, 현금카드를 스캔 받아 컴퓨터에 저장해 두면 사본을 여러 장 프린트할 수 있는데, 몇 장은 가족들에게 맡기고 몇 장은 각각 다른 가방에 넣어 가지고 다녀라. 복사본을 잃어버렸을 경우 해외에서 접속할 수 있도록 스캔한 파일을 당신 이메일로도 보내 놓도록 하라.

당신이 사업가라면 휴대전화를 가장 저렴한 요금제로 변경하고, 음성 사서함 초기 인사를 다음과 같이 녹음해 두라.

"저는 현재 사업차 해외에 나와 있습니다. 해외에 있는 동안에는 음성 사서함을 확인할 수 없사오니 음성 사서함에 메모를 남기지 마시기 바랍니다. 중요한 용무가 있으시면 ___@___로 제게 이메일을 보내 주십시오. 이해해 주셔서 감사합니다."

그런 다음 해외 출장 때문에 답장이 7일(당신이 정하는 빈도) 정도까지 늦어질 수 있음을 알리는 이메일 자동 응답 프로그램을 설정해 놓도록 한다. 당신이 직장인이라면 상사가 연락할 수 있도록 쿼드 밴드 또는 GSM 겸용 휴대전화기를 구입하는 것도 고려하라. 상사가 당신이 일하고 있는지 이메일을 통해서 확인할 경우에만 블랙베리 휴대전화기를 사자. 이때 당신이 휴대전화로 이메일을 보냈다는 것을 드러내는 발송 이메일의 '블랙베리 휴대전화에서 발송' 서명 기능은 꼭 꺼 놓아야 한다! 선택할 수 있는 다른 방법으로는 (내가 선호하는 것으로) 걸려 오는 전화를 당신의 외국 휴대전화로 연결해 주는 스카이프인 SkypeIn 계정을 이용하는 것, 또는 당신의 집 지역 번호로 시작하는 전화번호를 통해 세계 어디서나 유선 전화를 받을 수 있게 해 주는 보나지 아이피 박스 Vonage IP box 서비스를 사용하는 것 등이 있다.

미니 은퇴의 최종 목적지에 있는 아파트를 찾아보거나 당신이 첫 출발을 할 곳에 있는 호스텔이나 호텔에 사나흘 정도 예약을 해 두라. 도착하기 전에 미리 아파트를 예약해 두는 것은 호스텔이나 호텔에서 사나흘을 보내는 것보다 더 위험하고 비용도 훨씬 더 많이 들게 된다. 가능하면 시작하는 장소에서는 호스텔을 예약하라고 권하는데, 비용 측면을 고려해서가 아니라 이사를 하는 데 호스텔 직원들이나 동료 여행자들이 훨씬 더 많은 정보를 가지고 있기 때문이다.

마음의 평화를 위해 필요하다면 해외에서 긴급 의료 후송 보험에 들도록 하라. 당신이 선진국에 머물고 있고 의료 보장 범위를 확대하기 위해서 나처럼 현지 보험에 가입할 수 있다면, 긴급 의료 후송 보험에 가입하는 것은 다른 보험과 중복되기 쉽다. 긴급 의료 후송 보험은 문명 세계로부터 비행기로 10시간 거리에 떨어져 있을 때도 소용이 없다. 파나마는 마이애미에서 비행기로 2시간 거리밖에 되지 않기 때문에 나는 그곳에서는 의료 후송 보험에 들었다. 하지만 다른 곳에서는 굳이 그렇게 하지 않았다. 이런 사실에 대해 놀라지 마라. 당신이 미국 내에 있더라도 외딴 곳에 있다면 마찬가지 일이 벌어질 테니까 말이다.

●1주 전
무의미한 일을 그럴듯하게 포장해 다른 일을 미루는 것에 대한 핑계거리로 삼는 버릇을 없애기 위해 이메일이나 온라인 뱅킹 등 일상적인 일은 몰아서 하도록 정해 두라. 나는 월요일 아침마다 이메일과 온라인 뱅킹을 확인하라고 권한다. 첫 번째와 세 번째 월요일에는 신용카드 내역을 확인하고 제휴 업체 같은 곳에 온라인으로 대금을 지불한다. 자기 자신에게 한 이와 같은 약속은 가장 지키기 어려우므로 진지하게 원칙을 정해 놓아야 한다. 이를 어기고 싶은 유혹이 심각하게 일어나리란 걸 미리 예상하도록! 신분증, 보험 증서, 신용카드와 현금카드를 스캔한 것을 포함해 중요한 서류들은 USB 메모리에 저장해 두라.
당신의 모든 짐을 꺼내 창고로 옮기고, 모험을 위해 작은 배낭 하나와 휴대용 가방을 꾸린 후 잠깐 동안 가족이나 친구 집에서 머물러라.

●2일 전
두고 가는 자동차는 창고나 친구네 집 차고에 넣어 두라. 연료통에는 연료 안정제를 넣고, 방전을 예방하기 위해서 배터리에서 음극 단자를 분리하며, 타이어 손상이나 쇼크로 인한 피해를 막기 위해 자동차를 차 받침대 위에 올려놓을 것! 도난 관련 보험을 제외한 모든 자동차 보험은 취소하라.

● 도착해서 (미리 아파트를 계약하지 않았다고 가정할 때)

숙소에 체크인을 한 후 첫날 아침이나 오후 무제한 승하차가 가능한 도시 버스 투어를 한 후, 자전거를 타고 임대하려는 아파트 근처를 둘러본다. 첫날 오후 늦게 또는 저녁 선불카드로 간단히 재충전할 수 있는 심 카드 와 언락 휴대전화(unlocked cell phone, 심 카드를 바꿔 끼울 수 있는 휴대전화)를 구입하라. 미국 벼룩시장 웹사이트인 크레이그리스트Craigslist.com와 현지 신문 온라인 판에 올라온 것을 통해 이틀 동안 둘러보기에 적당한 만큼만 아파트 소유자나 중개업자에게 이메일을 써라.

둘째 날과 셋째 날 아파트를 다 돌아보고 한 달 기한으로 계약하라. 그곳에서 자 보기 전까지는 한 달 이상 계약하겠다고 약속하지 마라. 예전에 두 달 치를 미리 지불했다가 침실 벽 맞은편에 시내에서 가장 북적거리는 버스 정류장이 있어 괴로웠던 적이 있었다.

이사 당일 어느 정도 정리가 되면 현지 건강 보험에 가입하라. 호스텔 주인이나 주민에게 그들이 어떤 보험을 이용하는지 물어보라. 떠나기 2주 전까지는 기념품이나 집에 가져 갈 물건은 사지 마라.

일주일 후 자주 쓰지 않는 여분의 잡동사니들은 모두 없애 버려라. 필요한 사람에게 주든지 우편으로 미국에 보내 버리든지 아니면 그냥 버려라.

일을 없앤 후
공허함 채우기

인간은 한 가지 일 후에 다른 일에 착수해야만 마음이 편안해지도록 만들어졌다.
-아나톨 프랑스, 『실베스트레 보나르의 범죄』

　　　　　나는 자갈 깔린 거리 건너편에 있는
델리를 우연히 발견하고는 프로슈토 샌드위치를 주문했다. 겨우 아침
10시 33분밖에 안 되었는데, 나는 벌써 다섯 번이나 시간을 확인했고
스무 번이나 스스로에게 물어보았다. '오늘 도대체 무슨 일을 해야 하
나?'

지금까지 떠오른 최고의 답은 샌드위치를 사 먹자는 것이었다.

30분 전, 나는 4년 만에 처음으로 알람시계 없이 일어났다. 전날 밤 JF
케네디 공항을 떠나 런던 킹스 크로스에 도착한 지 얼마 되지 않은 상
태였다. 나는 너무나 너무나 너무나 이런 것을 고대해 왔다.

"밖에서 들리는 새들의 노랫소리를 들으며 잠에서 깨어난 후 미소를 지으며 일어나 침대에 앉는다. 갓 끓인 커피 향을 맡으며 스페인 풍 빌라의 그늘 속에 있는 고양이처럼 기지개를 켠다."

대단하다. 그러나 실제로는 다음과 같았다.

"요란한 경적 소리에 놀라 잠이 깬 것처럼 벌떡 일어나 시계를 낚아채고는, 욕설을 퍼부은 후에 이메일 확인을 위해 속옷 바람으로 침대에서 뛰쳐나온다. 이렇게 하면 안 된다는 것을 기억해 내고 다시 욕설을 한바탕 퍼붓고는, 옛날 반 친구였던 집주인을 찾다가 그도 다른 사람들처럼 직장에 갔다는 사실을 깨닫고 공포가 엄습해 올 지경에 이른다."

나는 그날 나머지 시간 동안 몽롱한 상태로 박물관에서 식물원으로, 다시 박물관으로 정처 없이 헤매고 다녔다. 막연한 죄책감으로 인해 인터넷 카페를 피해 가면서 말이다. 생산적이라고 느끼기 위해서 나는 해야 할 일 목록이 필요했다. 그렇게 하면 '저녁 식사'와 같은 일을 적어 넣을 수 있을 테니까.

이 일은 내가 생각했던 것보다 훨씬 더 어려울 것 같았다.

산후 우울증은
정상이다

나는 꿈꿔 왔던 것보다 더 많은 돈과 시간이 있다. 그런데 왜 우울한 걸까?

이는 훌륭한 답이 있는 훌륭한 질문이다. 당신은 이 사실을 인생이 끝날 때가 아니라 지금 생각해 낸 것에 기뻐해야 한다! 은퇴자들이나 엄청난 부자들도 종종 같은 이유로 인해 성취감을 느끼지 못하고 신경과민에 빠진다. 즉 빈둥거릴 시간이 너무나 많다는 것이다.

하지만 잠깐만, 넉넉한 시간이야말로 우리가 추구하던 상황 아닌가? 이 책에서 계속 이야기하고 있던 게 그것이 아니었단 말인가? 아니다. 절대 아니다. 여가 시간이 너무 많으면 자신에 대한 회의와 여러 가지 잡다한 생각이 꼬리에 꼬리를 물고 일어날 뿐이다. 나쁜 것을 없애 버린다고 해서 좋은 것이 생기지는 않는다. 없어진 자리는 빈 공간으로 남는다. 돈 때문에 억지로 해야 하는 일을 줄이는 것이 최종 목표는 아닌 것이다. 더 잘 사는 것, 그리고 더 나은 사람이 되는 것이 궁극적인 목표이다.

처음에는 외적 환상을 채우는 것만으로도 충분하다. 그렇게 한다고 해서 문제될 건 하나도 없다. 이 시기의 중요성은 아무리 강조해도 지나치지 않다. 미쳐라. 그리고 꿈꿔 왔던 대로 살아라. 이렇게 한다고 깊이가 없다거나 이기적인 것이 아니다. 당신 자신을 억누르는 것을 그만두고, 꿈꾸는 것을 뒤로 미루는 습관에서 벗어나는 것은 매우 중요하다.

당신이 이 섬 저 섬으로 놀러 다니려고 카리브해로 이주한다든지, 세렝게티에서 사파리 투어를 하는 꿈을 시도해 보기로 결심했다고 치자. 이것은 멋지고 잊지 못할 추억이 되므로 당신은 그렇게 해야만 한다. 하지만 3주 후든 3년 후든 더는 피냐 콜라다를 마시지 못하겠고, 더는 빨간 엉덩이 비비의 사진을 찍지 못하겠다는 생각이 들 때가 올 것이다. 바로 이즈음에 자아비판과 존재에 대한 공포감이 밀려들기 시작한다.

이것이야말로 내가 항상 원하던 것이다! 어떻게 지루해질 수 있지?

너무 겁먹지도 말고 이런 생각을 부채질하지도 마라. 이것은 오랫동안 열심히 일한 후 삶의 속도를 늦춘 모든 성과 지향주의자들 사이에서 일어나는 전형적인 현상이다. 당신이 더 똑똑하고 더 목표 지향적일수록 이런 고통은 훨씬 더 심할 것이다. 매일 시간이 부족해 동동거리며 살다가 넘치도록 많은 시간을 제대로 음미하며 지내기란 3배 진한 트리플 에스프레소를 마시다 무카페인 커피로 바꾸는 것과 같기 때문이다.

하지만 하나 더 있다! 은퇴자들은 또 하나의 이유로 인해 우울해지곤 하는데, 이는 당신도 마찬가지일 것이다. 바로 사회적 고립감이라는 것이다.

사무실은 어떤 면에서는 나무랄 데 없다. 질 나쁜 공짜 커피와 그에 대한 불평, 타인에 대한 험담이나 동정어린 말들, 이메일로 전해지는 따분한 비디오 파일과 그보다 더 지루한 평들, 그리고 아무런 결과도 없이 그저 간간이 웃으면서 몇 시간씩 질질 끄는 회의들…. 직장 그 자체로는 막다른 골목이나 다름없지만, 직장은 인간들의 상호작용이 얽혀 있는 사회적 환경으로 우리를 한데 모이게 해 준다. 일단 직장에서 벗어나면 이와 같은 무의식적인 종족 단위가 사라지게 되는데, 이로 인해 당신의 머릿속에서는 무수한 소리가 울려 퍼진다.

실존적 변화나 사회적 변화에 대해 두려워하지 마라. 자유는 새로운 스포츠와 같은 것이다. 처음에는 새로움으로 인해 모든 것이 흥미롭다. 그러나 일단 기초를 배우고 나면, 설령 중간 정도면 족하다고 생각했더라도 진지한 연습이 필요하다는 걸 곧 깨닫게 된다.

안달하지 마라. 엄청난 보상이 있을 것이고, 당신은 결승점에서 고작 몇 발짝 떨어진 곳에 있다.

좌절과 의심 : 당신은 혼자가 아니다

일단 당신이 오전 9시에서 오후 5시까지 정시 근무에서 벗어나 여행을 떠난다고 해서 항상 장밋빛 행복만 기다리는 것은 아니다. 마감시한도 없고 동료들로 인해 정신이 산란해지는 일도 없는 탓에, '이 모든 것이 어떤 의미가 있을까?'와 같은 본질적인 질문에서 점점 더 벗어나기가 힘들어진다. 무한한 선택의 바다 속에서는 결정도 더욱 어려운 법이다. 내 인생에서 도대체 무엇을 해야 할까? 다시 대학교 졸업반으로 돌아간 듯하다.

시대를 앞서간 모든 혁신가처럼 당신도 끔찍한 의심의 순간을 맞게 될 것이다. 일단 사탕 가게에 간 아이와 같은 시기가 지나고 나면, 남과 비교하려는 충동이 스멀스멀 기어 나온다. 이 세상 다른 사람들은 오전 9시에서 오후 5시까지 고된 일을 계속할 것이고, 당신은 반복되는 일에서 빠져나오기로 한 자신의 결정에 대해 의심하기 시작하는 것이다. 흔히 갖게 되는 의구심과 자아비판에는 다음과 같은 것이 있다.

1. 내가 더 자유롭고 더 나은 삶을 누리기 위해서 이렇게 하고 있는 걸까? 아니면 단지 게으른 것뿐일까?

2. 내가 출세 경쟁을 그만둔 것은 그게 나쁘기 때문이었을까? 아니면 단지 견딜 수 없었기 때문일까? 나는 단지 회피한 건 아닐까?

3. 시간이 흐를수록 점점 더 나아질까? 어쩌면 지시대로 따르고 가능성에 대해 몰랐을 때가 더 잘 살았던 것인지도 모르겠다. 적어도 더 쉽긴 했겠지.

4. 내가 진짜로 성공한 걸까? 아니면 단지 그렇다고 나 자신을 속이는 걸까?

5. 나 자신을 승자로 만들고 싶어서 내가 기준치를 낮추었던 걸까? 3년 전보다 2배를 벌고 있는 내 친구들이 사실은 올바른 방향으로 가고 있는 것은 아닐까?

6. 나는 왜 행복하지 않은 걸까? 나는 뭐든지 할 수 있는데도 여전히 행복하지 않다. 과연 행복이란 것이 내게 가당키는 한 걸까?

이런 생각은 대부분 그것이 무엇인지를 깨닫는 순간 극복될 수 있다. 이는 돈이 성공의 척도이고 무조건 많은 게 좋은 거라는 생각에서 나온 시대에 뒤떨어진 비교로, 우리를 곤경에 빠뜨릴 뿐이다. 그럼에도 우리는 이 문제를 좀 더 의미심장하게 바라볼 필요가 있다.

이런 질문은 몰두할 만한 것이 없을 때 몰려든다. 예전에 당신이 100퍼센트 살아 있음을 느끼고 정신이 흐트러지지 않았던 적이 언제였나 생각해 보라. 그 순간 당신은 다른 사람이나 사물 같은 무언가 외적인 것에 완전히 집중하고 있었을 가능성이 크다. 스포츠와 섹스, 이 두 가지가 좋은 예이다. 외적으로 집중할 것이 부족할 때 정신은 안에 있는 자기 자신을 향하게 되고, 해결해야 할 문제들을 만들어 낸다. 그 문제들이 막연하고 중요하지 않을지라도 말이다. 당신이 구심점이라고 할 만한 것, 즉 불가능해 보이지만 당신을 성장하게 만드는 야심 찬 목표를 찾게 되면, 이러한 의심은 사라지게 된다.

새로운 구심점을 찾아 가는 과정에서는 이른바 '근원적인' 문제들이 은연중 끼어드는데, 이는 어쩔 수 없는 일이다. 개똥 철학자들은 곳곳에서 근원적인 문제에 답하라고 압력을 가하고 있다. 두 가지 보편적인 예를 들어 보자면, "삶의 의미는 무엇인가?"와 "이 모든 게 무슨 소용이란 말인가?"와 같은 질문들이다. 자기반성적인 것에서부터 존재론적인 것에 이르기까지 이러한 질문은 수없이 많지만, 나는 거의 모든 질문에 대해 한결같은 반응을 한다. "그런 질문에는 대답하지 않겠다."라는 것이다.

나는 허무주의자가 아니다. 사실 나는 10년이 넘는 세월 동안 마음과 의미의 개념에 대해 연구해 왔다. 이런 것을 찾아 나는 유수 대학의 신경과학 연구실에서부터 전 세계 종교 단체에 이르기까지 많은 곳을 돌아다녔다. 그 모든 것을 겪은 뒤에 내린 결론은 놀라운 것이다.

나는 (수세기 동안 너무 과도하게 생각되고 잘못 해석되면서 전해 내려온) 우리가 직시해야 한다고 느끼는 중요한 질문들은 대부분 너무나 모호한 용어를 쓰기 때문에 이에 대한 답을 찾으려는 것 자체가 완벽한 시간 낭비라고 확신한다. 그렇다고 해서 낙담할 필요는 없다. 이렇게 되면 오히려 자유로워질 수 있는 것이다.

이 질문의 논점에 대해 잘 생각해 보자. 삶의 의미는 무엇인가?

이 질문에 답하라고 강요받는다면, 내가 할 수 있는 대답은 단 하나뿐이다. 삶은 살아 있는 유기체가 가진 특유의 상태를 의미한다는 것이다. "그건 단지 정의에 불과할 뿐이잖아요. 내가 말하는 건 그런 게 아 네요!"라며 질문자는 반박할지도 모른다.

그럼 당신이 말하는 것은 무엇인가? 당신의 질문이 분명해질 때까지, 즉 질문 속의 각 단어가 정의될 때까지 그 질문에 답하는 것은 의미 없는 일이다. '삶'의 '의미'에 대한 질문은 더 자세한 설명 없이는 답하는 것이 불가능하다.

중요하건 아니건 스트레스를 유발하는 질문에 시간을 할애하기 전에, 다음 두 가지 질문에 대한 대답이 "예."인지 확인하도록!

1. 이 질문의 각 단어에 대해 단 하나의 의미를 정할 수 있었는가?
2. 이 질문에 답하면 상황이 더 나아질 수 있는가?

"삶의 의미는 무엇인가?"라는 물음은 위의 첫 번째 질문에 대해 "예."라는 답을 할 수 없고, 그렇기 때문에 두 번째 질문에도 "예."라고 답하는 것이 불가능하다. "내일 기차가 늦으면 어쩌지?"와 같이 당신의 영향권 밖의 물음은 두 번째 질문에 "예."라고 대답할 수 없으므로 무시하면 된다. 이런 것은 가치가 없는 질문이다. 질문을 한 가지 의미로 정의할 수 없거나 질문에 따라 행동할 수 없다면 질문 자체를 잊어버려라. 당신이 이 책에서 이런 점만 받아들여도 세계 상위 1퍼센트의 성과를 거둘 수 있고, 대부분의 철학적 고민에서 벗어날 수 있을 것이다.

논리적이고 실질적으로 정신을 단련한다는 것이 무신론자나 비정신적인 사람이 된다는 뜻은 아니다. 상스러운 것도 아니고 천박한 것도 아니다. 이것은 똑똑해진다는 뜻이고, 당신이 다른 사람들과 비교해 가장 두드러진 차이를 보이는 것에 힘을 기울인다는 말이다.

삶은 즐기기 위해
있는 것

　　　　　　　　나는 삶은 즐기기 위해서 있는 것이고, 가장 중요한 건 자기 자신에 대한 자부심이라고 믿는다. 누구나 이두 가지를 위한 자신만의 수단을 가지고 있고, 이 수단은 시간이 흐르면서 변하기 마련이다. 어떤 사람들에게는 고아들과 함께하는 것이고, 또 다른 사람들에게는 음악을 만드는 것일 수도 있다. 이 두 가지에 대한 결론은 사랑하고 사랑받으며, 끝까지 배움을 멈추지 않는 것이다. 하지만 나의 답이 만인에게 두루 적용되는 것이라고는 생각하지 않는다.

어떤 사람들은 자기애와 즐거움에 중점을 두는 것을 이기적이며 쾌락주의적이라고 비판한다. 하지만 그렇지 않다. 삶을 즐기면서 남을 돕는 것, 또는 자신에 대해 자부심을 느끼면서 더 큰 가치를 찾아 나가는 것은, 불가지론자이면서 도덕적인 삶을 영위해 나가는 것과 마찬가지로 양립 가능하다. 하나가 다른 하나를 배제하는 것은 아니라는 말이다. 이 점에서 우리의 의견이 일치한다고 가정해 보자. 그래도 여전히 한 가지 질문이 남는다. 바로 "삶을 즐기면서도 나 자신에 대해 자부심을 느끼려면 남는 시간에 어떤 일을 할 수 있을까?"라는 질문이다.

나는 모든 사람에게 딱 맞는 한 가지 답을 줄 수는 없다. 하지만 내가 인터뷰를 통해 만난 성취감을 느끼며 사는 수십 명의 뉴리치들이 한 말에 비추어 볼 때, 여기에는 두 가지 요소가 있다. 바로 '끊임없는 배움'과 '봉사'이다.

살아간다는 것은 배우기 위한 것이다. 내게는 다른 선택 방법이 없다. 이 점이 바로 내가 직장에 들어간 지 6개월 정도 만에 그만두거나 해고 당하지 않고는 못 견디겠다고 느끼게 된 이유이다. 나는 공부할 거리가 없어지면 지루해져 버린다.

국내에서도 두뇌를 향상시킬 수 있긴 하지만, 외국 여행이나 이주를 하면 훨씬 더 빨리 변할 수 있는 더할 나위 없는 상황이 조성된다. 이전 과는 다른 환경이 대조를 이루면서 자신의 편견을 드러내게 만들어 약점을 훨씬 더 쉽게 고치게 되는 것이다. 나는 어딘가로 여행을 떠날 때는 언제나 어떤 특정 기술에 대해 어떤 식으로 공략할지 먼저 정하는 버릇이 있다. 몇 가지 예를 들어보자.

아일랜드 코네마라 : 고대 아일랜드 게일어, 아이리시 플루트, 세계에서 가장 빠른 필드 스포츠인 헐링. (도끼 자루 같은 것을 들고 경기하는 라크로스와 럭비가 혼합된 스포츠를 상상하라.)

브라질 리우데자네이루 : 브라질식 포르투갈어, 브라질 유술.

독일 베를린 : 독일어, 로킹(똑바로 서서 추는 브레이크댄스의 한 형태).

끊임없는 배움

나는 주로 언어를 습득하고 운동 기술 하나를 배우는 데 주력하는데, 운동 기술은 그 나라에 도착한 후 찾기도 한다. 가장 성공적으로 여행을 하는 사람들은 대부분 정신적인 것과 신체적인 부분을 조화시키는 경향이 있다. 나는 대개 국내에서 연습한 기술이나 무술을 실습할 수 있는 나라로 여행을 간다. 이렇게 하면 그 나라에서도 사회생활을 하는 셈이 되어 순식간에 동료애가 생긴다. 꼭 경쟁적 스포츠일 필요는 없다. 하이킹도 좋고, 체스도 좋다. 당신을 책에서 벗어나 아파트 밖으로 나가게 해 주는 것이라면 무엇이라도 상관없다. 어쩌다 보니 스포츠가 타잔처럼 멋지게 보이게 하면서 외국어 공포증을 피하고 우정을 지속적으로 쌓아 가는 데 훌륭한 역할을 한다는 것뿐이다.

여기서 언어 습득은 특별 취급을 할 필요가 있다. 이것은 예외 없이 명료한 사고를 연마하는 데 최고의 방법이다. 언어를 모르고 외국 문화를 이해하는 것은 불가능하다는 사실은 차치하고라도, 새로운 언어를 습득하는 것은 당신 고유의 언어, 당신 고유의 사고에 대해 더 뚜렷하게 인식하도록 만든다. 외국어를 유창하게 해서 얻을 수 있는 이익은 그 어려움이 과대평가된 것만큼이나 과소평가되어 있다. 내 말에 동의하지 않는 이론 언어학자들이 많겠지만 나는 연구 조사와 십여 가지 이상의 언어를 배워 본 개인적 경험에 의해, (1) 9시부터 5시까지 일정하게 일하지 않을 때는 어른도 아이들만큼이나 빨리 언어를 배울 수 있다는 것, (2) 어떤 언어도 배우면 6개월 안에 유창한 대화가 가능하다는 것을 알게 되었다. 하루 4시간씩 배운다면 이 6개월이라는 기간은 3개월 안으로 줄어들 수도 있다. 나는 고등학교 때 스페인어에서 낙제했지만 6개 국 언어를 배웠다. 올바른 방법만 알면 당신도 똑같이 할 수 있다.

언어를 습득하게 되면 언어라는 또 하나의 렌즈를 통해 세상에 대해 질문하고 이해할 수 있게 된다. 고국으로 돌아갔을 때 사람들에게 그 언어로 욕설을 해대는 것 또한 재미있다.

당신의 인생 경험을 2배가 되도록 할 기회를 놓치지 마라.

타당한 근거에 준한 봉사

사람들은 이 장에서 내가 봉사에 대해 말하기를 기대하고 있을 것이 다. 좋다! 여기에서 다루어 보겠다. 단, 앞에서처럼 그 방식은 약간 다 를 것이다.

나에게 봉사는 단순한 것이다. 나 외에 다른 사람의 삶을 향상시키 는 무언가를 하는 것이다. 이것은 인류애와는 다르다. 인류애는 인류 의 안녕, 인간의 삶에 대한 이타주의적 관심이다. 인간은 오랫동안 환 경과 먹이사슬의 나머지 단계들을 배제한 채 인간의 삶에만 초점을 맞 추고 살아왔고, 그 때문에 현재 우리는 멸종을 향해 달려가고 있는 것 이다. 인과응보이다. 이 우주와 세상은 인류만의 향상과 증식을 위해서 존재하는 게 아니다.

그러나 나무에 내 몸을 묶고 화살개구리를 보호하겠다고 나서기 전 에, 나는 나 자신의 충고에 따르겠다. 바로 "대의명분을 내세우며 이러 쿵저러쿵 하는 속물이 되지 마라."는 것이다.

로스앤젤레스에도 굶주린 아이들이 있는데 어떻게 아프리카의 굶주린 아이들을 도울 수가 있단 말인가? 집 없는 사람들이 얼어 죽어가는 마당에 어떻게 고래를 살리겠다고 할 수 있단 말인가? 산호초 파괴에 대한 자원봉사 연구를 하는 것이 지금 당장 도움이 필요한 사람들을 어떤 식으로 도와준다는 말인가?

사람들이여, 제발! 이 모든 것은 도움이 필요하다. 그러므로 정답도 없는 "나의 대의명분이 당신의 대의명분보다 우월하다."는 식의 논쟁에는 휘말리지 마라. 질적 비교나 양적 비교가 이치에 맞는 경우는 없다. 진실은 이렇다. 당신이 구한 수천 명의 생명이 수백만 명을 죽게 만드는 기아에 공헌할 수도 있는 것이다. 또는 당신이 보호한 볼리비아의 관목 한 그루가 암 치료의 특효약 성분을 갖고 있을 수도 있는 것이다. 최종 결과는 알 수 없다. 최선을 다하고 좋은 결과가 있기를 희망하라. 더 나은 세상에 대해 어떻게 정의하고 있건 간에 당신이 세상을 더 나은 곳으로 만들고 있다면, 당신이 한 일을 잘한 것이라고 생각하라.

봉사는 생명이나 환경을 구하는 데만 국한되는 것이 아니다. 이는 삶을 개선하는 데도 해당될 수 있다. 만약 당신이 음악가로서 수천 명 또는 수백만 명의 사람들을 미소 짓게 한다면, 나는 이것을 봉사라고 본다. 당신이 교사로서 한 아이의 인생을 더 낫게 변화시킨다면, 세상은 개선된 것이다. 삶의 질을 향상시키는 것은 더 많은 생명을 구하는 것이나 마찬가지이다.

봉사는 마음가짐이다.

당신이 가장 관심 있는 대의명분이나 수단을 찾아라. 그리고 그것에 대해 변명하지 마라.

하지만 내가 남은 인생 동안 한 가지 대의명분만을 위해서 여행하고, 언어를 배우고, 싸울 수는 없다! 물론 당신도 그렇게 할 수 없다. 나는 그러라고 권하고 싶은 마음이 추호도 없다. 이 일들은 단지 훌륭한 '삶의 중심', 즉 다른 방법으로는 찾지 못할 기회와 경험으로 이끄는 출발점인 것이다.

"내 인생에서 무엇을 해야 할까?"라는 질문에 대한 정답은 없다. '해야'라는 말은 깡그리 잊어라. 그다음 단계는 (단계라고 해 봐야 이게 다지만) 재미있고 보람찬 뭔가를 추구하는 것이다. 그게 뭔지는 중요하지 않다. 하지만 내 모든 것을 다해 헌신하겠다고 서둘러 뛰어들지는 마라. 충분한 시간을 갖고 당신의 소명이 무엇인지 찾아라. 이번에는 그 소명이 당신을 다른 무언가로 이끌어 줄 것이다.

1 꿈 시간표를 다시 살펴보고 재설정하라.

미니 은퇴의 뒤를 이어 1단계 정의 Definition에 의해 설정된 꿈 시간표를 다시 보고 필요한 경우 바꾸어 보라. 이를 위해서는 다음 질문들이 도움이 될 것이다.

- 당신은 무엇을 잘하는가?
- 당신은 무엇을 가장 잘할 수 있는가?
- 무엇이 당신을 행복하게 만드는가?
- 무엇이 당신을 흥분시키는가?
- 당신이 성취감을 느끼고 자부심을 갖게 하는 것은 무엇인가?
- 당신 인생에서 무엇을 성취한 것이 가장 자랑스러운가? 그것을 반복하거나 더 발전시킬 수 있는가?
- 당신이 다른 사람들과 나누거나 함께 하고 싶은 것은 무엇인가?

2 1단계에서 4단계까지의 결과를 바탕으로 파트타임 또는 풀타임의 새로운 직업을 생각해 보라.

그 일이 당신이 하고 싶은 일이라면 풀타임 직업이라도 나쁠 건 없다. 이 점에서 우리는 '직업'과 '천직'을 구분할 수 있다.

수입이 저절로 창출되는 구조를 만들었거나 일하는 시간을 대폭 줄였다면, 진정한 소명이나 꿈의 직업을 시험해 보는 것에 대해 생각하라. 이것이 바로 내가 이 책을 통해 한 일이다. 이제 나는 2시간 동안 마약상에 대해 사람들에게 설명을 늘어놓는 대신 작가라고 당당히 말할 수 있다. 당신은 어렸을 때 뭐가 되고 싶었나? 어쩌면 지금이 우주 체험 캠프를 신청하거나 해양 생물학자의 조교로 인턴 생활을 시작할 때인지도 모르겠다.

어린 시절의 흥분을 되찾는 것은 불가능하지 않다. 사실 꼭 필요한 일이다. 당신을 망설이게 하는 속박, 혹은 핑계거리는 이제 없다.

뉴리치가 많이 하는 실수
13가지

당신이 실수를 저지르지 않는다면, 당신은 문제를 해결하려고 충분히 노력하지 않은 것이다.
-프랭크 윌첵, 2004년 노벨 물리학상 수상자

실수는 라이프스타일을 디자인하는 데 빠질 수 없다. 라이프스타일을 디자인하기 위해서는 은퇴를 염두에 두고 인생을 지연시켰던 구세계와 싸우려는 충동이 필요한 법이다. 이제 당신이 저지를 수 있는 오류에 대해 알아보자. 그렇다고 해서 좌절하지 마라. 모든 게 과정의 일부일 뿐이니까.

1_ 꿈을 망각하고 일을 위한 일에 빠지기

당신이 이런 덫에 빠지고 있다는 느낌이 들 때는 언제나 이 책 서문과 그 다음 장을 다시 읽어라. 모든 사람은 다 이럴 때가 있지만, 문제는 많은 사람들이 여기에 빠져서 헤어나지 못한다는 사실이다.

2_ 시간을 때우기 위해 세세한 관리와 이메일 하기

책임 소재, 문제에 대비한 가상 시나리오, 규칙, 자율적인 의사 결정의 범위를 정하라. 그런 다음 관련된 모든 이의 정신 건강을 위해 세세한 관리와 이메일하는 것을 그만두도록 하라.

3_ 아웃소싱 담당자나 동료들이 처리할 수 있는 문제까지 나서서 해결하기

4_ 같은 문제로 두 번 이상, 또는 중요하지 않은 문제로 아웃소싱 담당자나 동료들 도와주기

가장 중요한 문제만 제외하고 그들이 모든 것을 해결할 수 있도록 "이럴 때는 이렇게 하라."는 규칙을 정하라. 문서를 통해 당신의 개입 없이도 그들이 행동할 수 있는 자유를 주고, 이 규칙에 의해 처리될 수 있는 문제를 도와주지는 않겠다고 못을 박아라. 나는 아웃소싱 담당자들에게 400달러 미만의 비용이 드는 문제에 대해서는 임의로 해결할 수 있는 권한을 주었다. 매달 혹은 분기마다 아웃소싱 담당자의 결정이 이익에 어떤 영향을 미쳤는지 조사하고 이에 따라 규칙을 조정한다. 대개는 그들이 내린 훌륭한 결정과 창조적인 해결책을 바탕으로 새로운 규칙을 추가하게 된다.

5_ 현금 유동성이 충분할 때조차도 부적격 고객이나 해외의 잠재 고객 쫓아다니기

6_ 판매로 연결되지 않거나 FAQ나 자동 응답 메일로 충분한 질문에 이메일로 답장 쓰기

사람들이 곧바로 적절한 정보나 아웃소싱 담당자와 연결될 수 있게 해주는 자동 응답 메일의 좋은 예를 보고 싶다면, info@brainquicken.com에 이메일을 보내라.

7_ 재미있게 지내거나 자거나 쉬어야 할 곳에서 일하기

당신의 생활 환경을 분리하라. 일을 위한, 오직 일만을 위한 단일한 공간을 정해 놓도록! 이렇게 하지 않으면 당신은 일에서 절대 벗어날 수 없을 것이다.

8_ 2주에서 4주마다 일과 개인적 삶에 대해 철저한 80 대 20 분석 수행하지 않기

9_ 개인적 삶에서든 직업적인 삶에서든 우수하거나 충분한 정도에 그치지 않고 완벽을 위해 끝없이 노력하기

이것은 흔히 일을 위한 일을 하는 데 대한 변명에 지나지 않는다는 사실을 깨달아야 한다. 대부분의 노력은 외국어를 습득하는 것과 비슷하다. 95퍼센트 정도 정확하게 말하기 위해서는 6개월의 집중된 노력이 필요하지만, 98퍼센트 정도 정확하게 말하기 위해서는 20년에서 30년의 세월이 걸린다. 몇 가지 일에 대해서는 우수하다 싶을 정도까지 집중하고, 나머지 것에 대해서는 충분하다 싶을 정도만 집중하라. 완벽함은 훌륭한 이상이고 방향이지만, 불가능한 목표임을 깨달아야 한다.

10_ 일에 대한 핑계거리로 사소한 문제를 부풀리기

11_ 일을 정당화시키기 위해 시간적으로 민감하지 않은 문제를 긴급한 문제로 만들기

몇 번을 말해야 알겠는가? 초기 단계에는 그 공백으로 인해 엄청나게 겁이 날 수도 있겠지만 일과 관련되지 않은 삶에 초점을 맞추어야 한다. 만약 당신이 인생에서 의미를 찾을 수 없다면, 그 의미를 만들어 내는 것이 인간으로서 당신의 책임이다. 그것이 꿈을 이루는 것이든, 아니면 당신에게 목적과 자긍심을 주는 일을 찾아내는 것이든 말이다. 가장 이상적인 것은 두 가지가 결합된 경우이다.

12_ 한 가지 제품, 한 가지 일, 또는 한 가지 프로젝트를 당신이란 존재의 궁극적 목적이자 본질로 보기

인생은 허비하기에는 너무 짧지만, 비관론자나 허무주의자에게는 너무 길 수도 있다. 당신이 지금 하고 있는 일은 단지 다음 단계의 프로젝트나 모험을 위한 디딤돌일 뿐이다. 당신 몸에 밴 틀에 박힌 생활에서 빠져나올 수 있어야 한다. 의심은 어떤 행동을 위한 신호에 지나지 않는

다. 의심이 들거나 감당할 수 없을 때는 휴식을 취하고, 업무와 개인적
활동 및 관계에는 80 대 20 법칙을 적용하라.

13_ 인생에 대한 사회적 보상에 관심 두지 않기

당신 주위를 일과 전혀 관련되지 않으면서 잘 웃고 긍정적인 사람들로
포진시켜라. 꼭 그래야 한다면 뮤즈를 창조하는 것은 혼자서도 할 수
있지만 당신의 인생까지 홀로 살지는 마라. 행복은 우정과 사랑의 형태
로 나누어질 때 배가 된다.

마지막으로 중요한 이야기들

나쁜 일이 일어나게
내버려두는 기술

블로그를 떠난 지 3주 만이다. 오랜만이다. 나는 방금 캘리포니아에 도착했다. 런던, 스코틀랜드, 사르디니아, 슬로바키아, 오스트리아, 암스테르담, 일본을 경유하는, 그동안 미뤄뒀던 조촐한 은퇴 여행을 다녀왔다. 불길한 이메일 박스를 열었을 때, 몇 가지 기분 좋지 않은 소식들이 나를 기다리고 있었다. 왜냐고? 내가 그런 일들이 벌어지도록 내버려뒀으니까. 나는 항상 이런 식이다.

이번에 나를 기다리고 있던 몇 가지 소식들이다.

- 우리의 주문처리 회사 중 하나가 갑작스러운 사장의 죽음으로 문을 닫았다. 그 결과 월간 주문량이 20퍼센트 감소했고 모든 웹디자인과 주문 처리에 대한 비상조치가 필요하게 됐다.

- 라디오와 잡지 출연 기회를 놓쳤고 인터뷰어들을 화나게 했다.
- 10여 개가 넘는 조인트 벤처 파트너십 기회를 놓쳤다.

물론 내가 사람들을 괴롭히려고 여행을 떠난 것은 아니다. 그러나 나는 중요한 사실 하나를 깨달았다: 큰일을 하기 위해서는, 때때로 사소한 나쁜 일이 일어나도록 내버려둬야 한다는 사실이다. 바로 우리가 키워 나가야 될 기술이다.

일시적인 장막을 치고 몇 방 얻어맞은 대가로 나는 무엇을 얻었는가?

- 유럽에서 개최된 럭비 월드컵에서 뉴질랜드 올블랙스 팀의 경기를 현장에서 볼 수 있었다. 내가 지난 5년간 꿈꿔왔던 일이다.
- 코만도 영화에 빠진 이후 꿈꿔왔던 영화 속의 모든 총들을 실제로 사격하는 경험을 했다. 슬로바키아와 그곳의 불법 무장단체들에게 감사할 뿐이다.
- 일본에서 평생의 꿈인 텔레비전 파일럿 프로그램을 찍었다. 몇 달 동안 최고의 시간을 보냈다. 연간 단위의 긴 시간이라면 다른 이야기지만 말이다.
- 일본의 출판담당자인 세이시스하를 만나 도쿄에서 방송 인터뷰를 했다. 지금 이 책이 몇 개의 대형 서점 체인에서 베스트셀러 1위를 차지하고 있다.
- 10일간 방송 일에 푹 빠져 살았고 이는 마치 컴퓨터를 떠나 2년간

의 휴가를 다녀온 느낌이다.

- 도쿄 국제 필름 페스티벌에 참석했고 내게 최고의 영웅 중 한 명인 '플래닛 어스'의 프로듀서와 어울렸다.

일단 주변 잡일을 제쳐놓는다고 하더라도 세상의 종말이 오지 않는 다는 것을 깨닫고 나면 세상 극소수만이 알고 있는 해방감을 느낄 수 있다. 반드시 기억해라. 집중할 수 없다면 시간은 의미가 없다. 내게 이 메일이나 보이스메일을 확인할 수 있는 시간이 있었을까? 물론이다. 아 마 10분이면 충분했을 것이다. 그렇다면 그 10분 내에 위기상황을 해결 할 수 있는 집중력이 있었는가? 전혀 없었다.

"이메일을 체크하는 데는 1분이면 된다."라는 말은 그럴 듯해 보이 지만 나는 그렇게 하지 않는다. 이메일 박스 안에 들어 있는 문제들은 컴퓨터를 끈 이후에도 몇 시간, 며칠을 머릿속에 머무르며 "자유 시간" 을 걱정으로 쓸모없게 만들어 버린다는 것을 나는 경험으로 알고 있다. 이는 최악의 상태이다. 소중한 시간을 휴식도 아니고 생산적이지도 않 게 만든다. 일에 집중을 하든지 다른 것에 집중해라. 절대 그 중간 상태 에 머무르지 마라.

집중하지 않는 시간은
가치가 없다

아래에 생산성에 둔감한 사람들을

깨우치고 전체적인 시각에서 일을 볼 수 있게 깨달음을 주는 몇 가지 질문들이 있다. 세계를 여행하는 중이 아니더라도 소소하게 나쁜 일들은 그냥 내버려두는 습관을 들여라. 그렇게 하지 못하면, 인생을 바꿀 수 있는 큰일을 위한 시간을 절대 가질 수 없다. 그것은 중요한 업무일 수도 있고 진정한 인생 최고의 경험일 수도 있다. 시간을 힘들게 냈지만 다른 일로 방해를 받는다면 이를 제대로 해낼 수 있는 집중력을 가질 수 없다.

- 하나의 목표가 있다면 무엇인가? 목표를 이룬다면 모든 것을 바꿀 만한 것인가?
- 지금 당장 반드시 '해야만' 한다고 느껴지는 가장 시급한 일이 무엇인가?
- 앞으로의 인생을 바꾸기 위한 다음 초석을 얻기 위해 시급한 일을 방치 - 단 하루라도 - 할 수 있는가?
- 가장 오랫동안 해야 될 일 목록에 올라 있는 것은 무엇인가? 아침에 가장 먼저 그 일을 시작하고, 마칠 때까지 모든 일을 차단하고 점심도 먹지 마라.

"나쁜" 일이 일어날까? 작은 문제들이 돌발할 것이다. 맞다. 잠시 불평하다가 재빨리 대처할 것이다. 그러나 대신 완성한 인생 목표를 위한 초석은 작은 문제들의 본질을 그대로 볼 수 있게 해준다. 이런 교환을 습관으로 만들어라. 사소한 나쁜 일들을 내버려두면 의미 있는 좋은 일들에 대한 집중을 얻을 수 있다.

최소 선택 라이프스타일 :
더 높은 성과와 작은 스트레스를 위한
6개의 공식

정기적으로 빈곤을 예행 연습해
라. - 1~2주 동안 소비를 최소한으로 제한해라. 그리고 가장 적게 사용
된 옷의 20퍼센트 이상을 기부해라. - 이 방법을 통해 생각을 크게 할
수 있고 공포를 이겨내고 위험을 감수할 수 있다.
　-세네카

결핍의 마음(질투와 비윤리적 행동을 낳는)은 쉽게 얻어지는 물건들에 대
한 경멸로부터 시작된다.
　-세네카

나는 강아지 만화책을 찾다가… 지쳐 나자빠졌다.

최근 토요일 오후 9시 47분에 반스앤노블 서점에서였다. 13분 안에
22달러 하는 비싼 책인 『뉴요커 강아지 만화The New Yorker Dog Car-
toons』의 적당한 대체물을 찾으려 했다. 베스트셀러 코너에 가 봐야 하
나? 직원에게 물어볼까? 신간 서적? 아니면 고전? 나는 이미 30분 동안
그곳에서 고민 중이었다.

5분쯤 걸릴 줄 알았던 터무니없는 심부름 때문에 어찌할 바를 몰랐

다. 심리학 코너를 비틀거리며 가로질렀다. 때마침 두꺼운 책 하나가 눈에 띄었다. 2004년 출간된 베리 슈워츠의 『점심 메뉴 고르기도 어려운 사람들: 선택의 스트레스에서 벗어나는 법The Paradox of Choice: Why More Is Less』이었다. 이 책을 그때 처음 본 것은 아니지만 책 내용 중에 나오는 원칙들을 다시 한 번 떠올리기에 적절한 타이밍이었다.

- 더 많은 선택지를 고려할수록, 더 많은 구매자는 '후회'를 경험한다.
- 더 많은 선택지를 만날수록, 최종 선택의 결과에 만족하지 못한다.

이 원칙들은 어려운 질문을 낳는다: 만족을 덜하게 되더라도 최상의 결과를 추구하는 것이 올바른 것인가 아니면 그런대로 괜찮은 결과로 만족감을 얻는 것이 올바른 것인가?

예를 들면, 몇 달간 고민 끝에 20개의 후보 주택 중에서 최상의 투자처라고 생각되는 하나를 고르고 차후 5년 뒤에 매각할 때까지 올바른 선택이었는지 고민하는 것을 선택할 것인가, 예상되는 잠재 수익의 80퍼센트 선에서 빠른 판단을 하고(그래도 수익을 남기는 한도 내에서) 다시는 사후 고민을 하지 않는 쪽을 선택할 것인가?

어려운 질문이다.

슈워츠는 물론 돌아볼 필요가 없는 구매를 추천한다. 나는 바보 같은 곰돌이 푸 만화를 그냥 사기로 했다. 왜냐고? 이는 만족하느냐의 문제가 아니라 알맞은 것을 사느냐의 문제이기 때문이다.

돈은 또 벌면 된다. 그러나 일부 다른 자원들은 -집중력 같은- 그렇지 않다. 나는 전에도 집중력이 어떻게 시간의 가치를 결정하는지 그리고 왜 현금처럼 여겨야 하는지에 대해 설명했다.

예를 들면, 만약 토요일 아침에 위기상황을 알리는 이메일을 열어보고 이를 월요일 아침이 되어야만 해결할 수 있다면 주말을 진정으로 자유롭게 보낼 수 있겠는가?

이메일을 체크하는 데 30초밖에 걸리지 않는다 하더라도 머릿속을 점령한 위기상황과 처리 방안을 고민하느라 이후의 소중한 48시간은 당신의 삶에서 헛되이 사라질 것이다. 시간은 있지만 집중력은 사라졌다. 이 말은 시간이 실제의 가치를 갖지 못한다는 의미다.

최소 선택 라이프스타일은 다음의 두 가지 진실을 고려할 때 매력적인 방식이 된다.

1. 선택은 현재의 주의력과 행동에 사용될 집중력을 비용으로 한다는 점을 고려하라.
2. 집중력은 생산성뿐만 아니라 공감력에도 필요한 자원이다.

그러므로 :

너무 많은 선택지 = 감소된 또는 전무한 생산성

너무 많은 선택지 = 감소된 또는 전무한 공감력

너무 많은 선택지 = 멘붕 상태

무엇을 해야 하는가? 적절히 사용할 수 있는 6가지 규칙 혹은 공식이 있다.

1_ 최대한의 자동화된 의사결정을 할 수 있는 자기 규칙을 세워라.

2_ 행동을 취하기 전에 고민거리를 만들지 마라.
간단한 예로 금요일 저녁이나 주말이 끝나기 전에, 월요일이 되기 전에는 해결할 수 없는 업무 관련 이메일을 절대 열어 보지 마라.

3_ 단지 불편한 대화를 피하려는 목적으로 의사결정을 미루지 마라.
만약 지인이 다음 주 저녁 식사에 초대했는데 당신이 참석하지 않을 생각이라면, 이렇게 말하지 마라. "일정이 있을 수 있어서… 어떻게 할지 다음 주에 알려드릴게요." 대신에 무언가 더 결정적인 표현을 사용해라. "다음 주요? 목요일에 약속이 잡혀 있어서요, 하지만 초대는 감사드려요. 결정을 해드려야 번거롭지 않을 것 같은데, 일단 참석 못 하는 걸로 해주세요. 가능하면 알려드릴게요." 의사결정을 했다. 이제 할 일에 집중하면 된다.

4_ 치명적이지 않게 되돌릴 수 있는 의사결정을, 가능한 빨리 하는 법을 배워라.
시간제한(20분을 넘기는 선택들은 고려하지 않는다.), 선택제한(3가지 이상의 선택지는 배제해라.), 금액제한(예 : 100달러 이하로만(또는 100달러 이하의 잠재 손실로만))을 설정해라. 나는 가상의 비서를 만들어 의사결정을 돕도록 하고 있다.

5_ 변화를 주기 위해 애쓰지 마라.

변화를 주려다가 선택을 위한 고려 시간이 늘어난다. 루틴routine은 집
중력이 소중하게 쓰일 혁신을 가능하게 한다.

운동선수의 예를 들어 보면, 낮은 체지방률을 유지하는 선수는 같은 음
식을 특별히 변화를 주지 않고 반복해서 먹는다. 나도 "저탄수화물 식
단"을 거의 2년간 아침과 점심으로 먹었다. 다만 저녁 식사와 토요일 같
은 즐거운 식사 자리를 위해서만 식단에 변화를 주었다. 똑같은 루틴-
변화 구별법은 운동과 휴식 간의 관계에도 적용된다. 지방을 줄이고 근
육을 키우기 위해(심지어 4주 만에 34파운드를 감량하는 경우에도), 1996년 이후부
터 나는 똑같은 최소한의 운동 규칙을 준수했다. 그러나 휴식에서 중요
한 점은 즐거움이지 효율이 아니기 때문에 각 주말마다 새로운 것을 시
도하려 했다. 샌프란시스코의 암벽Mission Cliffs을 등반하거나 나파에
서 와인 테이스팅을 해 가며 산악자전거를 타곤 했다.

결과 지향의 루틴이 가져야 할 내용(예를 들어 운동)과 변화로부터 어떤
즐거움을 지향할 때 가져야 하는 내용(예를 들어 휴식)을 혼동하지 마라.

6_ 후회는 과거시제형 의사결정이다.

후회로 인한 불평을 하지 마라. 불평을 할 때 자각할 수 있도록 신경을
써라. 그리고 저명한 윌 보웬 박사의 "21일 불평 제로 실험"과 같은 간
단한 프로그램을 사용하여 이를 멈출 수 있도록 해라. 팔찌를 한쪽 손

목에 착용하고 불평을 할 때마다 다른 쪽 손목으로 옮겨 착용해라. 목표는 21일간 불평을 하지 않는 것이며 옮길 때마다 시작 일을 0으로 리셋해라. 의식적인 노력은 쓸모없는 과거시제형 고민과 부정적 감정들을 막을 수 있게 도와준다. 이런 고민들과 부정적 감정은 도움되는 바는 전혀 없고 다만 집중력만 고갈시킨다.

의사결정은 피할 수 없다. 이는 문제가 아니다. 훌륭한 CEO나 기업의 경영진들은 많은 양의 결정을 한다.

집중력을 소비하는 주범은 신중함이다. 각 결정에 대해 고민하고 생각이 흔들리는 시간들이다. 결정의 개수가 아니라 신중을 기하기 위해 쓰이는 전체 시간의 양이 당신의 집중력 은행의 잔고(또는 부채)를 결정한다.

위 규칙들을 통해 10퍼센트의 비용을 추가로 더 지급하게 되지만 평균적으로 40퍼센트의 시간을 "의사결정 사이클"에서 절감했다고 치자.(예를 들어 10분이 6분으로 줄었다고 하자.) 이제 수익을 만들어 내는 행위에 더 집중할 수 있는 시간이 늘어났을 뿐만 아니라 자신의 삶과 경험에서 더 훌륭한 즐거움을 가져올 수 있게 된다. 10퍼센트의 추가 비용은 손실이 아니라 투자로 여기고 이상적 라이프스타일을 위한 세금으로 생각해라.

최소 선택 라이프스타일을 받아들여라. 이는 절묘한 미개발의 철학적 도구로 생산성과 삶의 만족도를 드라마틱하게 높일 수 있다. 그리고 이 모두를 일에 치이지 않고 해 낼 수 있게 만들어 준다.

지금 당장 멈춰야 할
9가지 습관

1_ 알 수 없는 번호의 전화는 받지 마라.

다른 사람들을 놀라게 하는 것은 거리껴 할 필요가 없으나 놀라는 당사자가 되지는 마라. 결국 원치 않는 간섭이나 불리한 협상 포지션으로 귀결된다. 이런 전화는 보이스메일로 연결시키거나 그랜드센트럴 GrandCentral과 같은 서비스(보이스메일을 남기는 상대방의 목소리를 듣게 해 주거나 이를 문자로 받게 해 준다.)나 Phonetag.com(보이스메일을 이메일로 보내 준다.) 같은 서비스를 이용하는 것을 고려해라.

2_ 아침의 첫 번째 일로 또는 저녁의 마지막 일로 이메일을 보내지 마라.

전자는 하루 업무의 우선순위와 계획을 망치게 하고 후자는 불면증을 초래할 뿐이다. 이메일은 적어도 가장 중요한 우선순위의 업무를 하나 이상 처리한 후인 10시 이후에 보내도 된다.

3_ 명확한 안건이나 끝나는 시간이 정해지지 않은 회의나 전화에는 동의하지 마라.

다루어야 될 주제나 질문들이 객관적으로 기술된 의제와 함께, 도출해야 할 결과가 명확하게 정리되어 있다면 어떤 회의나 전화도 30분을 넘어서는 안 된다. "다 같이 최대한 준비하고 시간을 유용하게 쓸 수 있도록" 미리 요구해라.

4_ 사람들이 횡설수설하게 하지 마라.

누군가 당신에게 전화했을 때 "요즘 어때?" 같은 질문은 잊어라. "무슨 일이야?"나 "뭘 하고 있는 중인데, 무슨 일 있어?"라고 말해라. 일의 완성을 원한다면 핵심으로 바로 들어가야 한다.

5_ 일상적으로 이메일을 체크하지 마라.

나는 이 점에 대해 이미 공들여 설명했다. 수시로 응답하는 대신 최우선 업무를 처리하는 데 집중해라. 자동적인 대응 전략을 세워 놓고 하루 두세 번만 체크해라.

6_ 수익은 높지 않은 반면 요구가 많은 고객과 의사소통을 많이 하지 마라.

성공을 향한 확실한 길은 없지만 실패를 향한 분명한 길은 바로 모든 사람들을 만족시키려는 시도다. 고객층에 대해 두 가지 방법으로 80대 20 분석을 실시해라. 어떤 20퍼센트가 수익의 80퍼센트 이상을 만들어 내고 있고 어떤 20퍼센트가 업무 시간의 80퍼센트 이상을 차지하고 있는가? 이를 파악한 다음 저수익의 고불만 고객층에게 회사 정책의 변경을 고지하고 업무를 자동 처리 방식으로 변경해라. 그들에게 핵심 사항(전화 통화 가능 횟수, 이메일 대응 시간, 최소 주문량 등)이 담긴 이메일을 보내라. 그들이 새 정책을 받아들이지 않는다면 다른 공급자의 연락처를 제안해라.

7_ 우선순위를 정해라.

우선순위를 정하지 않으면 모든 일이 시급하고 중요해 보인다. 날마다 가장 중요한 하나의 업무를 정해 놓으면 대부분의 다른 일들은 시급하거나 중요하게 보이지 않게 된다. 대개의 경우, 가장 중요한 업무를 우선 처리하기 위해 사소한 나쁜 일들이 벌어지게 내버려두는 차원의 문제다. (전화 응대가 늦어 이에 대해 사과하거나, 적은 금액의 연체료를 지불하거나, 진상 고객을 잃게 되는 등) 일에 치였을 때의 해결책은 더 많은 접시를 돌리지 않는 것이다. 필요한 것은 정말 근본적으로 당신의 사업과 삶을 바꿀 수 있는 몇 가지 일을 밝혀내는 일이다.

8_ 휴대폰이나 노트북을 손에서 내려놓아라.

일주일에 적어도 하루 정도는 디지털의 사슬에서 벗어나라. 꺼버리거나 켜 둔 채로 차나 차고에 던져 두어라. 적어도 토요일에는 나는 그렇게 한다. 저녁 식사를 위해 외출할 때에는 핸드폰은 집에 놓아두고 갈 것을 추천한다. 그래서 전화를 1시간 뒤나 다음 날 아침에 응답한들 무슨 일이 있겠는가? 독자 중 한 명이 하루 24시간 일하며 다른 사람에게도 자기처럼 일하기를 바라는 동료에게 이렇게 쏘아붙였다. "나는 대통령이 아니야. 그 누구도 저녁 8시에 나를 필요로 하지 않아. 좋아, 나와 연락이 안 됐다고 해서 무슨 일이 벌어졌는데?"

답은? 아무 일도 일어나지 않았다.

9_ 비업무적인 관계 유지나 활동을 위한 공백까지 일로 채우려고 하지 마라.
일이 인생의 전부는 아니다. 동료 직원이 유일한 친구가 되면 안 된다. 중요한 업무상 미팅을 준비하듯이 삶을 계획하고 노력해라. 절대로 스스로 "주말까지 이 업무를 마칠 거야."라고 말하지 마라. 파킨슨의 법칙을 떠올리고 주어진 업무 시간 안에 일을 마쳐서 당신의 시간당 생산성이 땅바닥에 떨어지지 않도록 스스로를 강제해라. 집중해라. 정말 중요한 소수의 업무를 처리해라. 그리고 나가라. 주말 내내 이메일을 보내는 일은 이 행성에서 당신에게 주어진 얼마 안 되는 시간을 쓰는 방법이 아니다.

일이 되게 만드는 것이 핵심이다. 그러나 이는 잡음과 집중을 방해하는 요소들을 제거할 때만이 가능하다. 무엇을 해야 할지를 결정하는 데 어려움이 있다면, 해서는 안 될 행동들을 가려내는 데 집중해라. 다른 방법이지만 같은 결과다.

수익 선언 : 3개월 안에 수익을 달성
(또는 2배로 늘리는)하기 위한 8개의 교리

수익은 종종 더 많은 시간이 아니라 보다 나은 규칙과 속도를 요구한다. 스타트업의 재정적 목표는 간단해야 한다. 최소한의 노력과 최소한의 시간으로 수익을 내야 한다는 것. 더 많은 고객이나 더 많은 매출, 더 많은 사무실과 더 많은 직원이 아니라 더 많은 수익이다.

훌륭한 실적(직원 비율 수익 계산법에 따른)을 보여 주는 10여 개국 이상의 CEO들과 인터뷰를 바탕으로 조사한 바에 따라 아래에 "수익 선언"의 8개 기본 교리를 기술했다. 흔하지 않은 굉장한 것(지속적인 수익성, 또는 3개월 안이나 그보다 짧은 기간에 수익을 2배로 키우는 것)을 이루기 위해서는 흔하지 않은 일들을 해 내야 하는데 이를 할 수 있도록 여건을 만들기 위한 요구(기본으로 돌아가기)들이다.

1_ 틈새는 새로운 거대시장이다.

몇 년 전에 한 투자은행가가 거래 규칙 위반으로 교도소에 들어갔다. 부분적으로는 그의 요트에서 열린, 난쟁이가 때때로 공연을 펼치는 호화로운 파티 때문이기도 했다. 난쟁이 파견 업체의 사장인 대니 블랙은 월스트리트 저널에 다음과 같이 말했다. "어떤 사람들은 호화로운 난쟁이 파티에 무작정 빠져들죠." 틈새는 새로운 큰 기회다. 그러나 여기 비밀이 있다. 틈새시장에서 대규모 판매가 가능하다. 아이팟 광고는 50대의 노인이 춤추는 장면으로 광고하지 않는다. 20대나 30대의 미끈한 몸매의 주인공을 쓴다. 그러나 할머니를 포함한 모든 사람들이 젊음과 유행을 느끼기를 원한다. 그래서 아동복 브랜드를 걸치고 자신들을 애플 신교도라고 부른다. 시장에서 마케팅의 대상을 정할 때 제품을 구매하는 사람들만으로 특정 지을 필요는 없다. 그 대상은 제품과 자신을 동일시하거나 속하고자 하는 대부분의 사람들이 되어야 한다. 아무도 특징 없이 단조롭고 평범한 사람이 되고 싶어 하지 않는다. 그래서 모든 사람에게 어필할 수 있도록 메시지를 희석하지 마라. 결국에는 누구에게도 어필하지 못한다.

2_ 드러커를 다시 읽어라.

"강박적으로 측정하라." 하고 피터 드러커가 말했듯이 측정할 수 있는 것은 관리할 수 있다. 유용한 측정 단위를 활용하여 추적해라. 유용한 운영상의 통계를 활용해라. CPO(Cost-Per-Order, 광고비와 주문 처리 비용, 예상수익, 비용 상환, 악성 채무를 포함한 주문 대비 비용), 가능 광고비(Ad allowable, 수지 균형을 예상하여 집행 가능한 최대 광고비), 광고효과율(Mmedia Efficiency Ratio, 광고 대비 효과 비율), 추정 고객 평생 가치LV, 기존 수익률과 재구매율 등을 포함하여 사용해라. 사업에 직접적인 광고 응답 측정법을 적용할 것을 고려해라.

3_ 제품보다 가격 결정이 먼저다.

가격 정책이 확장 가능한가? 많은 회사들이 초기 단계의 필요성에 의해 소비자에게 직접 판매를 한다. 그리고 유통업자나 도매상들이 문을 노크하기 시작할 때쯤 그들의 마진이 유통 단계를 통한 확장을 꾀하기에는 너무 작다는 것을 깨닫게 된다. 만약 40퍼센트의 수익 마진을 가지고 있고 유통업자가 도매상에게 판매하기 위해 70퍼센트의 할인을 요구한다면 가격을 올리지 않는 한 앞으로 계속 소비자에게 직접 판매를 할 수밖에 없다. 가능하면 먼저 하는 것이 좋지만 그렇지 않다면 새 제품이나 프리미엄 제품을 기획할 필요가 생긴다. 가책정 가격을 시험해 보고 시장의 선험자를 만나 숨은 비용을 찾아내라. 협회 광고비, 대량 구매에 따른 리베이트, 창고 비용, 제품 전시 비용 등을 지불할 필요가 있는가? 내가 알고 있는 전국적인 인지도를 가진 브랜드의 전직 CEO 는 대표적인 소매점의 일선 매대에 제품을 진열해 보기도 전에 세계 최대 소프트드링크 제조회사 중 하나에 자기 회사를 팔아야 했다. 가책정 가격을 시험해 보고 가격 책정 전에 숙제를 마쳐라.

4_ 적은 것이 더 많은 것이다.

더 많은 유통 경로는 자동적으로 더 나은 결과를 낳는가? 그렇지 않다. 제어되지 않는 유통은 온갖 형태의 골칫거리를 가져오고 수익의 출혈로 이어진다. 대개는 무지막지한 가격 할인 주체와 관련이 있다. 중간 판매자 A는 온라인 할인업자인 B와 경쟁하기 위해 가격을 인하한다. 가격 할인 경쟁은 제품으로 충분한 이익을 남기지 못할 때까지 계속 되고 결국 재주문은 멈추게 된다. 이렇게 되면 신제품을 다시 출시해야 한다. 가격 하락은 대부분 돌이킬 수 없기 때문이다. 이런 시나리오를 피해라. 대신 핵심 한두 개의 유통업자와 파트너십을 구축해라. 독점 판매권을 이용하여 더 나은 조건을 협상해라. 작은 할인율, 선불 조건, 제품 노출이 잘되는 매대와 마케팅 지원 등을 요구해라. 아이팟부터 롤렉스, 에스테 로더까지 지속적인 고수익 브랜드들은 대체로 제한된 유통으로 시작한다. 명심해라. 더 많은 고객이 목표가 아니다. 더 많은 수익이 목표다.

5_ 협상을 서두르지 마라. – 다른 이들이 먼저 스스로와 타협하게 해라.

절대 구매 시에 가격을 먼저 부르지 마라. 상대방은 첫 번째 가격 제안 후 주춤한다.("3천 달러!" 첫 번째 가격 인하로 불편한 세일즈맨들은 침묵한다.) 그들이 스스로와 한 번 더 타협하게 해라.("이 가격이 정말 제안할 수 있는 최대한인가요?" 적어도 최소한 한 번의 추가 가격 인하를 끌어낸다.) 그리고 "결투." 만약 그들이 2천 달러로 종결하고 당신은 1천 500달러를 원한다면, 1천 250달러를 제안해라. 그들은 대충 1천 750달러를 계산해 낼 것이다. 이에 대해 "내가 말할게요. 차이를 절반씩 양보합시다. 지금 바로 수표를 특급우편으로 보낼 테니 끝냅시다."라고 대응해라. 결과는? 정확히 당신이 원했던 1천 500달러이다.

6_ 업무량 vs. 생산성 – 80 대 20과 파레토 법칙

바쁘다는 것과 생산성이 높다는 것은 동의어가 아니다. 영광의 배지처럼 여기는 스타트업의 밤샘 직업윤리 같은 것은 잊어라. –분석적으로 일해라. 파레토의 법칙으로 알려진 80 대 20 법칙은 당신이 원하는 결과의 80퍼센트가 당신의 행위나 투입 자원의 20퍼센트로부터 기인한다는 것을 말한다. 일주일에 한 번, 전투를 멈추고 생산성이 높은 부분에 노력을 집중하고 있는지 숫자를 돌려서 확인해라. 고객/제품/지역의 어느 20퍼센트의 부분이 수익의 80퍼센트를 만들어 내고 있는가? 이런 결과를 만들어 내는 요인은 무엇인가? 모든 취약점을 개선하려 시도하지 말고 소수의 강점을 복제해 내는 데 투자해라.

7. 고객이 항상 옳은 것은 아니다. -"해고하라", 손이 많이 가는 고객을.

고객 전체가 동일하게 창조되지는 않았다. 시간 활용에 80 대 20 법칙을 적용해라. 어느 20퍼센트의 고객들이 시간의 80퍼센트를 소비하게 만드는가? 유지비용이 높고 수익은 낮은 고객들은 자동 응대 매뉴얼에 맡겨라. -주문을 처리하되 그들을 대상으로 하는 업무를 늘리지 말고 그들의 요구를 확인하지는 마라. 그리고 유지비용이 높고 고수익의 고객들은 "해고해라." 업계의 바뀐 사정이 어떤 새로운 회사 정책을 요구하게 되었는지를 설명하는 메모를 보내라. 고객과의 새로운 통신 횟수와 방법, 표준화된 가격 정책과 주문 처리 방식 등에 대해 알려주고 그들의 요구가 새로운 회사 정책과 양립할 수 없다는 점을 지적해라. 그리고 기쁜 마음으로 다른 공급자를 소개하겠다는 이메일을 보내라.

8. 디테일보다 마감시간이 우선이다.

기술만 너무 강조되고 있다. 마감시간을 넘겨 도착하는 완벽한 제품은 제시간에 도착하는 훌륭한 제품과 달리 회사를 죽인다. 누군가의 능력을 현기증 나는 이력서가 아니라 빠듯한 마감시간을 제시간에 지켜낼 수 있는가를 기준으로 평가하고 고용해라. 현금 유동성이 있는 한 제품은 고칠 수 있고 하자는 용서된다. 그러나 마감시간을 넘기는 것은 종종 치명적이다. 캘빈 쿨리지(1872년~1933년, 미국의 대통령_옮긴이)는 이렇게 말했다. "능력을 가진 실패한 사람보다 더 흔한 것은 없다." 여기에 한마디를 덧붙이자면 'IQ나 이력서가 마감시간을 넘기는 것을 정당화한다고 생각하는 똑똑한 사람들은 더 흔하다.'

원격 근무 계약
제안하기

아래는 독자 오텀 브룩마이어가 업무 시간을 일주일에 5~10시간으로 줄이면서도 일자리를 잃지 않고 아르헨티나로 성공적으로 이주할 때 사용한 실제 원격 근무 제안서이다.

오텀 브룩마이어

배경

[회사 이름]에서 2년 이상 근무를 한 후, 이 조직의 사람들과 사명에 커다란 애정을 갖게 되었습니다. 마케팅 코디네이터로서의 내 업무를 통해 이 조직의 가치를 높이는 데 많은 기여를 했다고 자부합니다. 창의적인 문제 해결 능력과 비용 절감 방안으로 우리의 홀리데이 카드를 유통하고 생산하는 방식을 개선했고 마케팅과 출판에 쓸 수 있는 유용한 사진들을 구하기 위해 콘테스트를 개발했습니다. [회사 이름]을 위해 관련된 업무를 지속할 수 있도록 원격 근무 계약을 제안하고자 합니다. 저는 2008년 9월부터 6~12개월 동안 아르헨티나에 거주할 계획을 가지고 있습니다. 저의 목표는 스페인어를 유창하게 할 수 있는 언어 능력을 습득하고 외국 환경과 다른 문화에 완전히 빠져들어 새로운 사고 방식을 익히는 것입니다.

이번 일이 성사될 수 있는 여러 가지 방법에 대해 논의할 수 있다면 더 이상 기쁠 수가 없겠습니다. 그리고 만약 [회사 이름]이 저의 원격 근무를 고려하실 마음이 있다면 몇 가지 제안을 드리고자 합니다. 가장 합리적으로 우리는 이 방식이 상호 간에 이익이 되는지 몇 달간 시험 기간을 가질 수 있습니다.

역할 #1 그래픽 디자인과 지면 광고 코디네이터.

책임 : 프린트 자료에 대해 일정표를 만들고 각각의 프로그램 팀과 협력.

효과 : 프린트 자료가 마감시간을 지켜 완성된다.

책임 : 프로그램 디렉터와 외부 그래픽 아티스트, 디자이너들과 디자인 프로젝트 협업.

효과 :

-프린트 자료의 디자인이 독자를 위해 정확하고 호소력 있게 맞춤으로 제작된다.
-프린트 자료가 정해진 스케줄에 따라 생산된다.

책임 : 프로그램 프린트 자료의 생산 품질을 높이고 시간 관련 비용을 최소화하기 위해 프린트 판매상들과의 관계를 유지한다.

효과 : 프린트 자료가 계획된 예산 내에서 프린트된다. 초과된 예산은 마케팅 디렉터에 의해 특별히 승인된 경우에만 허용된다.

계약 방안 : 이메일과 콘셉트셰어ConceptShare와 같은 웹 기반 프로그램을 이용하여, 원격에서 이런 디자인 프로젝트들을 조정해 나갈 수 있다. 현재도 나는 프린트 판매상, 디자이너들

과 관계를 원격으로 유지하고 있고 그래서 일의 진행을 위해 실제로 만나야 할 필요는 없다. 프로그램 디렉터와 마케팅 팀과의 회의를 위해서는 비용이 들지 않는 비디오 전화 회의 서비스를 제공하는 "스카이프"를 사용할 예정이다. 마케팅 자료의 변화를 논의하기 위해 한두 번 만나왔다. 그리고 나머지 처리 과정은 이메일과 콘셉트셰어를 통해 진행될 것이다.

역할 #2 스페셜 마케팅 프로젝트 매니저

책임 : 적절한 마케팅 이미지 컬렉션을 최신 상태로 유지한다.

효과 : 마케팅 자료와 웹사이트를 위해 필요한 이미지들이 구상되고 확보된다.

계약 방안 : iStockphoto.com과 같은 웹 데이터베이스를 통해 이미지 찾기를 함으로써 원격으로 이 업무 또한 완수할 수 있다. '세미나 포토 콘테스트Seminar Photo Contest'를 통한 실험이 잘 치러진다면, 그 과정 또한 Aptify, e-mail과 Skype 등 웹을 통해서 관리할 수 있다.

책임 : 마케팅 자료를 키울 수 있는 새로운 기회를 실행하고 발견해 내는 것.

효과 :
  - 실행 가능성과 유효성을 위한 아이디어를 제공한다.

- 예산과 마감시한에 맞추어 선택된 프로젝트가 디자인되고 발송된다.

실행 방안 : 마케팅 자료를 키울 수 있는 새로운 아이디어와 기회에 대해 스카이프와 이메일을 이용하여 의사소통하겠다. 최근에 우리의 프로그램 마감시한에 대한 한 페이지 달력을 만들 것을 제안했다. 이를 세미나의 동문들에게 가을 메일을 통해 보낼 예정이다. 이 방법으로 학생들은 쉽게 우리의 프로그램을 위한 모든 마감시한을 기억할 수 있을 것이다. 그리고 응시자 수도 잠재적으로 늘어날 것으로 기대할 수 있다.

역할 #3 웹 기반 마케팅 코디네이터

책임 : 온라인 광고 업무에 협력하고 결과 평가하기

효과 :
- 온라인을 통한 업무는 갈수록 비용 대비 효과적이다.
- 마케팅 디렉터는 웹 기반 마케팅 결과가 필요하다는 점을 알고 있다.

실행 방안 : 나는 우리 회사의 온라인 광고 업무에 익숙하다. 그리고 원격으로도 지속해서 이 업무를 보조할 수 있다. 페이스북, 구글, 블로그 광고들에 접근할 수 있고 데이터에 접속하고 모으는 것을 보조할 수 있다. 우리 회사의 페이스북과 구글 광

고 업무를 맡은 경험이 있으며 과거에 블로그 광고 이미지를 만들어 낸 적도 있다. 새로운 광고를 론칭하는 것은 해외에서도 쉽게 관리할 수 있다.

책임 : 적절한 최신 웹 사진들의 컬렉션을 편집한다.

효과 : 최신의 매력적인 사진들이 마케팅과 프로그램을 위해 사용될 수 있게 준비된다.

실행 방안 : 위에 웹상의 사진 창고들을 서술했듯이, 나는 iStockphoto. com과 같은 웹 데이터베이스에 대한 이미지 검색을 수행함으로써 원격으로 이 업무 또한 완수할 수 있다. 세미나 사진 콘테스트 또한 내가 해외에 있는 동안 이 이미지들의 편집 작업을 도울 수 있는 도구로서 사용될 수 있다.

더 효과적으로 우리 프린트 자료의 생산 비용을 재평가하기 위해 [회사 이름]이 저를 이 업무를 계약 조건으로 일하는 담당자로 전환하는 것에 가치를 발견할 수 있을 것이라고 생각합니다. 저는 지금까지 진정으로 [회사 이름]에서 일하는 것이 즐거웠고 이 조직을 위해 원격지에서 계속적으로 일하고 싶습니다.

이 제안에 대한 당신의 심사숙고에 대해 감사드립니다.

*위에서 언급된 프로그램과 소프트웨어에 대한 설명

콘셉트셰어(www.conceptshare.com) : 디자인과 서류 그리고 비디오를 공유

할 수 있는 온라인 작업 공간을 확보할 수 있도록 해준다. 그리고 다른 사람들을 초청해서 언제 어디서든 회의를 통하지 않고서도 문장을 통한 피드백, 댓글, 리뷰를 할 수 있도록 해준다. [회사 이름]은 이 사이트의 효용성을 테스트하기 위해 몇 달간 사용했고 아르헨티나에 위치한 복수의 컴퓨터를 통해 시험했다.

스카이프(www.skype.com) : 인터넷을 통해 무료로 이야기를 할 수 있게 해주는 소프트웨어이다. 또한 스카이프는 국제전화를 1분에 4센트의 저렴한 요금으로 정식 전화기로 쓸 수 있는 기능도 제공한다. 스카이프는 회의를 할 수 있는 다자간 전화와 비디오 채팅 기능도 가지고 있다. 셋업을 위해서는 스카이프 소프트웨어를 다운로드 받고(무료), 각 컴퓨터별로 웹캠(다양한 가격대)과 헤드셋 전화기(10달러)를 구매해야 한다. 이 소프트웨어를 여동생과 테스트했더니 아르헨티나의 여동생과 회사에 위치한 내 쪽에서도 잘 작동했다.

아이스탁포토(www.istockphoto.com) : 아이스탁포토는 로열티가 없는 인터넷 이미지와 디자인 창고 개념의 웹

사이트이다. 이곳이 내가 [회사 이름]을 위해 사진을 찾는 여러 인터넷 사이트 중 한 곳이다. 마케팅 자료를 위해 이미 이 사이트에서 일부 사진을 사용하였다.

세미나 포토 콘테스트 : 이 콘테스트는 내가 만들었고 동료와 함께 마케팅과 출판을 위해 보다 관련성 있고 유용한 사진들을 수집하는 데 도움이 될 수 있는 실험으로서 개발했다. 사실 세미나에서 사진을 찍어 회사 소유로 한다는 것이 좀 공격적인 느낌이 들었기 때문에 필요한 사진을 확보하기 위해 새로운 접근을 했다. 2008년 여름 세미나의 모든 참석자에게 그들이 찍은 사진을 제출하면 선택된 각 사진에 대해 5달러 상당의 아마존 상품권을 지급하기로 했다.

주 4시간 일하며 살기

– 실제 사례, 조언, 그리고 깨우침

사례1
선(禪)과 락스타처럼 사는 예술

안녕, 팀.

내 이야기를 하겠다. 나는 독일 뮌헨에서 주로 활동하는 음악가이다. 내 레이블을 운영하고 있다. 그런데 경영 상태를 호전시키기가 어렵다. 고전을 겪으면서 내 창의성은 바닥을 칠 정도로 메말랐다. 하지만 음악 업계에서 살아남기는 힘들어도 내가 원하는 것을 실행하는 것은 전혀 어렵지 않다는 것을 당신을 통해 확인했다. 깨닫자마자 내가 실행한 일이다. 나는 내가 하고자 원했던 일을 한다. 여기에는 아빠로서의 역할, 음악 작업, 작곡, 회사 업무, 여행, 외국어 배우기(주로 이태리어), 오토바이 타기 등. 이 모든 것이 다음 글에 들어 있다.

1. 2008년 9~10월 두 달 동안 차례차례 이 책을 읽었다.(당신의 블로그를 서평하는 것을 포함하여) 그리고 내 인생의 새로운 판을 짰다. (책을 읽으며 골치 좀 아팠다.)

2. 나는 가장 괴로웠던 일들(그래서 할 일 목록 중 가장 내 시간을 많이 빼앗은 일들)의 아웃소싱을 시작했다.

나는 아래의 작업들을 아웃소싱 했다.

- 대부분 음악 업계와 관련된 조사 작업. (조사 관련 외주는 하루에 2~3시간을 절약해 주었다.)

- 웹사이트 유지(페이스북, 마이스페이스 등과 같은 사회관계망 서비스). 대부분의 마케팅을 2009년부터 이 사이트들을 통해 할 계획이다. 그리고 나는 25개가 넘는 사이트에서 아티스트로 활동하고 있다.

나의 원격 비서는(당신이 책에서 추천한 getfriday.com을 통해) 이메일 메시지, 댓글 등을 취합하기 위해 일주일에 한 번 사이트들을 체크하고, 모든 업데이트를 한다. 그리고 필터링을 통해 내게 응답이 필요한 모든 세부사항을 포함하여 일주일에 한 번 보고서를 보낸다. (하루에 1~2시간을 절약해 준다.)

- 언론 관련 사진들은 이랜스(www.elance.com)를 통해 수정을 한다. (5시간의 작업 시간과 약 500달러를 절약해 준다.)

- 공연 날짜에 관한 메일링 리스트 관리, 앨범 업데이트 등. (각 메일에 대해 약 1시간 절약)

- 나는 뮤즈 테스트를 시작했다. ('음악을 통해 외국어 배우기'를 온라인을 통해 판매). 아직은 테스트 중이다!

- 영화를 위한 음악 판권 작업을, 몇 달씩 걸리는 협상 과정 없이, 마우스 클릭 한 번으로 온라인을 통해 체결할 수 있는 사이트를 개설하기로 결정했다.

사람들은 기업과는 거리가 멀어 보이는 사람이(나는 은퇴한 펑크 로커처럼 보인다.) 삶의 일부분을 아웃소싱 하고 백만장자처럼 살아가면 (실제로는 거리가 멀지만 우리는 그렇게 산다고 생각한다.) 일반적으로 깜짝 놀라고 신기해한다.

나의 아웃소싱 원격 비서로부터 첫 번째 긍정적 피드백을 받은 뒤에 이런 삶의 방식이 가능하다는 것을 깨달았다. 나는 이랜스에 프로젝트를 올린 하루 뒤에 결과를 받아 볼 수 있었다. 나는 환호성을 질렀다.

가장 큰 변화는 이제 내 삶을 스스로 통제 가능하다는 점이다. 이제 20개월 된 막내딸을 반나절(나머지 반나절은 아내가 돌본다.) 돌볼 수 있고, 사업에 집중할 수 있다. 그리고 항상 바라왔던 것처럼 서두르지 않고 시간을 들여 일들을 처리한다. 전과 똑같이 매출 지향적이지만 이제 내게 주어진 시간이 더 늘었고, 머릿속이 상쾌하다. (그래서 나는 훨씬 더 부유해졌다고 생각한다.)

내가 원할 때(내가 사장이다.)는 일주일에 24~30시간 일을 한다(사무실과 음악 스튜디오에서 일하는 시간을 합쳐). 그리고 지금 하는 일은 정말로 내가 사랑하는 일들이다. 나는 아직도 단계적으로 사무실 업무 시간을 줄이기 위해(현재는 일주일에 10시간) 효율성을 최적화하고 있다. 내 꿈은 사무실을 모두 해체하는 것이다. 모든 서류 작업을 없애고 기본적으로 오직 내

랩톱을 사무실로 사용하는 것이다.

그리고 나를 소진시키고 무너뜨리는 모든 일을 제거했다. (일주일에 10시간의 추가 일 부담을 없앴다.) 나는 프로젝트를 진정으로 사랑하지 않는 이상 작업(작곡, 음악 프로듀싱)에 착수하지 않는다. 나는 모든 불평분자와 비방 꾼들을 제거했다. (속이 편하다.)

이제 막 내 블로그 juergenreiter.com를 시작했다. "선(禪)과 락스타처럼 사는 예술", 내 삶에 일어난 변화를 모든 이와 나누고 싶은 곳이다. (주로 터널 끝에서 빛을 찾는 음악가들을 위하여)

나는 내 인생에서 처음으로 모든 가사를 스스로 작사해서 앨범을 리코딩했다. 이번 봄에 내 레이블 'ORkAaN Music+Art Productions'로 출시될 예정이다.

올해 나는 미니 은퇴 여행으로 뉴욕에 6주간 머물 예정이다. 5월에는 이태리어를 배우기 위해 시실리에 2주간 머물 것이다. 9월에는 섬을 오토바이 여행하기 위해 다시 2~3주간 시실리로 돌아가고 겨울에는 멕시코, 중앙아메리카나 오스트레일리아 중 한 곳을 여행할 계획이다.

이 모든 것이 믿어지나? 위 사실들이 모든 것을 설명한다고 생각한다.

『나는 4시간만 일한다』의 기본 사고방식이 내게 침착함을 주었다. 그 침착함은 인생에서 무언가를 상실하는 것이 아닌가 하는 두려움 없이 내 딸과 놀 수 있고 내 "자유 시간"을 누릴 수 있게 해 주었다. 감히 말하는데 (위에서 언급한 모든 변화와 함께) 전체적으로 나의 생산성이 적어도 70퍼센트 이상 상승했고 의심은 80퍼센트 줄었다.

이제 시작하려는 이들에게 조언을 하자면:

1. 작은 곳에서 시작하고 생각은 크게 하라.
2. 무엇이 당신을 흥분시키고 지루하게 하는지 명확하게 정의하라.
3. 당신을 흥분시키는 것에 집중하고 나머지는 제거하라.
4. 사람들이 무슨 말을 하건 당신을 흥분시키는 것을 계속하라.
5. 가장 중요한 것은 『나는 4시간만 일한다』를 읽어라!

- 라이터

사례2
예술 애호가, 현상 수배

멕시코로 이민을 온 후 아버지가 20년간 청소부로 힘들게 일해 온 세월을 내 눈으로 똑똑히 보았다. 나는 2007년 4월 내 가족과 사랑하는 이들로부터 멀리 떨어져 회사를 위해 끝없는 또 한 번의 여행을 하던 중이었다. 그때 어느 외로운 호텔방에서 내 인생을 돌아보니 나는 인생의 꿈인 음악과 무대에 대한 사랑을 포기하고 아버지와 같은 길을 걷고 있었다. 서른세 살이 되어서야 비로소 그 사실을 깨달을 수 있었다.

인생에서 전환점이 될 만한 일을 만난 적이 없었다. 그러나 그날 밤, 분명히 사건이 터졌다. 그날 오랜 친구가 『나는 4시간만 일한다』를 추천하는 이메일을 보냈다. 나는 몇 시간 만에 미친 듯이 이 책을 다 읽었고 즉시 핵심 원칙들을 적용하기 시작했다. 내가 책에 대해 다른 사람들에게 이야기하고 무엇을 하려는지 이야기했을 때 모두들 나보고 미쳤다고 했다. 나는 나의 노력을 꿈 시간표Dreamlining, 제거Elimination, 그리고 해방Liberation에 집중했다. 첫째 피고용인으로서 원격 근무 계약으로 자유를 획득하고 싶었다. 몇 번의 실패에도 불구하고 인내심을 가지고 계속 시도했다. (협상에 관한 큰 교훈을 얻었다.) 그리고 원격으로 근무할 기회를 부여받았다. 그 후 모든 것이 바뀌었다. 나는 하루에 9시간 이상 근무를 하고 주간 단위의 업무 관련 출장 여행을 다니다가, 일주일에 4시간 일을 하고 한 달에 일주일 출장을 가게 됐다. 그리고 일에 있어서 전년 대비 2배의 생산성 향상으로 1만 달러의 급여 인상을 받았다.

그 결과, 지금 시애틀(내 고향)에서 예전에는 거리상의 이유로 불가능했던 친구와의 동거를 시작했다. 이렇게 새로 생긴 시간들을 음악과 무대에 대한 갈증을 푸는 데 사용했다. (나는 합창단에서 노래를 하고 포크 락 음악을 작곡하고 이번 주말에 내 첫 번째 60분 길이의 즉흥 연극을 공연할 예정이다.) 그리고 운동에도 집중해서 지금 나의 두 번째 마라톤 도전을 위해 연습 중이다.

친구들 대부분은 아직도 내가 많은 시간을 좋아하는 예술을 위해 쓰고 일주일에 4시간만 일하며 풀타임 급여를 받고 있다는 사실을 믿지 못한다. 가장 좋은 점은 자유의 의미를 진정으로 깨달았다는 점이다. 현실은 협상이 가능하고 지금 나의 현실은 아버지와 함께하는 데 시간 제약을 받지 않는다. 내가 이 책을 읽고 24개월이 채 지나지 않아 발견한 자유를 즐기기 위해 아버지는 은퇴하실 때까지 20년을 기다리셨다.

이민자로서 21세기 미국에서 성공하려면 열심히만 해서는 안 되고 대신 이 책에 나온 원칙들을 따라야 한다는 사실을 널리 알리고 싶다. 진정으로 새로운 아메리칸 드림이자 이 지구상에서, 인생에서 가장 소중한 자원인 자유를 쟁취하고 즐기기 위해서는 더 스마트하게 일해야 한다는 사실을 알리고 싶다.

-바론

사례3
사진 현상

안녕, 팀.

올해 내 인생을 바꿀 수 있는 진정한 영감을 당신의 책이 내게 주었다는 사실을 꼭 말하고 싶다!

이 책을 11월에 샀다. 그전에는 "업무 자동화"가 무엇인지 몰랐다. 나는 파트타임 직원을 고용하고 있었지만 오히려 그녀는 내게 일거리만 더 만들어 주었다. 어떤 때는 새벽 3시까지 일을 했고 아침 7시에 일어났다. 여행을 좋아했지만 현실은 불가능해 보였다. 나는 시간도 돈도 없었다.

어느 날 당신의 오디오북을 듣게 되었다. 각 챕터를 들었고, 어떤 부분은 반복해서 들었다. 나는 사진사이다. 주로 결혼사진을 찍는다. 내가 인터넷을 통해 디지털 이미지를 팔 수 있는지가 궁금했다. 그러다가 가족사진 회사와 관련된 환상적인 아이디어가 떠올랐다. 바로 그때 멈춰 서서 내 아이폰으로 웹사이트를 예약했다.

2개월 뒤, 나라 전체에 걸쳐 수천 명의 사진가들과 연결되는 웹사이트를 가지게 되었다. 그리고 첫 번째 판매를 했다. 더 좋은 것은, 나는 현재 가족사진 사업을 하고 있고 스스로 사진을 찍을 필요가 없다. 게다가 사진 프린트를 파는 형태가 아닌 첫 번째 사진 기업이다. 오직 디지털 파일을 판다. 이 방식은 훌륭하게 작용했다. 그리고 내 결혼사진 작업에도 적용했다. 다른 사진사들을 많이 화나게 했지만 갈수록 더 많은 돈을 벌어들이고 있다. 내가 들인 비용은 거의 회수했다. 게다가 시간적 자유까지 얻었다.

위에 설명한 내용이 다소 모호하다는 것을 잘 안다. 그러나 그것은 그리 중요하지 않다. 중요한 것은 내가 지금 더 빨리, 일을 잘하고 있다는 점이다. 추가로 두 명의 직원을 고용했고 컴퓨터와 아이폰의 이메일 알림 기능을 껐다. 이메일로 처리할 수 있는 일이 많지만 이제 신호음이 울리지 않는다. 이메일 알림 기능은 계속 꺼져 있다. 단지 놓친 전화를 확인하기 위해 종종 체크할 뿐이다.

약혼자는 오늘 내가 일터에 랩톱을 남겨놓은 채 저녁 식사 시간에 맞춰 집에 온 나를 사랑한다. 한번도 꿈꿔 본 적이 없는 삶이다. 당분간, 내 일은 시스템으로 작동될 것이고 재정적으로 올해는 작년보다 훨씬 좋아졌다.

그리고 나는 내 첫 미니 은퇴 여행을 시도할 시간이라고 결정했다. 목적지는 스위스. 알프스에서 스키를 즐기는 5일간의 스위스 여행을 1천 달러 이내의 경비로 다녀오기. 나는 왕복 항공권을 500달러에 구했다. 엥겔버그에서 하루짜리 스키패스는 80달러였다. 숙소는 무료였다. 당신이 추천해 준 사이트www.couchsurfing.com 덕분에 일주일 내내 군밤, 돼지고기 소시지, 피시 앤 칩스와 맛있는 맥주를 마셨다. 나는 해냈다!

앞으로도 감사할 것이다. 그리고 또 다른 미니 은퇴 여행을 할 생각에 들떠 있다. 지금부터 최고의 인생을 만들어 나갈 것이다.

추신 : 나는 5월 11일에 이탈리아로 한 달 동안의 업무 여행을 떠날 것이다. (나는 시에나의 두 개의 결혼식에서 사진을 찍기로 했다.) 나는 일하는 시간보다 훨씬 많은 여행을 계획하고 있다.

-마크 카피로, 사진작가

사례4
가상 법률회사

나는 실리콘 밸리의 거대 로펌에서 일했다. 어느 날 아침에 일어나 불현듯 1년간 여행하며 외국어를 배우기로 결심했다. 6주 뒤에 콜롬비아의 칼리에서 살고 있었다. 전에 칼리를 방문해 본 적이 없었고 스페인어를 한마디도 못 했지만 정말 흥분되는 경험이었다. 그리고 거의 2년 뒤에도, 95퍼센트 이상의 내 시간을 콜롬비아 칼리에서 일하며 살고 있다. (최근에 내가 캘리포니아에 살고 있다면 절대 구입하지 못할 멋진 아파트를 샀다.) 또한 전일제(하루에 5시간, 일주일에 5일 근무) 가정부와 요리사를 고용하고 있다. 이는 일주일에 40달러 이하의 비용으로 해결된다.

내 소유의 가상 법률 회사를 시작했고 내 예전 상사가 합류했다. 내가 세계 어디에 있든 내 미국 전화번호가 울린다. (나는 원래 뉴질랜드 출신이라 자주 그곳으로 여행을 간다.) 그리고 모든 미국 우편물은 샌프란시스코의 마켓 스트리트로 배달되고 검토된 후 온라인으로 볼 수 있게 된다. 만약 편지를 보낼 필요가 생기면 미국 내에서 편지를 프린트해서 보내, 국제우편으로 인한 시간 지체가 생기지 않도록 하는 또 다른 서비스를 이용하고 있다.

절대적으로 www.fourhourblog.com/earthclass를 메일 수신과 검토를 위해 사용해라. 여러 가지 상품이 있지만 한 달에 20~30달러 수준이다. 또한 한 개 이상의 수신함과 실제 주소를 이용할 수 있다. 내 마켓 스트리트 주소는 실제로 이 서비스를 이용한 주소이다.

미국 내에서 편지를 보내고 간단한 편지를 프린트하기 위해 나는 www.postalmethods.com을 사용한다. 처음에는 약간 투박한 느낌이 있지만 익숙해지면 편리하다. 편지를 보낼 때만 요금을 내므로 매우 싸다. (4페이지짜리 편지를 처리할 때 우표 값을 포함하여 1달러 이내이다.)

언제 한번 나를 방문해라. 콜롬비아는 당신이 듣던 것과는 다를 것이다. 나는 심야에 여기저기 산책을 다니는 것이 샌프란시스코에서보다 훨씬 안전하게 느껴진다. 그러나 알리지 마라. 여기 사는 사람들은 조용히 쾌적하게 살기를 원한다.

- 제리 M.

사례5

'ORNITHREADS'와 비행하기

팀,

지난 7월 나의 멘토가 당신이 쓴 책을 주었고, 그 책은 내 인생에 엄청난 충격을 안겼다. 책은 최고의 타이밍에 내게 도착했다. 이 책을 읽을 때, 첫 올림픽 장거리 3종 경기 출전 시한을 몇 주 남겨놓은 상태였다. 5개월 동안 훈련을 했고 보기에도 그렇고 실제로도 강인해져 있었다. 그러나 더욱 중요한 것은 육체적 목표를 향한 훈련과 규율은 내가 지금껏 경험해 보지 못했던 창의성을 갖게 해 주었다. 나는 훈련 기간을 우수하게 견디어 냈고 내 능력에 대해 희망적이었다. 그래서 철인경기에서 두 번째로 힘든 코스에 도전하기로 했다.

그렇게 고조된 상태에서 당신 책의 원칙들을 따르면서, 나는 제품과 사업에 대한 10여 가지의 아이디어를 떠올렸고 지금 그중 한 가지를 막 실현시키려는 참이다. 이는 'OrniThreads'라고 불리는 일종의 의류 브랜드인데, X세대, Y세대 새 애호가들에게 현대적이고 과학적인 조류 이미지를 살린 의복을 제공할 것이다.

이 인구 층에 주목하는 이유는 두 가지이다.

1. 내 "낮 일"로 [회사 이름]에 다니고 있다. 나는 그 세대 층의 관심사나 모임 성향 등에 대한 많은 정보를 배울 수 있었다. 특히 현재 미국에는 활동적인 7천만 명의 조류 애호가들이 있다는 사실 등이

다. 조류 애호가들은 상당히 열정적이며 그들의 관심은 갈수록 커져 가고 절대 소멸되지 않는다. 그들은 중산층에서 상류층까지 넓게 퍼져 있으며 교육 수준도 높다.

2. 나는 콜롬비아 대학 여름학기에서 조류학 강의를 들었다. (보존 생물학 과정에 등록했다.) 그리고 교과서의 삽화들에 매혹되었다. 그리고 그런 이미지들에 둘러싸여 있고 싶다는 생각을 하게 되었다. 다음 주쯤에 www.ornithreads.com라는 사이트를 개설하기로 했다. 내 세 가지 디자인 중 첫 번째가 우리가 이야기한 것처럼 프린트될 예정이다.

나는 회사에 대한 포부가 크다. 이제 고객들에게 첫 컬렉션을 선보이고자 하며 최대한 배울 것이다. 당신의 책은 내 아이디어가 날개를 펼치고 도약하기 위해 필요한 단계들의 윤곽을 잡는 데 믿을 수 없을 정도로 큰 도움을 주었다. 이 말은 자동화된 수입을 의미한다.

조만간 뉴욕을 방문할 기회가 있다면 -당신 책의 프로모션이나 다른 이유로- 당신을 만나고 싶다.

-브렌다 팀

사례6
직장 외 직업 훈련

나는 2008년 8월부터 2009년 1월까

지 원격 근무를 하면서 이 책의 개념들을 사용했다. 포르투갈, 유럽, 스페인, 스웨덴, 그리고 노르웨이에서 머리가 터지도록 서핑과 <u>스노보드</u>를 즐겼다. 가장 좋았던 부분은? 나는 소프트웨어 개발자로서 일상적으로 9시부터 5시까지 일하던 때보다 3배나 더 많은 은행 잔고를 가지고 돌아왔다. 나는 소프트웨어 개발자로서 [세계 유수의 디자인 회사]에 근무하고 있다. 그리고 이 책의 핵심 개념을 사용해서 인생의 진정한 전환을 했다. 나는 아이폰에 파이어링(Firing, 아이폰을 이용해 인터넷 전화를 가능하게 해준다. 하나의 기기로 모든 곳에서 사용할 수 있다. 해외에서도 국내 전화번호를 사용할 수 있다.)을 깔았다.

출발하기 전 4개월 동안 내 사무실 공간에 머물지 않고 항상 근처에 있다는 자세를 일관되게 견지했다. 나는 항상 인스턴트 메신저(인터넷상의 통신 방법 가운데 하나. 인터넷을 통해 쪽지, 파일, 자료들을 실시간 전송할 수 있는 서비스로 채팅이나 전화와 마찬가지로 실시간으로 의사소통이 가능하다._옮긴이)를 열어 놨다. 그래서 사람들이 내 사무실로 건너 와서 직접 나를 찾을 때 내가 근처에 머무르고 있다는 걸 알게 했다. 그들은 온라인으로 내게 "어디 있어?"라고 묻는다. 내 대답은 항상 비슷했다. 회사 카페 복도에 있다거나 한 블록 건너 커피숍 혹은 동료의 책상에 있다고 대답했다. 두 달이 지나자 마법 같은 일이 일어났다. 사람들이 항상 인스턴트 메신저를 통해 내게 연락을 했고 모두 내 책상으로 찾아오는 일이 사라졌다. 이렇게 해서 나는 누구의 주목도 받지 않고 6천 마일을 여행할 수 있게 되었다.

한 가지 더 고려해야 할 것이 있는데, 시차가 작업 환경에 미치는 영향이다. 9시간 거리의 노르웨이에 있을 때 시차가 완벽하게 작용했다. 말하자면, 나는 미래에 살고 있었다. 나의 낮은 직장 상사가 깨어나기 전이었다. 그래서 노르웨이의 피오르와 산들 그리고 미지의 차가운 바다 위 서핑 장소에서 완벽한 평화를 누리며 해외 전화를 받을 걱정 없이 탐험할 수 있었다. 완벽했다. 만약 내가 원하면 하루 종일 탐험을 하고 집에 돌아와 저녁을 먹고 난 이후에 상사와 휴대폰을 이용해 채팅을 20~30분간 하고 회사 업무 시스템에 체크인을 할 수 있었다. 뭔가 급한 업무가 있었던 몇 번의 경우, 상사는 잠자리에 들기 전에 내게 일을 지시했고 그가 깨어나기 전에 그 일은 완성되어 있었다.

- 윌리엄슨

사례7
의사의 처방

안녕, 팀.

내 얘기를 하자면, 내 꿈은 4년 전에 시작됐다. 심리학 의사 면허 시험을 치르고 있었다. 나에게 주는 상으로 친구와 함께 남아메리카로 여행을 떠나기로 결정했다. 우리는 모두 9시에서 5시(때때로 오후 6~7시, 또는 8시)까지 하는 병원과 클리닉 근무에 지쳐 있었다.

그때까지 미국과 유럽의 일부 지역을 광범위하게 여행을 했지만 남미의 문화는 경험하지 못했다.

여행은 정말 환상적이었고 삶과 문화에 대한 또 다른 방식에 눈을 뜨게 했다. 여행하는 동안, 현지에 거주하는 미국인들과 이야기를 많이 했다. 은퇴 자금을 어떻게 사용하는지와 왕처럼 거주하고 있는 그들의 저택에 대한 대화를 나누었다. 한 가지는 분명했다. 대부분의 현지 거주자들이 그들의 라이프스타일을 위해 "사업을 하려" 했던 시도는 비참하게 실패했다는 것이다. 나는 "그링고"(남아메리카에서 미국인을 낮추어 부르는 말_옮긴이)를 위한 사업을 실제로 지탱해 줄 충분한 통화(폐소)가 시장에 충분하지 않다는 가설을 세웠다.

여행을 다녀온 후, 친구에게 내 모든 에너지를 해외에서 미국 시민들로부터 수입을 벌어들이는 방법을 개발하는 데 쏟겠다고 이야기했다. 인터넷 전화VOIP는 최근에 대중화되었고 인터넷 서비스는 남아메리카와 제3세계의 다른 지역에서도 개선되고 있었다.

그 사업은 온전히 기동성을 기반으로 한다. 나는 전체 사업을 두 가지 기능으로 압축했다. 인터넷을 통한 안정적인 전화와 고속 인터넷이다.

그 당시에 나는 박사 과정 학생들의 학위 논문이나 과제 그리고 통계적 분석을 돕는 작은 상담 실습 연구팀을 전화와 이메일을 통해 이끌고 있었다. 작은 웹사이트를 가지고 있었는데 과부하가 걸리긴 했지만 조력자의 도움을 받고 있었다. 나는 계속해서 검색엔진 최적화와 웹 마케팅에 대해서 배웠고 마침내 웹사이트의 프로모션과 마케팅에 능숙해질 수 있었다. 웹사이트http://www.ResearchConsultation.com 덕분에 내 사업을 큰 폭으로 확장시킬 수 있었다.

다음 3년간 수많은 "모바일 테스트"를 시행했다. 코스타리카, 도미니 카공화국, 베네수엘라, 콜롬비아 등 해외에서 사업을 행할 수 있는 시스템을 미세 조정하기 위해 여행했다.

지난 11월에 최종적으로 직장을 그만뒀다. 추수감사절 하루 전에, 다시는 9~5시까지 일하는 반복 근무로는 돌아가지 않겠다고 선언했다. 내 직장은 심지어 최근에 지문 생체 인식 출입 시스템을 설치했다. 이 시스템은 병원 내에서 출입할 때 "지문을 찍고 들어가고 찍고 나오게" 해서 하루 8시간 근무를 하는지 확인한다. 이것은 내가 떠나야 한다는 또 다른 신호였다.

나는 지금 뉴욕과 콜롬비아에서 살고 있고 1년에 많은 기간 동안 세계의 여러 곳을 여행한다. 미국 달러를 벌어 그 일부로 해외에서 생활하면서 고객들과 이야기하고 계약자(미국과 콜롬비아)들을 관리하고 있다. 또한 다른 웹사이트와 사업(동호회 포럼)을 개발하고 있다. 날마다 해야 하는 반복 작업과 모니터링이 필요 없는 더 자동화된 시스템을 만들기를 희망한다.

자 당장은 여기까지이다…. 오늘은 남아메리카, 내일은 고속 인터넷통신(광대역)이 연결되는 곳이라면 어디라도! 내 스트레스 지수는 예전 직업을 떠난 뒤로 큰 폭으로 떨어졌고 삶의 질은 어마어마하게 상승했다.

뉴욕의 내 가족과 친구들은 아직 내가 제정신이 아니라고 생각한다. 그리고 나도 전적으로 동감하는 바이다.

-제프

사례8
4시간 가족과 글로벌 교육

팀!

우리는 2006년부터 세계를 여행하며 완전히 디지털 유목민 생활을 하고 있다. 유목민 생활을 시작한 이후 당신 책을 발견하게 되었고 정말 좋아하게 되었다. 우리 삶은 완전히 바뀌었고 더욱 충만하며 심플해졌다. 우리는 더욱 자연친화적이고 날씬하고 건강하며 행복하고 또 서로를 더 잘 이해하게 되었다.

우리가 2004, 5년에 이런 생활을 결심했을 때 모두가 미쳤다고 말했다. 그러나 지금은 그들 중 많은 사람들이 우리가 스마트하고 미래를 내다보는 신통력이 있다고 생각한다.

우리가 바뀔 수 있게 도와준, 아마도 최고의 특별한 순간(존 테일러 가토가 말했듯이 '왜 학교는 교육을 하지 않는 것이 최선일까?')은 좋은 학교 구조를 찾는 데 있어서의 문제점(많은 상을 받은 우리가 선택할 수 있는 학교들이 있음에도 불구하고)이었다. 그리고 가족과 함께 더 많은 시간을 보내고 싶은 마음과 가정/경제의 붕괴가 도래하고 있다는 점 또한 결정을 도왔다.

나는 앞으로 더 많은 가족들이 미니 은퇴 여행을 하고 느린 삶의 형태slow life와 디지털 유목민으로서 여행하는 삶을 추구할 것이라고 생각한다. 가족이 함께 몇 달간 여행을 하면, 집에 머무는 것보다 실제로 더 풍부한 놀라운 교육 기회가 존재한다는 것을 알 필요가 있다. (극소수만 깨닫는다!)

온라인상에 혁신적인 교육 전문가들과 클래스룸 2.0 프로그램과 같은 수많은 환상적인 교육 기회들이 있다. 내 딸은 이제 막 여덟 살이 되었고 존스홉킨스대학의 온라인 코스에서 아주 즐거운 한때를 보내는 중이다. 그리고 이 코스는 친구들과 사귈 수 있게 해 준다. 오늘날은 누구나 외국의 한 가지 문화에 깊이 빠져들면서도 가정의 문화를 유지할 수 있다. 이 정보는 아직도 50년대의 연구를 바탕으로 만들어진 제3세계 어린이들에 대한 케케묵은 부정적인 생각을 가지고 있는 가정들에게는 중요한 정보이다.

마야 프로스트Maya Frost, 『The New Global Student』, Crown, 2009는 고학년 어린이들에 대한 탁월한 정보를 가지고 대학에 대한 관점을 완전히 새롭게 뒤집어놓는다. 나는 교육 부문이 인터넷으로 인해 완전한 전환기를 겪어야 할 것들 중 하나라고 생각한다. 그리고 부모들은 중요한 결정을 위해 이 정보가 필요하다고 생각한다.

우리는 스페인의 지역 학교에서 환상적인 경험을 하고 있다. 내 아이는 그녀의 두 번째 언어와 문화, 문학에 아주 깊이 빠져들었다. 지역 학교에 대한 더 많은 정보와 한번에 몇 달 동안 가족 단위로 이것을 어떻게 경험할지에 대한 정보가 필요하다. (위 책 속에 있다.)

지역 주민들이 우리 아이를 위한 멋진 플랑멩코 선생님 역할을 해 주었다. 또한 스페인의 우리 아이에게 스카이프를 통해 피아노를 가르치는 시카고의 선생님 같은 온라인 소스 또한 사용한다.

전자 도서관은 매우 중요하다(특히 아이가 열정적인 독서가라면). Http://learninfreedom.org/languagebooks.html는 두 가지 언어를 하는 아이를 키우는 데 훌륭한 책과 함께 탁월한 언어 교육 서비스를 제공한다.

심지어 당신은 한 가지 언어만 할 수 있다고 하더라도!

- 해외의 삶을 좋아하고 사랑하는 가족

사례9
재정적 뮤즈

스탠포드대학을 졸업했다. 그리고 2006년 7월 투자은행에서 일을 시작했다. 처음엔 세속적인 의미에서 즐거운 세월을 보냈다. 맞다. 정말 화끈한 라이프스타일이었다. 많은 것을 배웠고 빠르게 승진했다. 나는 A 타입 성격(긴장하고 성급하며 경쟁적인 것이 특징_옮긴이)으로 어느 정도는 매력적으로 느껴졌다.

그런데 해가 바뀌면서 이 생활을 계속할 수가 없고 내가 원하던 삶도 아니라는 사실을 깨달았다. 그러나 다른 많은 사람들과 마찬가지로 즉시 행동에 옮기지는 못하고 있었다.

2007년 5월 어느 날 밤 새벽 3시쯤 차를 몰고 집으로 향하고 있었다. 이미 4~5일 전부터 연속으로 밤을 새운 이후였다. 나는 길가의 나무와 충돌하고 말았다. 졸음운전을 하다가 뭔가에 충돌해 본 경험이 없다면, 번지 점프를 하다가 땅 5피트 위에서 눈을 떴는데 줄이 막 끊어지려고 하는 장면을 상상하면 된다.

"ER(Emergency Room, 응급실)에서"

그다음 날 내가 전체 사무실에 보낸 이메일의 제목이다. 다행히 모두들 이해했고 회사는 흔하지 않은 3일간의 주말 휴가를 보내라고 했다.

운이 좋게도 큰 부상을 입지는 않았다. 하지만 그때 나는 변화를 추구해야 한다고 결심했다.

1주나 2주 뒤쯤 몇 명의 친구들과 저녁 식사를 하는 자리에서 내 이야기를 전했다. 한 친구가(막 직장을 그만두고 온라인으로 지식 상품을 팔며 그녀의 꿈이었던 배우를 준비하고 있던) 내게 본인이 최근 읽은 『나는 4시간만 일한다』라는 책에 대해 이야기를 해 주었다.

물론 처음에는 사기라고 생각했다. 그러나 당시 내 삶에 진정으로 진저리를 치고 있었기 때문에 적어도 한번쯤 검토해 볼 필요는 있다고 생각했다. 책을 앉은자리에서 한번에 다 읽었다. 그리고 다시 읽었다. 내가 환상 속의 신기루를 보고 있지 않다는 점을 확실히 하고 싶었다. 은행 업계에 뛰어들기 전에 나는 온라인으로 그래픽과 웹디자인 일을 약간 했었다. 그리고 기술직 경력 또한 있었다. 그래서 책 속의 어떤 것도 터무니없진 않았다. 단지 나는 이런 접근 방식이 얼마나 쉬운지를 깨닫지 못하고 있었을 뿐이다. 또한, 대학 생활 중 절반을 일본에서 보냈고 일본에서의 생활을 정말 즐겼다. 장기 세계 여행은 항상 내 목표 중 하나였다.

나는 책 속의 아이디어들을 떠올리며 계속 생각을 했다. 2007년 10월에 일본으로 짧은 휴가를 다녀온 뒤 이제 실행할 때가 되었다고 결심했다.

나의 뮤즈 : 투자은행 면접 가이드 판매하기.

이는 틈새시장이었다. 수요가 높았고 내가 다른 누구보다도 더 나은 가이드를 만들 수 있었다.

문제점 하나 : 나는 아직 일터에 남아 있었기 때문에 익명으로 일을 해야 했고 클릭당 지불 방식으로 광고를 하는 것은 관련 키워드에 매겨져 있는 클릭당 비용Cost Per Click이 지나치게 높았다.

2007년 11월에 나는 '합병과 인수Mergers & Inquisitions'(http://www.mergersandinquisitions.com)라는 블로그를 개설하기로 결정했다. 투자은행 업계의 전반적인 이야기와 취업 노하우를 내용으로 대학생, MBA, 그리고 현직 전문가들을 모두 복합적으로 대상으로 했다. 내가 블로그 방문자들을 만들어 가는 동안에는 나의 뮤즈(면접 가이드)를 완성할 시간적 여유가 없었다. 그리고 블로그 독자들로부터 컨설팅을 바라는 많은 양의 질의를 받고 있었다. 그래서 이력서 작성을 도와주는 일을 시작했고 모의면접을 내용에 포함시켰다. 맞다. 뮤즈와는 거리가 먼 내용이다. 그러나 나는 높은 수수료를 책정했고 예전 급여를 훨씬 더 빨리 벌수 있었다. 이 모든 것을 부득이하게 완전히 익명으로 처리했다. 왜냐면 나는 안정된 대체 수입 없이 해고되는 것을 원치 않았기 때문이다. 놀랍게도, 나의 서비스는 내가 누구인지 아무에게도 밝히지 않았음에도 순조롭게 출발했다.

동시에 투자은행 업계에서는 다른 직업을 구하지 않기로 결심했다. 대신 2008년 6월에 업계를 떠나기로 했다. 그래서 필요한 모든 일을 마치기까지 아주 짧은 시간만 주어졌다. 내 친구들이나 룸메이트, 가족들 중 단 한사람도 빼놓지 않고 회의적인 시선을 보냈고 새로운 시도가 성공하지 못할 것이라고 말했다. 나는 그들 모두가 틀렸다고 생각하며 어찌되었든 일단 시작하기로 했다. –최악의 시나리오가 발생하면 씀씀이를 줄이고 태국으로 건너가 영어를 가르칠 수도 있었다.

수입을 늘리기 위해 더 많은 서비스 상품을 팔 수 있도록 사이트를 완전히 개조했다. 이를 통해 2008년 7월과 8월에 잔돈벌이가 아니라 파트타임 컨설팅만으로도 정규직 수입을 벌 수 있었다. 그렇게 해서 하와이와 아루바로 여행을 가 스노클링, 서핑, 그리고 상어 철망 다이빙 shark-cage-diving 등을 즐길 수 있었고 미국의 다른 지역에 사는 친구들을 방문할 수 있었다. 그동안 파트타임 일을 함으로써 투자은행 직원 수준의 수입을 벌 수 있었다.

불황이 찾아오고 경제가 나빠지면서 내 사업은 오히려 전성기를 맞았다. 왜냐면 내 사업은 경기 상황과 반대 사이클을 가지고 있기 때문이다. 사람들의 일자리 찾기를 도와주는 모든 일이 불황 속에서 거대한 수요를 만났다. 나 또한 그때 해고된 많은 은행가들과 재정 전문가들이 다른 일자리를 찾을 수 있도록 도움을 제공했다. 그럼에도 돈을 버는 일에 시간을 효율적으로 썼기 때문에 더 많은 일을 할 수 있었다…. 그래서 가을이 지나자 원래의 상품 아이디어 –면접 가이드– 에 집중하기 시작했고 2008년 말에 성공적인 상품 발매를 할 수 있었다.

일은 착착 진행되어 수많은 자유 시간이 주어졌다. 수입은 2배가 되었고, 수입의 대부분이 자동화되었다. 이 시점부터 어떤 추가적인 작업을 하지 않더라도, 나는 웹사이트에 일주일에 간단히 한두 번 글을 올림으로써(4~5시간), 또 부수적으로 제한된 컨설팅을 함으로써(10시간) 이전 월별 수입보다 2~3배를 벌 수 있었다. 그렇게 해서 일하는 시간을

6~9배 줄이고 수입은 거의 3배로 늘었다고 말할 수 있다. 그리고 나는 완전한 '기동성'을 얻었다.

사실 가끔 이보다는 일을 더 할 때도 있다. 그러나 이는 내가 원해서 하는 교육 관련 프로젝트에 관한 것이다. 해야만 해서 하는 일은 아니다. 어떤 주에 일할 기분이 아니면 업무 시간을 5~15시간 범위 내로 줄일 수도 있다. 나머지 시간을 외국어를 배우고, 스포츠를 하거나 이국적인 곳으로 여행을 가는 데 쓴다.

이런 시스템은 내가 12월과 1월에 중국, 싱가포르, 태국, 그리고 한국으로 놀라운 여행을 갈 수 있게 해 주었다. 또한 몇몇 말도 안 되는 모험을 하기도 했다. 나는 아시아에서 몇 달간 더 머무를 예정이다. 그 이후에는 세계를 정처 없이 여행할 것이다. 커피숍에서 내 사업을 운영해 가면서 말이다.

우연히, 아시아에서 내 삶의 방식이 정말 멋지다고 생각하는 많은 고객들을 만났다.

당신의 책은 내 삶을 바꾸었고 라이프스타일 수준을 엄청나게 높였다. 모든 것에 대해 감사한다.

- 드체사레

사례10
애들이 발목을 잡는다고?

나의 첫 번째 시도는 "내가 벌이가

좋고 정말 안정적인 공무원 일을 그만두면 1에서 10단계로 가정할 때 어느 정도의 나쁜 일이 벌어질까?"라는 생각을 하는 것이었다. 이런 생각의 방법이 주는 힘은 믿을 수 없을 정도로 컸다.

나는 일을 그만뒀고, 집을 팔았고, 세 살도 안 된 두 아이와 임신한 아내와 함께 캠핑을 떠났다. (미니 은퇴 여행) 우리는 시드니에서 애들레이드로 오스트레일리아의 동남 해안가를 따라 여행을 했다. (아주 천천히)

급박한 걱정 없이 가족과 함께 한가로운 여행을 하면서 생긴 완전히 투명한 정신으로, 12개월 동안 만지작거렸던 계획을 실행했다. 나는 무선 인터넷 동글(광대역 모바일에 접속하기 위해 사용하는 USB 모뎀 단말_옮긴이)을 샀고 전기 엔지니어를 위한 정보물을 만들었다. 그리고 이를 위한 소프트웨어를 제작했다.

이 과정은 (1) 정보 다이어트에 들어가서, (2) 오후 9시부터 자정까지 집중력을 방해하는 요소 없이 일을 하고, (3) 어렵거나 시간 소모적인 일들(어려운 프로그래밍 작업이나 책을 위한 삽화 같은)은 모두 아웃소싱을 하는 식으로 진행됐다.

4주쯤 뒤에 마침내 정보를 제공하는 자동화된 웹사이트를 만들 수 있었다. 이는 내 공무원 시절 급여의 2분의 1을 대체했다. 웹사이트를 유지하는 데는 일주일에 4시간이 필요했다.

원래 계획은 애들레이드에 도착해서 직.장.을 구하는 것이었다. 그러나 수입의 관점에서 나는 새로운 사업을 더 키우기로 결심했다. 그리고 현재 나의 이전 수입을 거의 100퍼센트 대체하는 단계에 도달했다.

이는 엄청나게 기분 좋은 일이다.

이제 우리는 아이들이 초등학교에 입학할 나이가 될 때까지 세계를 천천히 여행할 계획이다.

누가 애들이 당신 발목을 잡고 있다고 말하는가?

-핀

사례11
원격으로 일하기

1년 1개월 전에, 나는 누이의 남자 친구에게서 이 책을 추천받았다. 그때는 내가 아르헨티나로 이사를 가서 에스파냐어를 배우기 위해 어떻게 인생을 극적으로 바꿀 수 있을지 몇 달간 떠들던 중이었다. 책을 다 읽은 후, 나는 내 꿈에 대해 말로만 떠들던 것을 멈추고 즉시 단기와 중기 목표를 설정해서 실행에 들어갔다. 매달 목표와 그에 따른 업무를 관리하기 위해 노트북을 샀다. 실행 가능한 원격 근무 환경에 대해 조사를 많이 했고 친한 친구들과 가족들에게 내 새로운 계획을 설명했다. 내 이야기를 들은 모든 사람이 그저 아이디어로만 여기고 실제로 이를 실행할 거라고는 생각하지 않았다. 그들은 "그저 언젠가 하고 싶은 일"쯤으로 짐작하고 내가 목표를 이루기 위해 실제로 일일 목표를 세우고 있다고 생각하지는 않았다. 그들은 내가 지금 일을 좋아하기 때문에 인생을 불확실성의 세계로 밀어넣지는 않을 것이라 생각했다. 나는 그렇게 생각하지 않았다. 두렵지 않았고 새로운 출발과 새로운 방식의 삶에 한껏 흥분했다. 내가 내 일을 사랑하지만 인생에 있어 이루고 싶은 또 다른 일들도 많았다. 처음에는 그곳에서 먹고살기 위해 영어를 가르치는 것도 생각해 보았다. 그러나 마음 깊은 곳에서는 현재 회사에서 하는 일을 계속하기를 원했다. 단지 이를 원격으로 해야만 했다. 이 책은 실제로 그런 일이 가능하다는 믿음을 내게 안겼다. 내 주변의 모든 사람은 이를 불가능하다고 생각하는 데도 말이다.

　나를 둘러싼 사람들의 만류에도 불구하고 나는 제안서를 써서 사장에게 이를 제출하기로 결심했다. 만약 사장이 제안을 거절하면, 아르헨티나에서 최소 6개월 정도는 버티며 현지에서 어떻게 돈을 벌지를 고민할 수 있을 만큼의 저축은 충분히 있었다. 나는 더 적은 업무량과 더 많은 자유 시간으로 행복하고 해방된 삶을 꿈꾸기를 포기하지 않았다. 상황이 내게 우호적이지는 않았지만 계산된 리스크를 부담하기로 했고 자신을 믿기로 했다. 제안서를 내민 후에 최악의 경우를 감수할 준비를 했다. 내 주변의 모든 사람이 숨죽이며 기다렸고 제안서가 거절된 뒤 격려의 말을 건넬 준비를 하고 있었다. 나는 사장과의 미팅 후에 믿을 수가 없었다. 그녀는 제안서를 기꺼이 받아들였고 세부사항에 대해 열정적으로 이야기하고 싶어 했다. 심지어 미소를 얼굴에 가득 머금고 내 제안이 얼마나 멋진지에 대하여 이야기했다. 이 이야기를 사람들에게 했을 때 누구도 믿지 않았다. 충격이 가신 뒤에 차츰 나는 실제로 꿈이 현실이 되었다는 것을 깨달았다. 그리고 어깨 위의 거대한 짐을 벗을 수 있었다. 가장 힘든 부분은 해결되었고 이제 새로운 삶의 더 많은 가능성들에 대해 생각할 수 있었다.

나는 2008년 9월에 아르헨티나로 이주하기로 목표를 세웠다. 9월 3일에 이곳에 도착했고 이제 6개월째가 되어 간다. 현재 아르헨티나 북서쪽에 위치한 후후이주의 작은 도시에 살고 있다. 일주일에 5~10시간가량 일을 하는데 사무실을 벗어나 혼자서 일을 하는 지금이 훨씬 집중이 잘된다는 것을 알았다. 스페인어 개인 강사로부터 일주일에 5일 동안 2시간씩 교습을 받고 있고 스페인어를 연습하며 같이 시간을 보내는 소수의 친구가 있다. 일주일에 세 번 체육관에 가고 두 번 요가를 배운다. 미국에 있을 때는 시간이 없어 마음은 있지만 하지 못하던 것들이다. 나는 무엇을 먹을지에 대해서도 신경을 쓸 수 있어서 훨씬 건강한 식단을 유지하고 있다. 이제는 내게 주어진 자유 시간을 더 큰 일들을 꿈꾸는 데 쓰고 있다. 나는 카페나 바를 소유하고 싶은 꿈이 있다. 아마 지금부터 몇 년 뒤쯤 구체적인 결실을 볼 수 있을 것이다.

『나는 4시간만 일한다』 독자들에게 전하고 싶은 조언은 내 경험으로부터 배우라는 것이다. 나는 평소에 친구들과 가족들에게 의지를 많이 했다. 그러나 때때로 무언가를 이루고자 할 때에는 사랑하는 이들의 충고를 무시할 필요도 있다. 불가능을 가능하다고 믿는다면, 실제로 이룰 수 있다.

- 브룩마이어

사례12
휴대폰 버리기

　　　　　　　　　　　나는 서른일곱 살로 13개의 서브웨이(Subway, 서브마린 샌드위치와 샐러드 등을 판매하는 패스트푸드 음식 체인_옮긴이) 프랜차이즈 가맹점을 소유하고 있다. 7년간 가맹점 운영을 계속해 오고 있다. 이 책을 읽기 전까지 나는 '일주일 내내 일하기'의 제왕이었다. 과거에 종업원으로서 일했던 것과 다르게 일해 본 적이 없다. 『나는 4시간만 일한다』는 절대적으로 나를 해방시켰다. 말 그대로 그 책에 '사로잡혔다'. 그리고 '일주일 내내 일하기'에 중독되어 있던 나를 치료하기 시작했다. 나는 항상 '대기' 상태에 있었고 어디든 진정으로 '참석'해 본 적이 없었다. 저녁 식사 자리에서 그곳에 참석한 다른 사람들과 '행복한 시간'을 보내기보다는 '휴대폰 숭배자'가 되어 혼자서 바쁜 시간을 보냈다. 휴일은 이메일 쓰나미와 전투를 하는 원격 근무일이었다. 이 책은 내게 새로운 패러다임을 제공했고 나는 사업을 하나의 '제품'으로 바라보게 되었다. (원래)목적을 개인적으로 투자한 시간 대비 불규칙한 수입을 제공하는 차원에서 생각하게 되었다. 그런데 최종 목표는? 나 자신의 만족과 나의 활동과 계획에 대한 완전한 자율권 획득이었다. 그래서 이제는 원래 목적을 추구할 때가 되었다고 스스로에게 말을 하고 행동에 나섰다. 그리고 다음과 같은 일들을 했다.

　'항상 업무 중'이었던 일주일을 4일간 20시간으로 대폭 줄였다. 즉시 월요일 휴무를 시작해서 근사한 3일간의 주말 휴일을 보내기 시작했다.(금요일은 다음 '표적'이다!) 화요일부터 금요일까지는 오전 11시부터 오후

4시까지 근무했다. 이렇게 단축된 주중 '구속된' 업무 시간에는 모든 것을 80 대 20 필터를 통해 재평가했다. 그랬더니 80퍼센트 중 50퍼센트는 순전히 헛일이었고 남은 50퍼센트는 내가 급여를 주는 누군가가 대신 할 수 있는 일이라는 것을 발견했다. 멋졌다!

지금 내가 하는 일은 어떤 사유로 급여를 올리거나 비용을 낮추는 등이 전부다. 그 외는 "다른 사람의 일이다." 누구나 "절반만 임신" 상태가 될 수는 없다. 그래서 나는 업무를 '해야 할 때'는 하고 '쉴 때'는 쉰다. 쉴 때 내게 연락을 하려면 운이 좋아야 한다. 나는 아직 핸드폰을 들고는 다니지만 이메일 수신 기능은 꺼져 있다. '이메일 자동 수신' 기능은 현대 인류에게 방해라는 개념의 골칫거리일 뿐이다. 이메일은 화요일부터 금요일까지 오전 11시부터 오후 4시까지만 기능한다. 그 외에는 대기 상태로 기다려야 한다.

내 이메일 자동 응답기는 2주간 수신되는 이메일 중 50퍼센트를 감소시켰다. 의미 없는 쓰레기를 보내던 사람들은 응답이 전혀 없자 수신인에서 나를 제외시켰다. 야호! 나는 간결하고 짧은 '할 일' 리스트를 작성했고 시간제한이 있는 것들을 업무 달력에 넣었다. 내가 우선 처리해야 할 중요 사항들을 미리 결정해 놓았기 때문에 '할 일' 리스트가 '수신함'의 다른 메일들보다 우선하여 내 관심사가 되었고 나머지는 기다리게 하면 된다.

아마도 예전 같은 모습으로도 그럭저럭 살아갈 수는 있었을 것이다. 그러나 이 책의 메시지는 나 같은 자영업자가 반드시 귀 기울여야 한다고 생각한다. '사장'이 없고 업무생활과 가정생활의 명확한 구분이 없는 사람들은 '일주일 내내 일하기'의 함정에 빠지기 쉽고 운영하는 사업이 가차 없이 그 함정으로 끌고 들어가는 트랙터가 될 수 있다. 이 책이 바로 해독제이다.

- 앤드루, 영국 자영업자

사례13
스타워즈, 지원자?

유치원 선생이 내 딸에게 "아버지가 무슨 일을 하시니?"라고 질문을 했을 때, 이 책에 기초한 나의 노력이 성과를 보이고 있다는 사실을 알았다. 선생이 이야기해 주는 딸의 대답은 정말 감동적이었다. "당신의 딸은 뒤돌아서 나를 올려다보더니 정말 진지한 표정으로 '아빠는 종일 앉아서 〈스타워즈〉만 보고 있어요.'라고 말했어요."

내 딸의 짧은 대답이 『나는 4시간만 일한다』에 대한 진정한 자각의 순간이 된 것은 우스운 일이다. 당신도 그 대답이 깊은 의미를 가지고 있다는 것을 알 수 있다. 나는 내 딸이 진짜 의미하고자 했던 바는, 만약 그녀가 좀 더 정확한 표현력을 가지고 있었다면, "아빠는 자기가 하고 싶은 일만 해요."일 거라고 믿는다.

가족들과 해변으로 휴가를 갔을 때인 거의 2년 전에 이 책을 읽었다. 그때를 잘 기억하고 있다. 왜냐면 싫어하는 아내에게 책을 계속 읽어 주며 이유 없이 그녀를 괴롭혔기 때문이다. 나는 조지아 애틀랜타에 위치한 거대 금융기관에서 기업 관리자와 개발자로 일하고 있었다. 내가 개발에 참여했던 대규모 복합문서 캡처 시스템을 유지 보수하는 역할도 맡은 일 중 일부였다. 이 시스템의 중요성으로 인해 나는 1년 365일 매 순간 연락 대기 상태를 유지해야 했다. 이런 상태는 업무 안전성에는 좋겠지만 가정생활에는 나쁜 영향을 끼칠 수밖에 없었다. 나는 네 명의 예쁜 아이들이 있고 항상 가정에 '존재'하며 '참여'하는 아빠가 되기 위해 애를 쓰고 있었다. 그래서 나는 당신의 책과 신선한(바다 공기) 시각을 무장한 채 이 책에 나오는 여러 원칙들을 실행하기로 했다.

첫째, 이메일 업무 처리 습관을 바꾸는 작업을 시작했다. 이메일 수신함을 샅샅이 조사하여 쓰레기와 소음들을 없애기 위한 방법으로 이 책에 나와 있는 여러 기법들을 사용했다. 나는 이메일 주기를 묶어서 처리하는 새로운 습관을 만들었다. 그리고 "신탁 트리오" 폴더 기법을 사용하여 오래 걸리지 않아 수신함을 0으로 만들었다. 이메일을 작성하는 데 있어서는 '내용이 적을수록 더 낫다.'를 철학으로 삼았다. 최대한 간결하고 명확하게 작성하려고 최선을 다했다. 모든 이에게가 아니라 올바른 대상에게 정확하게 무엇이 필요한지에 대해 의사소통을 했다. 내 이메일 다이어트를 통해 모든 기름기와 소음을 제거함으로써 어떤 "조치"와 "해야 될 일들"이 중요한지 훨씬 더 명확해졌다.

미팅과 회의를 알리는 전화들이 다음 공격 타깃이었다. 나는 각 미팅에 대해 면밀히 조사했고 여기저기서 오는 요구들을 거절하기 시작했다. 대부분의 경우 참석해야 될 만남이 너무 많다고 둘러댔다. 회의의 세부 안건에 대해 물어보거나 내가 대답해야 할 구체적 질문들이 있다면 인스턴트 메시지를 보내라고 요구했다. 내가 회의에 참석해야 될 때는 거의 대부분 전화회의Conference Call를 이용했다. 우리 회사의 회의 공간 제한과 지리적 특성 때문에 대부분의 회의는 어쨌든 가상공간을 통해 이루어졌다.

낭비되는 시간이 줄어든다는 것은 정말 중요한 문제에 집중할 시간이 더 늘어난다는 것을 의미한다. 나는 더 적은 일을 하지만 더 나은 결과의 더 많은 성과를 만들어 냈다. 관리자들이 내 일 처리 능력을 주목했고 평가는 최상을 기록했다. 관리 상태가 훌륭했고 그렇게 되자 그들은 질문을 멈췄으며 일상적인 업무를 세세히 따지지 않았다. 나는 간섭 없이 일을 잘할 수 있다는 것을 지속적으로 증명했다. 이제는 내가 진정으로 원하던 것을 추진할 때가 되었다. 그것은 가상현실로 가는 것이었다.

실제로 가상현실을 구현하는 것은 매우 쉬웠다. 나는 지휘체계에 있어서 상사들과 단단한 유대관계가 있었다. 거의 모든 내 일상 업무는 이미 원격 처리가 준비된 상태였다. 집에서는, 공사를 마친 지하실에 잘 준비된 사무실이 있었다. 사무실은 집의 나머지 공간과 잘 분리되어 있었고 전혀 방해를 받지 않을 수 있었다. 독자적인 샤워실이 딸린 화장실과 심지어 전자레인지와 작은 냉장고까지 있었다. 감히 말하건대 내 홈 오피스는 회사의 사장 집무실과 견줄 만했다. 무엇보다 아내와 가족이 내 시도를 계속할 수 있게 전적으로 이해하고 존중해 주었다.

처음에는 일주일에 하루나 이틀 정도 집에서 일했다. 그러나 얼마 가지 않아 일주일에 4~5일을 집에서 일하는 자신을 발견했다. 미국 남동 지역이 가스 공급 부족을 겪고 가스 가격이 나라 전체적으로 갤런당 4 달러로 급등할 때 회사는 재택근무를 더욱 환영하고 공식적으로 받아들였다. 나는 하룻밤 새 다른 직원들이 따라야 될 시범 사례가 되었다. 주변 사람들이 가스를 넣지 못해 어떻게 회사에 갈까 허둥댈 때, 나는 집에서 행복하게 일하며 항상 하던 대로 업무 처리를 했다.

이 시점에서 일은 내 예상보다 훨씬 순조롭게 풀렸다. 이 책의 기법들을 사용하여 그동안 원했던 실천하는 아빠가 될 수 있는 더 많은 시간을 가질 수 있게 되었다. 나는 초등학교에 자주 등장하는 고정 멤버가 되었다. 딸들과 카페에서 점심을 먹었다. 특히 프라이드치킨데이에는 꼭! 애가 다니는 학교의 독서교실에 참가해서 한 달에 몇 번은 책을 읽어 준다. 애들을 학교에 태워 주고 방과 후에 데리러 간다. 가족 전체를 위해서 일상의 삶 속에 항상 같이하고 있다. 이는 값을 매길 수가 없는 일이다. 나는 목표를 달성했다는 것을 느낀다. 생각해 왔던 것이 바로 이것이다.

다른 일들이 일어나기 시작했다. 의식하지 못하는 사이에, 학교나 교회의 주변 사람들이 나에 대해 희한한 존경심을 보여 줬다. 사람들이 나를 문자 그대로 '박사'나 자수성가한 백만장자 비슷하게 여겼기 때문에 '희한하다'라는 표현을 썼다. 농담이 아니다. 아직도 나를 '박사'라고 부르는 녀석이 한 명 있다. 짐작건대 이유는 대부분의 사람들이 아직도 '부자'에 대해 오래된 고정관념에서 벗어나지 못하고 있기 때문인 것 같다. 나는 학교 행사나 특별한 날에 항상 참석하는 모습을 보여 줬고 대개는 캐주얼한 복장이었으며 휴대폰에 집착해 시간을 빼앗기지도 않았다. 이제는 학부모교사연합회의 회장 같은 자리에 나를 지명하는 사람들도 생겨났다. 실제로 최근에 나는 우리 지역 수영/테니스 클럽의 임원회 대표로 선출됐다. 더 신나는 일은 정말로 그런 일들을 처리할 수 있는 여유 시간이 있고 게다가 가정과 업무에서도 잘하고 있다는 것이다. 내게 새로운 기회의 문이 열렸다는 것은 굳이 두말할 필요가 없다. 지금까지는 없었던 새로운 일이다.

내 주변에서 일어나는 이런 모든 일들과 함께 다시 내 딸이 선생에게 했던 말로 돌아와 보자. 진실로, 나는 '뒹굴뒹굴하며 〈스타워즈〉를 하루 종일 보고 싶다면' 당연히 그렇게 할 수 있는 단계까지 와 있다. 그러나 나는 여유 시간을 정말 의미 있는 일에 쓰고 있다. 가족들의 모든 일상에 참여하고 지역 공동체를 돕고 교회에서 자원봉사를 하고 있다. 이제 나는 다음 단계의 계획으로 책을 쓸 준비를 하고 있다. 내가 준비하는 프로젝트에 '가상현실 직원 핸드북'이라고 제목을 붙였다. 이는 나와 같은 현대의 가상현실 직원이 되기 위한 기본적인 모든 기법에 대한 노하우와 조언들을 모은 책이다. 어떻게 진행되는지 지켜봐 주길 바란다. 한 가지만 분명히 말하자면 내가 지금 하고 있는 일들은 이 책이 없었다면 꿈도 꾸지 못했을 것이다!

- 히긴스

꼭 읽어야 하는 이메일

             당신이 삶에 대해 혼란스러워 하고 있다면, 그것은 당신 혼자만 그런 게 아니다. 거의 70억 명의 사람들도 당신과 같은 상황이다. 물론 이것은 문제도 아니다. 삶이란 것이 풀어야 할 문제도 아니고 이겨야 할 게임도 아니란 것을 당신이 깨닫기만 한다면 말이다.

   존재하지도 않는 퍼즐 조각을 맞추는 데 너무 몰두해 있다면, 당신은 진짜 즐거움을 모두 놓치고 있는 것이다. 규칙과 한계를 우리 스스로 정했다는 것을 깨달을 때, 성공을 좇는 데서 오는 무게감은 예기치 않은 행운에서 오는 가벼움으로 바뀔 수 있다.

   그러니까 대담해져라! 다른 사람들이 어떻게 생각할까 따위의 걱정에서 벗어나라. 사람들은 남의 일에 대해 그다지 관심이 없다.

   2년 전, 나는 친한 친구이자 심리학자인 데이비드 웨더포드에게 한 소녀가 썼다는 시를 메일로 받은 적이 있었다. 그는 그 시를 읽은 다음

집행 연기된 인생 계획에서 마침내 벗어났다고 했다. 당신도 그렇게 하기를 바란다. 그 편지는 다음과 같다.

느린 춤

회전목마를 타는 아이들을
본 적 있나요?

아니면 땅바닥에 떨어지는
빗방울 소리에 귀 기울여 본 적 있나요?

이리저리 팔랑거리는 나비의 날갯짓을 따라가 본 적 있나요?
아니면 저물어 가는 태양빛을 바라본 적 있나요?

천천히, 천천히
너무 빨리 춤추지 말아요.

시간은 짧아요.
음악도 머지않아 끝나겠죠.

하루하루를
바쁘게 보내시나요?

"안녕하세요?"라고 묻고는 대답까지 들으시나요?

하루가 끝나
잠자리에 누웠을 때

앞으로 할 백 가지 일들이
머릿속을 스쳐 지나가나요?

천천히, 천천히
너무 빨리 춤추지 말아요.

시간은 짧아요.
음악도 머지않아 끝나겠죠.

아이에게 말해 본 적 있나요?
내일로 미루자고.

그렇게 서두르다가,
아이의 슬퍼하는 모습을 못 보셨나요?
연락이 끊겨서,
좋은 친구를 잃어버린 적이 있나요?

전화해서 "안녕?"이라고 말할
시간이 없었기 때문에 말이에요.

천천히, 천천히
너무 빨리 춤추지 말아요.

시간은 짧아요.
음악도 머지않아 끝나겠죠.

어딘가로 너무 서둘러 가다 보면,
그곳에 가기까지 누릴 수 있는 즐거움의 반을 놓치게 돼요.

걱정과 조바심으로 보낸 하루는
포장을 뜯지도 못한 선물을 버리는 것과 같아요.

삶은 경주가 아니에요.
천천히 삶을 누리세요.

음악에 귀 기울이세요.
노래가 끝나기 전에.

몇 가지 중요한 읽을거리

그래, 나도 안다, 알아. 너무 많이 읽지 말라고 내가 말했다. 그렇기 때문에 여기서 추천하는 책들은 나와 인터뷰한 사람들이 활용해 왔고, "당신 인생을 바꾼 단 한 권의 책은 무엇이냐?"고 물었을 때 지목한 최고 중에 최고의 책들로 한정하였다.

여기 있는 책들은 우리가 이 책에서 이야기한 내용을 실천하는 데 필요한 것이 아니다. 말하자면 당신이 어떤 부분에서 딱 막혔을 때 이 책들을 떠올려 보라는 것이다. 몇 페이지를 보면 되는지도 적혀 있다.

기본 도서 네 권

● 『크게 생각하는 마법 The Magic of Thinking Big』(192쪽) 데이비드 슈워츠 저

이 책은 디즈니, 네슬레, 코카콜라 등에 제품 라이선스를 판매하여 수백만 달러를 벌어들인 초대박 발명가인 스티븐 키가 처음 추천하였

다. 전설적인 풋볼 코치에서부터 유명 CEO들에 이르기까지 엄청난 실적을 보여 준 사람들이 가장 좋아하는 책이자, 인터넷 서점 아마존에서 고객 최고 평점을 100개 이상 받은 책이기도 하다. 이 책의 메시지는 다른 사람들을 과대평가하지 말고, 자신을 과소평가하지도 말라는 것이다. 나는 의심이 스멀스멀 기어 나올 때면 언제나 이 책의 1장과 2장을 읽곤 한다.

● 『아이디어로 백만장자 되는 법 How to Make Millions with Your Ideas: An Entrepreneur? Guide』(272쪽) 댄 S. 케네디 저

이 책에는 아이디어를 수백만 달러로 바꿀 수 있는 방법들이 열거되어 있다. 나는 고등학교 때 이 책을 처음 읽었는데 그 후로 다섯 번을 더 읽었다. 이 책은 마치 당신의 사업가적 뇌세포 속에 스테로이드를 주입하는 것 같은 느낌이다. 도미노 피자에서 카지노와 우편 주문 제품에 이르기까지, 매우 탁월한 사례 연구들이 소개되어 있다.

● 『다시 찾은 인터넷 신화 The E-Myth Revisited: Why Most Small Businesses Don? Work and What to Do About It』(288쪽) 마이클 E. 거버 저

훌륭한 이야기꾼인 거버는 자동화에 대한 고전이라 할 수 있는 이 책에서, 뛰어난 직원이 아니라 규칙에 기반을 두고 확장 가능한 사업체를 만들기 위해 프랜차이즈적 마음가짐을 활용하는 방안에 대해 논하고 있다. 우화를 통해 이야기하는 이 책은 작은 일까지 챙기는 마이크로 경영자가 아니라, 진정한 소유주가 되려는 사람들을 위한 훌륭한 안

내서이다. 당신이 사업에 발목이 꽉 잡혀 있다면, 이 책을 읽는 순간 바로 해방될 수 있을 것이다.

● 『방랑기 Vagabonding: An Uncommon Guide to the Art of Long-Term World Travel』(224쪽) 롤프 포츠 저

롤프 포츠는 남자 중의 남자다. 이 책은 나에게 변명을 그만두고 장기간의 휴지기를 갖기 위한 여행 짐을 싸게 만들었다. 이 책은 모든 것에 대해 조금씩 다 다루고 있지만 특히 행선지를 정하고, 여행하는 삶에 적응하며, 평상시 삶으로 다시 융화되도록 하는 데 유용하다. 일반 여행자들에 대한 일화뿐만 아니라 유명한 방랑자들, 철학자들과 탐험가들의 뛰어난 글을 조금씩 발췌해 놓고 있다. 이 책은 15개월간의 첫 미니 은퇴 기간 동안 내가 가지고 다닌 두 권의 책 중 하나이다. (나머지 한 권은 소로의 『월든』이다.)

감정적 짐과 물질적인 짐 줄이기

● 『월든 Walden』(384쪽) 헨리 데이비드 소로 저

이 책은 많은 사람들이 묵상에 잠긴 소박한 삶을 그린 걸작으로 여기고 있다. 소로는 자립과 미니멀리즘(최소주의)에 대한 실험으로, 매사추세츠 주 시골의 조그마한 호숫가에 오두막을 짓고 2년 동안 혼자 살았다. 이 실험은 대단한 성공인 동시에 실패였는데, 이 점이야말로 책을 그토록 설득력 있게 만드는 요소라 할 수 있다.

●『자발적 가난: 덜 풍요로운 삶이 주는 더 큰 행복Less is More: The Art of Voluntary Poverty-An Anthology of Ancient and Modern Voices in Praise of Simplicity』(336쪽) 골디언 밴던브뤼크 엮음

이 책은 소박한 생활에 대한 매우 작은 크기의 철학 모음집이다. 나는 이 책을 읽고 가장 적은 것으로 가장 많은 것을 하는 방법과 인공적 욕구를 없애는 법을 배웠는데, 그렇다고 수도승처럼 산다는 말은 아니다. 둘 사이에는 커다란 차이가 있다. 이 책에는 행동 가능한 원칙들과 소크라테스에서 벤자민 프랭클린, 바가바드 기타, 그리고 현대 경제학자들의 말에 이르기까지 짧은 이야기들이 수록되어 있다.

●『승려와 수수께끼The Monk and the Riddle: The Education of a Silicon valley Entrepreneur』(192쪽) 랜디 코미사 저

이 엄청난 책은 에드 샤우 교수가 졸업 선물로 준 것으로 '집행 연기된 인생 계획'이란 글귀를 내게 알려 주었다. 전설적인 클라이너 퍼킨스 사의 실제 CEO이자 공동 경영자인 랜디 코미사는 "전문적 멘토이자 정무 장관이자 도전적 투자가이자 분쟁 중재자이자 마음의 문을 열게 하는 사람이 모두 통합된 인물"로 묘사되어 왔다. 실리콘 밸리의 진정한 마법사가 면도날같이 명료한 사고방식과 불교도 같은 철학으로 어떻게 이상적인 삶을 창조해 냈는지 알아보자. 나는 그를 만난 적이 있다. 그는 진짜 대단한 인물이다.

● 『80 대 20 법칙The 80/20 Principle: The Secret to Success by Achieving More with Less』(288쪽) 리처드 코치 저

이 책은 '직선형이 아닌' 세계를 탐구하고 있으며, 80 대 20 법칙에 대한 수학적, 역사적 근거를 논하고 있다. 또 80 대 20 법칙의 실제 적용 방법에 대해서도 제시해 준다.

뮤즈 창조법과 관련 기술

● 『하버드 경영대학원 사례 연구Harvard Business School Case Studies』 www.hbsp.harvard.edu ("학교 사례school cases"를 클릭하라.)

하버드 경영대학원의 성공적 가르침의 비밀은 사례 중심 교육법, 즉 실제 사례 연구를 토론에 이용하는 것이다. 이 사례 연구는 24시간 헬스클럽, 사우스웨스트 항공, 팀버랜드, 다른 수백 개 기업의 마케팅과 운영 계획의 내막을 당신에게 알려 준다. 10만 달러 이상을 들여 하버드에 가는 대신 편당 10달러도 안 되는 가격으로 이 사례 연구들을 구입할 수 있다는 사실을 아는 사람은 드물다. (물론 하버드대에 가는 것이 가치 없다는 뜻은 아니다.) 이 사이트에는 모든 상황, 모든 문제점, 모든 비즈니스 모델에 대한 사례 연구가 다 있다.

● 『이 사업에는 다리가 있다This Business has Legs: How I Used Informercial Marketing to Create the $100,000,000 Thighmaster Craze: An Entrepreneurial Adventure Story』(206쪽) 피터 비엘러 저

이 책은 (좋은 의미에서) 순진한 피터 비엘러가 제품도 경험도 돈도 아무

것도 없이 시작해 2년도 안 되는 사이에 어떻게 1억 달러 가치의 제품 왕국을 건설해 냈는지에 관한 이야기이다. 이 책은 의식을 확장시켜 주고 때로 매우 우스꽝스럽기까지 한 사례 연구로서, 유명인과 거래하는 방법에서부터 마케팅, 제품 생산, 법적인 문제와 소매업에 이르기까지 모든 과정의 사소한 점들까지 실제 수치를 이용해 논하고 있다. 현재 피터 비엘러는 www.mediafunding.com에서 제품을 위한 광고 매체 구매 자금을 출자해 주기도 한다.

● 『협상의 심리학Secrets of Power Negotiating: Inside Secrets from a Master Negotiator』(256쪽) 로저 도슨 저

이 책은 내게 눈을 뜨게 해 주고 곧바로 활용할 수 있는 실용적 수단을 제공해 준 단 하나의 협상서이다. 나는 오디오 각색본으로 들었다. 협상법에 대해 더 알고 싶다면, 윌리엄 유리의 『NO를 극복하는 협상법 Getting Past NO』과 G. 리처드 셸의 『세상을 내 편으로 만드는 협상 전략Bargaining for Advantage: Negotiation Strategies for Reasonable People』이 매우 훌륭해 추천할 만하다.

● 『리스폰스Response Magazine』 지 (www.responsemagazine.com)

이 잡지는 텔레비전과 라디오, 인터넷 마케팅에 초점을 맞춘 수십억 달러 규모의 직접 반응(DR) 마케팅 업계 전문지이다. (조지 포먼 그릴, 〈걸즈 곤 와일드〉 등의) 성공적 캠페인 사례 연구와 함께 (전화 건당 판매율을 높이는 법, 매체비를 줄이는 법, 주문 처리 과정을 개선하는 법 등) 방법론을 다룬 기사가 군데군

데 들어 있다. 업계 최고의 아웃소싱 업체들도 이 잡지에 광고를 한다. 이 잡지는 아주 착한 가격(무료!)의 뛰어난 정보원이다.

● 『조던 휘트니 그린시트Jordan Whitney Greensheet』
　(www.jwgreensheet.com)

이 간행물은 직접 반응 마케팅 업계 관계자들만 아는 비밀 병기라 할 수 있다. 조던 휘트니의 주간 보고서와 월간 보고서는 제시 조건, 가격 책정, 보장 조건, (지출과 수익성을 나타내는 지표인) 광고 빈도를 포함하여 가장 성공적인 제품 캠페인을 상세하게 분석해 준다. 이 업체는 또한 경쟁사에 대한 조사를 목적으로 경쟁사가 광고한 인포머셜과 TV 광고 복사본을 구입할 수 있도록 테이프 라이브러리를 계속 업데이트하고 있다. 추천할 만하다.

● 『작은 거인Small Giants: Companies That Choose to Be Great Instead of Big』(256쪽) 보 버링햄 저

오랫동안 『주식회사Inc.』지 편집 위원을 맡아 온 보 버링햄은 암처럼 빠른 속도로 거대 기업으로 성장해 가는 대신 최고가 되는 데 초점을 맞추고 있는 회사들을 모아 훌륭하게 분석해 주고 있다. 이 책에는 클리프 바Clif Bar 사, 앵커 스트림 마이크로브루어리Anchor Stream Microbrewery, 록 스타 아니 디프랑코의 라이처스 베이브 레코드Righteous Babe Records 등과 함께 다양한 업계의 수십 개 회사들이 소개되어 있다. 무조건 크기만 하다고 해서 좋은 게 아니다. 이 책은 그 사실을 증

명해 주고 있다.

세계 여행으로 탈출 준비하기

●『6개월간 출타중Six Months Off: How to Plan, Negotiate, and Take the Break You Need Without Burning Bridges or Going Broke』(252쪽) 호프 들루고지마, 제임스 스코트, 데이비드 샤프 공저

이 책은 나로 하여금 한 발짝 뒤로 물러나 생각해 본 후 '맙소사! 나도 실제로 할 수 있어!'라고 깨닫게 해 주었다. 이 책은 장기 여행과 관련된 대부분의 공포를 물리쳐 주고, 경력을 포기하지 않고도 시간을 내서 여행을 떠나거나 다른 목표를 추구할 수 있도록 단계별로 지도해 준다. 사례 연구와 유용한 체크 리스트로 가득 차 있는 훌륭한 책이다.

●《트랜지션 어브로드Transitions Abroad》지

(http://www.transitionsabroad.com)

이 잡지는 대안 여행의 중심축 격인 간행물로, 비관광객들을 위한 수십 가지 놀라운 선택 방법을 제시하고 있다. 이 책의 인쇄판과 온라인판 모두 해외에서 시간을 어떻게 보낼지 브레인스토밍하는 데 훌륭한 출발점 역할을 한다. 요르단에서 유적 발굴 작업을 하거나 카리브 해에서 환경 관련 자원봉사를 하는 건 어떤가? 이 모든 것이 여기에 다 들어 있다.

감사의 말

　먼저 피드백과 질문을 통해 이 책이 탄생할 수 있도록 해 준 학생들과, 그들과 이야기할 기회를 주신 스승이자 기업계의 슈퍼맨 에드 샤우 교수께 감사드립니다. 에드 샤우 교수님, 꿈을 집행 연기하는 것이 표준인 이 세상에서 감히 자기 방식으로 살아가고자 하는 사람들에게 당신은 한 줄기 빛이 되어 주셨습니다. 저는 당신(과 최고의 심복인 카렌 신드리치)의 역량에 머리 숙여 복종하오며, 언제라도 전화만 하시면 선생님의 지우개를 털어 드리게 되기를 학수고대하고 있겠습니다. 머지않아 선생님을 100킬로그램급 보디빌더로 만들어 드리겠습니다!

　잭 캔필드 씨, 당신은 제게 영감을 주셨고 성공했으면서도 여전히 훌륭하고 친절한 인간이 될 수 있다는 것을 보여 주셨습니다. 이 책은 당신이 생명을 불어 넣어 주시기 전에는 단지 아이디어에 불과했습니다. 당신의 지혜와 후원, 그리고 놀라운 우정에 대해 아무리 감사해도 모자랄 것입니다.

　품격 높은 군자 같은 분이자 세계 최고의 에이전트인 스티븐 한셀맨 씨, 첫눈에 이 책을 '받아들여' 주시고 저를 그냥 글 쓰는 사람에서 작가로 변신시켜 주신 데 대해 감사드립니다. 한셀맨 씨보다 더 나은 파트너나 더 쿨한 사람은 상상도 할 수 없으며, 앞으로도 여러 번 이 모험을 함께 하기를 기대합니다. 협상을 하는 방식에서부터 쉬지 않고 들려오는 재즈 음악에 이르기까지 당신은 저를 놀라게 만듭니다. 당신과 캐시 헤밍 씨가 실권을 쥐고 있는 레벨 파이브 미디어 LevelFiveMedia 사는 새로운 형태의 에이전시로, 스위스 시계와 같은 정확함으로 신진 작가를 베스트셀러 작가로 변모시켜 줍니다.

헤더 잭슨 씨, 당신은 통찰력 있는 편집 능력과 흥을 돋워 주는 놀라운 능력으로 이 글을 쓰는 것이 즐겁도록 해 주셨습니다. 제 능력을 믿어 주셔서 감사해요! 당신의 담당 작가라는 것을 영광으로 생각합니다. 크라운 팀의 다른 멤버들, 특히 제가 일주일에 4시간 이상 괴롭혀 드린 분들, 콕 집어 도나 파사난테 씨와 타라 길브라이드 씨, 여러분은 출판 업계에서 최고입니다. (다 사랑하기 때문에 그런 거 아시죠?) 머리가 그렇게 큰데 무겁지는 않나요?

이 책은 자신들의 이야기를 나누기로 한 뉴리치 분들이 없었더라면 쓸 수 없었을 겁니다. 특히 '악마 닥터' 더글러스 프라이스 씨, 스티브 심스 씨, '디제이 반야' 존 다이얼 씨, 스티븐 키 씨, 한스 킬링 씨, 미첼 레비 씨, 에드 머레이 씨, 장 마르크 헤이시 씨, 티나 포사이스 씨, 조시 스타이니츠 씨, 줄리 제켈리 씨, 마이크 케를린 씨, 젠 에리코 씨, 로빈 말리노스키 럼멜 씨, 리티카 선다레산 씨, T. T. 벤카테쉬 씨, 론 루이즈 씨, 도린 오리온 씨, 트레이시 힌츠 씨 및 회사라는 장벽 안에 익명으로 남기를 원하신 수십 분께 특별한 감사를 드립니다. 플린트 맥글린 박사님, 아론 로젠탈 씨, 에릭 스톡튼 씨, 제레미 브루킨스, 잘랄리 하트만 씨, 밥 켐퍼 씨를 포함한 멕 연구소MEC Labs 의 엘리트 팀과 좋은 친구들께도 감사드립니다.

목재 펄프에서부터 인쇄에 이르기까지 이 책의 내용물을 다듬어 가는 것은 굉장히 험난한 길이었는데, 특히나 책의 교정을 맡은 분들은 힘드셨을 테지요! 제이슨 버로우 씨, 크리스 아쉔덴 씨, 마이크 노만 씨, 알버트 포프 씨, 질리안 마누스 씨, 제스 포트너 씨, 마이크 메이플스 씨, '미코'라 불리는 후안 마누엘 캠버포테 씨, 머리는 비상한데 비현실적인 내 동생 톰 페리스와 그 밖에 최종 작품을 다듬어 주신 수많은 분들께 머리 숙여 인사드리며 심심한 감사의 말씀 올립니다. 특별히 캐롤 클라인 씨께 감사드립니다. 이분의 예리한 정신과 자아에 대한 인식은 이 책을 바꾸어 놓았습니다. 그리고 좋은 친구이자 무자비한 선의의 비판자인 셔우드 폴리 씨께도 감사드립니다.

재기 넘치는 인턴인 일레나 조지, 린제이 메카, 케이트 퍼킨스 영맨, 로라 헐버트에게도 마감시한을 맞춰 주고 일촉즉발의 파국을 면하게 해 준 데 대해 감사드립니다. 나는 서로 데려가려고 경쟁이 붙기 전에 여러분을 고용하라고 모든 출판사에 권하고자 합니다!

이 글을 쓰는 과정 내내 나를 지도하고 내게 영감을 준 작가 선생님들, 즉 존 맥피 씨, 마이클 거버 씨, 롤프 포츠 씨, 필 타운 씨, 포 브론슨 씨, 에이제이 제이콥스 씨, 랜디 코미사 씨, 조이 바우어 씨, 저는 영원히 여러분의 팬이며 여러분께 빚을 지고 있습니다.

두려움을 무릅쓰고 어떻게 행동해야 하는지와 내가 믿는 것을 위해서는 떨쳐 일어나 싸워야 한다는 것을 가르쳐 주신 스티브 고리키 사부님, 존 벅스톤 코치님, 이 책과 제 인생은 두 분께 받은 영향의 산물입니다. 두 분께 은총이 함께 하기를! 젊은이들이 두 분 같은 스승을 둔다면 이 세계의 문제들은 훨씬 줄어들 것입니다.

마지막으로 그동안 저를 가르치고, 격려하고, 사랑하고, 위로해 주신 우리 부모님, 도널드 페리스 씨와 프란시스 페리스 씨께 이 책을 바칩니다. 말로 표현할 수 없을 만큼 사랑합니다.

나는 자기계발서를 좋아하지 않는 편이었다. 반골 기질인지는 몰라도 자기계발서의 계도적인 말투가 마음에 들지 않기 때문이다. 이런 나도 이 책을 단숨에 읽은 걸 보면 팀 페리스가 인물은 인물인 모양이다.

누구나 가지고 있던, 그러나 세월이 흐름에 따라 퇴색해 가기 마련인, 세계를 유람하며 사는 자유로운 삶에 대한 꿈을 팀 페리스는 실제로 이루어 냈다. 그리고 역설한다. 일주일에 4시간만 일하고도 충분히 이렇게 살 수 있다는 것을.

처음엔 반신반의했다. 하지만 그가 제시하는 방법을 따라가다 보니 아, 이런 식으로 살면 좀 더 효과적이고 즐겁겠구나 하는 생각이 들면서 어느새 빠져들게 되었다. 그리고 지금은 그의 방법들을 참고 삼아 내 인생을 리모델링하는 작업을 하고 있다.

이 책에서 특출한 점은 모호한 방향만 제시하는 것이 아니라 어떻게 하면 원하는 인생을 살 수 있는지 구체적으로 설명해 준다는 것이다. 자신의 경험에서 우러나온 실제 방법들을 친근하고 명쾌한 말투로 설명하는 게 마치 인생 경험이 풍부한 친구의 얘기를 듣고 있는 기분이 들 정도이다.

그렇기에 그토록 오랫동안 미국뿐 아니라 전 세계에서 베스트셀러 자리를 굳건히 지킬 수 있는 것은 아닐까?

물론 이 책의 모든 내용이 우리의 현실에 100퍼센트 딱 들어맞는 것
은 아니다. 하지만 그가 제시하는 대부분의 것들, 예를 들어 쓸데없는
것들을 과감히 줄이고 일의 능률을 높이는 방법 등은 누구나 따라 할
수 있고, 또 바로 효과를 얻을 수 있는 것들이다. 그가 제시하는 사업 모
델 및 업무 구조 역시 의외로 우리 실정에 잘 맞는다.

개인적으로 한 가지 아쉬운 점이 있다면 빠듯한 일정 때문에 이 책을
번역하는 동안 일주일에 4시간이라는 이상적인 근무 시간을 지킬 수
없었다는 것이다. 일반 근로자의 1일 평균 근로 시간을 훨씬 넘게 일해
야 했던 것은 역자의 아이러니이리라.

내가 인생 리모델링 구상을 모두 마치고 나면 앞으로는 옌벤족 원격
비서에게 번역을 아웃소싱하게 될지도 모를 일이다. 팀 페리스가 가져
다준 즐거운 상상이라고나 할까?

이 책을 읽는 여러분들은 행운아이다. 분명 자신의 삶을 더 행복하게,
더 윤택하게 바꿔 나갈 수 있는 방법을 알게 되었을 테니 말이다.

언젠가 여러분들과 남태평양 어느 섬에서 만날 수 있게 되기를 바
란다.